KB170458

국가는 강도다

국가는 강도다

나의 것과 너의 것에 관한 정의의 과학

· 라이샌더 스푸너 지음 | 이상률 옮김 ·

이책

이 책은 미국의 변호사이자 아나키스트인 라이샌더 스푸너(1808-1887)의 저작들을 번역한 것으로 《The Lysander Spooner Reader》(Gilbert, Cobden Press, 2010)에 실려 있는 글들을 번역 대본으로 삼았다. 그리고 스푸너의 사상에 대한 보충적인 이해를 돕기 위해 미국의 정치학자 스티브 J. 숀의 논문을 부록으로 실었다. 이 책은 스푸너의 논문들을 모아 번역한 것이니만큼 어느 한 특정 논문의 제목을 책의 제목으로 올리는 것은 조금 부적절하다는 생각이 들었다. 오히려 그의 사상을 포괄적으로 잘 나타내는 제목을 새로 만드는 편이 더 나을 것이라는 생각이 들어, 그의 주요 사상 중 하나인 강도국가론에 따라 《국가는 강도다》를 책의 제목으로 붙였다.

라이샌더 스푸너는 미국 지식인 사회에서도 아주 널리 알려져 있는 인물은 아닌 것 같다. 그의 이름을 아는 사람들도 대부분은 그를 19세기 노예제도 폐지론자로 기억하고 있다고 한다. 그런데 오늘날에는 미국의 아나키스트들과 자유지상주의자들 양쪽 모두 스푸너를 자기 진영의 중요한 사상가로 치켜세우고 있다. 사실 그는 오래 전부터 아나키스트로 여겨져 왔다. 같이 활동한 동료 벤자민 터커는 스푸너가 아나키스트라고 일찍이 말하였다. 미국의 아나키즘을 다룬 문헌들에서도 라이샌더 스푸너는 빠짐없이 등장한다. 그런데 흥미로운 것은 그에 대한 자유지상주의 진영에서의 관심이다. 예를 들면 자유지상주의 진영에서 가장 중요한 경제학자인 머레이 로스바드Murray N. Rothbard(1926-1995)는 스푸너에게서 많은 영향을 받았을 뿐만 아니라. 스푸너를 자유지상주의자라고 불렀다. 미국의 철학교수 에릭 맥Eric Mack도 최근에 발표한 한 논문에서 스푸너를 "급진적인 자유지상주의자radical libertarian"로 소개하고 있다. 사정이 이런 것을 보면 스푸너는 아나키즘적 요소와 자유지상주의적 요소를 동시에 지닌 사상가인 것 같다.

그 동안 스푸너에 대해서는 미국 아나키즘 연구가들에 의해 개괄적인 소개의 글이 꾸준히 나왔지만, 깊이 있는 학문적인 검토는 거의 없었다. 스푸너가 지금까지 많은 학자들에게서 진지한 연구대상이 되지 못한 이유는 여러 가지가 있겠지만, 그 중의 하나는 그의 저작들이 지닌 형식 때문일 것이라는 생각이 든다. 몇몇 저작들은 분량이 상당하지만, 대부분의 글은 팸플릿 형태로 나왔다. 게다가 완성되지 못한 글도 꽤 많았다. 그 하나의 예가 이 역서에 실려 있는 《자연법》이다. 이 글은 1882년 3월 18일 잡지 《자유》에 처음 발표되었다. 그리고 같은 해 7월 보스턴에서 재출간되었다. 이 재판의 속표지에는 "제1부Part First"라는 표기가 있다. 이것을 보면 스푸너가 제2부도 쓸 생각이 있었다고 추측할 수 있는데, 지금까지 확인된 바로는 그가 제2부를 쓰지 않은 것으로 알려져 있다. 또 하나의 예는 《반역죄가 아니다》이다. 이 글 역시 제1부, 제2부, 제6부만 발표되었고 제3부, 제4부, 제5부는 발표되지 않았다. 이러한 사정들이 겹쳐져, 스푸너를 번듯한 사상가로 대접하기 보다는 단편적인 팸플릿 저자pamphleteer로 취급하는 경향이 강했다.

　하지만 최근에는 그에 대해 진지한 관심이 높아지면서 그의 사상을 다각도로 살펴보는 연구논문들이 나오기 시작했다. 2010년에는 스푸너에 대한 최초의 연구서가 출간되었다(Steve J. Shone, 《Lysander Spooner; American Anarchist》, Lanham(Maryland), Lexington Books, 2010). 이러한 추세를 보아 앞으로는 그에 대한 본격적인 연구가 점점 더 활기를 띨 것으로 예상된다. 스푸너의 텍스트는 19세기 미국인들을 대상으로 쓰여졌지만, 그 내용은 미국이라는 특정 국가의 헌법의 정당성만을 문제 삼는 것에 머무르지 않고 지상의 모든 헌법의 권위에 도전한다. 우리나라의 헌법 역시 그 사정거리에서 벗어나지 못할 것이다. 그리고 스푸너의 논리에 조금이라도 공감하는 독자가 있다면, 그는 아마도 대한민국 헌법을 예전과는 다른 시선으로 바라보게 될 것이다.

2015년 1월

이상률

차례

자연법*: 정의의 과학

정의의 과학

1

나의 것과 너의 것에 관한 과학 ─ 정의의 과학 ─ 은 인간의 모든 권리에 관한 과학이다. 즉 한 인간이 자신의 신체와 재산에 대해 갖는 모든 권리에 관한 과학이다. 말하자면 생명, 자유, 행복추구에 대한 그의 모든 권리에 관한 과학이다.

이 과학만이 누구에게든 다른 사람의 권리를 침해하지 않으면서 그가 할 수 있는 것이 무엇이고 할 수 없는 것이 무엇인지, 가질 수

---

* "Natural Law", in 《The Lysander Spooner Reader》, 11–24.

있는 것이 무엇이고 가질 수 없는 것이 무엇인지. 말할 수 있는 것이 무엇이고 말할 수 없는 것이 무엇인지를 알려줄 수 있다.

그것은 평화의 과학이며, 게다가 유일한 평화의 과학이다. 왜냐하면 그것은 인류가 어떤 조건에서 서로 평화롭게 살 수 있는지, 또는 평화롭게 살아야 하는지를 우리에게 유일하게 말해줄 수 있는 과학이기 때문이다.

그 조건은 단지 다음과 같은 것들이다. 즉 첫째, 각각의 사람은 정의가 그에게 하라고 요구하는 모든 것을 다른 모든 사람에게 해야 한다. 예를 들면, 각각의 사람은 그의 빚을 갚아야 한다. 그는 어떤 재산을 빌렸거나 훔쳤으면 그 주인에게 돌려주어야 한다. 그리고 그는 다른 사람의 신체나 재산에 피해를 주었으면 그 피해에 대해서 배상해야 한다.

두 번째 조건은 각각의 사람은 정의가 그에게 하지 못하게 하는 것은 무엇이든 다른 사람에게 해서는 안된다는 것이다. 예를 들면 각각의 사람은 도둑질, 강도질, 방화, 살인, 또는 다른 사람의 신체나 재산에 대해 어떤 범죄도 저질러서는 안된다.

이런 조건들이 채워지면, 사람들은 서로 평화롭게 지내며, 평화롭게 지낼 것임에 틀림없다. 그러나 이 조건들 중 어느 하나라도 어기면, 사람들은 싸운다. 그리고 정의가 다시 확립될 때까지 그들은 틀림없이 계속 싸울 것이다.

역사가 우리에게 알려 주는 한은 모든 시대를 통해서, 인류가 서로 평화롭게 살려고 노력한 곳에서는 어디서나, 인류의 자연적인 본능과 집단적인 지혜는 이 단 하나의 보편적인 의무에의 복종(즉 각자는 다른 모든 사람에 대해서 정직하게 살아야 한다는 것)을 없어서는 안되는 조건으로 인정하였으며, 또 그것을 명령하였다.

오래된 규범에 따르면, 같은 인간들에 대한 인간의 법적 의무는 다음과 같은 간단한 문구로 요약된다: "정직하게 살아라. 아무도 해치지 말라. 모든 사람을 공정하게 대우해라."

사실 이러한 규범 전체는 정직하게 살아라라는 단 하나의 말로 표현된다. 왜냐하면 정직하게 사는 것은 아무도 해치지 않는 것이며, 모든 사람을 공정하게 대우해 주는 것이기 때문이다.

2

물론 인간은 같은 인간들에게 그 밖의 많은 **도덕적인** 의무가 있다; 이를테면 굶주린 사람에게 먹을 것을 주고, 헐벗은 사람에게 입을 것을 주고, 아픈 사람은 돌보아주고, 방어할 수 없는 사람은 보호해 주고, 약자는 도와주고, 무지한 자는 일깨워주어야 한다. 그러나 이것들은 단지 도덕적인 의무일 뿐이다. 이 도덕적인 의무에 대해서는 각자가 스스로 판단해야 한다. 그가 그 의무를 수행할 수 있는지 또 수행할 것인지, 어떻게 수행할 수 있는지 또 어떻게 수행할 것인지, 어느 정도로 수행할 수 있는지 또 어느 정도로 수행할 것인지에 대해서는 각각의 특별한 경우마다 각자가 스스로 판단해야 한다. 그러나 그의 **법적** 의무에 대해서는 — 즉 동료들에 대해서 정직하게 살아야 한다는 의무에 대해서는 — 그의 동료들이 판단할 수 있을 뿐만 아니라, 그들 자신의 보호를 위해서도 판단해야 한다. 그리고 필요하다면, 그들은 당연히 그에게 그 법적 의무를 수행하도록 강요할 수 있다. 그들은 그렇게 할 수 있다, 혼자서든 함께든 말이다. 그들은 긴급한 경우에는 즉시 그렇게 할 수 있으며, 또는 신중하게 생각해서 하는 것이 더 낫다고 판단하거나 사정이 허락한다면 신중하게 생각해 체계적으로 그렇게 할 수 있다.

3

자신들을 위해서뿐만 아니라 피해를 입을 수 있는 모든 사람을 위해서도 불의에 반발하고 정의를 강요하며, 심지어는 성급함과 흥분에서 생겨날 수 있는 잘못을 피하는 것은 누구나의 권리인 동시에 모든 사람의 권리이다(다른 사람이나 다른 집단의 권리인 것에 못지않게 각자의 권리 또는 일단의 사람들의 권리이다). 그리고 그러기를 바라는 모든 사람은 힘[폭력]을 쓰지 않아도 보호가 보장된다고 확신할지도 모른다. 그렇지만 아무래도 바람직한 것은 사람들이 — 그들이 자유롭게 자발적으로 그렇게 할 수 있는 한 — 자신들 사이에 정의를 지키기 위해 그리고 나쁜 짓하는 다른 사람들로부터 서로를 보호하기 위해 결합하는 것이다. 대단히 바람직한 것은 그들이 재판절차라는 어떤 방식이나 제도에 동의하는 것이다. 물론 그것은 소송 사건을 심리할 때 신중하게 심사숙고하고 철저히 조사해야 하며, 또 가능한 한 공정해야 한다는 단순한 욕구 이외에는 모든 영향에서 자유로워야 한다.

그렇지만 그러한 결합은 순전히 자발적인 한에서만 올바르고 바람직할 수 있다. 누구에게든 그의 의지에 거슬러 강제로 어떤 단체에 가입시키거나 어떤 단체를 지지하게 하는 것은 올바를 수 없다. 그 자신의 관심, 그 자신의 판단, 그 자신의 양심만이 그가 이 단체에 가입할지 저 단체에 가입할지, 또는 그가 어떤 단체든 거기에 가입할지를 결정해야 한다. 그가 자기 자신에게만 의지해서 자신의 권리를 보호하기로 결정한다면 그리고 그럴 필요성이 생겨날 때 다른 사람들이 자기에게 자유롭게 제공할지도 모르는 자발적인 도움에 의지하기로 결정한다면, 그는 그렇게 할 완전한 권리가 있다. 그리고 이런 태도는 그가 따를 만한 그런대로 안전한 과정이 될 것이다. 인류가 보통 비슷한 경우에 피해 입은 사람들을 돕거나 지켜주는 열의를 그 자신도 나타내고 그 역시 "정직하게 살고 누구도 해치지 않으며 모든 사람을 공정하게 대우하는" 한에서는 말이다. 사실 그런 사람은 당연히 어떤 단체에 가입했든 안했든 필요한 경우 충분할 만큼의 친구나 보호해주는 사람들이 언제나 있을 것이라고 확신한다.

물론 누구에게도 자신을 보호해주기를 바라지 않는 단체에 가입하거나 그 단체를 지지할 것을 명령할 수 없다는 것은 당연하다. 또한 누구에게도 그 계획이나 방법이 그 단체가 추구한다고 주장하는 목적(즉 정의를 지킬 뿐만 아니라 불의를 행하지도 않는다는 목적)을 달성하기에 부적합하다고 여겨지는 단체에는 가입하거나 지지할 것으로 기대하지 않는 것이 합리적이거나 당연하다. 그가 보기에 비효율적인 단체에 가입하거나 지지하는 것은 불합리할 것이다. 그가 보기에 불의를 행하는 단체에 가입하거나 지지하는 것은 죄를 짓는 일이 될 것이다. 그러므로 그런 목적의 단체에 가입하거나 가입하지 않을 자유도 그에게 맡겨야 한다. 그 자신의 관심, 분별력이나 양심이 지시하는 대로 다른 목적의 단체에 가입하거나 가입하지 않을 자유를 그에게 맡겨야 하는 것처럼 말이다.

불의로부터 서로를 보호하기 위한 단체는 화재나 배의 조난 사고로부터 서로를 보호하기 위한 단체와 비슷하다. 누구에게도 그런 단체들 중 어느 것에 가입하거나 지지하라고 **강요할 권리나 이유가 없다.** 이것은(어떤 단체가 이익을 준다하더라도) 그가 그 이익을 원하지 않거나 그 단체의 목적 또는 방법에 찬성하지 않는다면, 그에게 그 단체에 가입하거나 지지할 것을 강요할 권리나 이유가 없는 것과 같다.

4

그 자발적인 단체들에게는 과학으로서의 정의에 대한 지식이 없다는 이유로, 그들에 대해 반대할 수 없다. 과학으로서의 정의에 대한 지식은 그들이 정의를 지킬 수 있게 해주는 데 필요하거나, 불의를 저지르지 않는 데 필요하겠지만 말이다. 정직, 정의, 자연법은 일반적으로 보통사람들이 쉽게 이해하는 것처럼 매우 평범하고 단순한 문제이다. 그것이 무엇인지 알고 싶은 사람들은 어떤 특수한 경우에도 그것을 알아내기 위해 멀리 나갈 필요가 거의 없다. 다른 과학과 마찬가지로 그것을 배워야 하는 것은 사실이다. 그렇지만 또한 그것을 배우기가 매우 쉬운 것도 사실이다. 사람들 간의 무한한 관계나 거래만큼이나 그것의 적용이 무제한적일 수 있지만, 그럼에도 불구하고 그것은 몇 가지 단순한 기초적인 원리로 이루어져 있다. 즉 보통사람이면 누구나 거의 직관적으로 인식하는 진리와 정의로 이루어져 있다. 그리고 추론할 수 있는 사실들을 비슷하게 이해한다면, 정의를 구성하는 것이 무엇인지 또는 정의가 요구하는 것이 무엇인지에 대해 거의 모든 사람이 똑같은 인식을 갖고 있다.

　사람들은 서로 접촉하며 살고 교류한다. 그렇기 때문에 사람들은 그렇게 안하려고 해도 자연법을 아주 많이 배울 수밖에 없다. 사람들 간의 거래, 그들 각각의 소유물, 자기 몫이라고 생각하는 것을 요구하거나 주장하는 모든 사람의 성향, 자기 권리라고 생각하는 것의 모든 침해에 대해 분개하거나 저항하는 모든 사람의 성향, 이 모든 것은 계속해서 그들의 머리에 다음과 같은 질문들을 떠오르게 한다. 이 행위는 정당한가 아니면 부당한가? 이 물건은 나의 것인가 아니면 그의 것인가? 그런데 바로 이러한 것들이 자연법의 질문들이다. 하지만 그것들은 대부분의 경우 인간의 정신이 어디서나 비슷

하게 대답하는 질문들이다.[1]

아이들은 매우 이른 나이에 자연법의 기본원리를 배운다. 그래서 그들은 정당한 이유 없이 다른 아이를 때리거나 해쳐서는 안된다는 것을 매우 일찍부터 깨닫는다. 또한 다른 아이를 마음대로 통제하거나 지배해서는 안된다는 것도, 다른 사람의 물건을 강제로 또는 속여서 또는 훔쳐서 가져서는 안된다는 것도, 한 아이가 다른 아이에게 못된 짓을 한다면 그 못된 짓을 저지른 아이에게 저항하고 — 필요하다면 — 벌을 주며 또 그 아이에게 보상하라고 요구하는 것이 피해 입은 아이의 권리일 뿐만 아니라. 피해 입은 아이의 권리를 보호해주거나 그의 손해를 회복하도록 도와주는 것이 다른 모든 아이나 다른 모든 사람의 권리이자 도덕적 의무라는 것도 아이들은 매우 일찍부터 깨닫는다. 이러한 것들이 자연법의 기본원리이다. 이 원리가 사람들 간의 가장 중요한 거래를 지배한다. 그런데 아이들은 3 더하기 3은 6, 5 더하기 5는 10이라는 것을 배우는 것보다 더 일찍

---

1 윌리엄 존스 경Sir William Jones[1746-1794]은 인도에서 활동한 영국인 판사이자 여태까지 살았던 가장 박식한 판사들 중 한 명이다. 그는 유럽법뿐만 아니라 아시아법에 대해서도 박식하였는데, 그는 다음과 같이 말한다: "현실의 제도에 구속 받지 않거나 제약 받지 않는 그런 재판심리에서, 순수하고 편견 없는 이성이 — 모든 시대에 또 모든 나라에서 — 종종 끌어내는 결론들이 비슷하거나 아니 오히려 같다는 것이 눈에 띄면 기분 좋다." —《보석保釋에 대한 존스 Jones on Bailments》, 133.
그는 여기서 다음과 같은 의미로 말하는 것이다. 즉 법이 정의를 위반하면서 만들어지지 않았다면, 재판 법정들이 "모든 시대에 또 모든 나라에서" 정의가 무엇인가에 대해 일치하지 않은 경우가 "좀처럼 없었다"는 것이다.

이 자연법의 기본원리를 배운다. 아이들의 유치한 놀이조차 이 자연
법의 기본원리를 계속 존중하지 않으면 행해질 수 없을 것이다. 마
찬가지로 그 원리를 존중하지 않으면, 나이가 몇 살이든 사람들은
평화롭게 함께 살 수 없다.

모든 경우는 아니더라도 대부분의 경우 인류 전체는 — 젊은 사
람이든 나이든 사람이든 — 우리가 말하는 이 자연법의 의미를 배
우기 훨씬 전에 자연법을 배운다고 말해도 지나치지 않을 것이다.
사실 그들이 먼저 문제 자체의 성질을 이해하지 못했다면, 그들에
게 그 말의 진짜 의미를 이해시킬 수 없을 것이다. 문제 자체의 성질
을 알기 전에는 정의나 불의라는 말의 의미를 그들에게 이해시킬
수 없을 것이다. 문제되는 것의 성질을 알기 전에는 더위와 추위, 습
기와 건조함, 빛과 어둠, 백과 흑, 하나와 둘이라는 말의 의미를 그
들에게 이해시킬 수 없는 것처럼 말이다. 우리가 쓰는 말의 의미를
알 수 있으려면, 물질적인 사물 못지않게 감정과 관념도 반드시 알
아야 한다.

정의의 과학(계속)

1

정의가 자연원리가 아니라면, 그것은 결코 원리가 아니다. 정의가
자연원리가 아니라면, 정의 같은 것은 없다. 정의가 자연원리가 아

니라면, 사람들이 그것에 대해 태곳적부터 지금까지 말했거나 쓴 모든 것은 존재하지 않은 것에 대해 말했거나 쓴 것이다. 정의가 자연원리가 아니라면, 지금까지 들어온 정의에의 모든 호소, 지금까지 보아온 정의를 위한 모든 투쟁은 단순한 환상이나 엉뚱한 상상을 위한 호소와 투쟁이었으며, 현실을 위한 호소와 투쟁이 아니었다.

정의가 자연원리가 아니라면, 불의 같은 것은 없다. 이 세계에서 저질러진 모든 범죄는 결코 범죄가 아니었다. 그것들은 비가 오거나 해가 지는 것처럼 단순한 사건에 불과하였다. 강의 흐름이나 식물의 성장에 대해 불평할 이유가 없었던 것과 마찬가지로 사건의 피해자는 그 사건에 대해 불평할 이유가 없었다.

정의가 자연원리가 아니라면, (소위) 정부는 인정받을 권리나 이유 또는 자신을 인정하라고 주장하거나 공언할 권리나 이유가 없다. 정부가 존재하지 않는 어떤 것에 대해 인정할 권리나 이유 또는 인정하라고 주장하거나 공언할 권리나 이유가 없는 것처럼 말이다. 정의를 확립하겠다는 정부의 공언, 또는 정의를 지키겠다는 정부의 공언, 또는 정의에 보답하겠다는 정부의 공언 모두는 단지 바보들의 횡설수설, 협잡꾼들의 사기에 불과하다.

그러나 정의가 자연원리라면, 그것은 당연히 불변의 원리이다. 그러므로 이 원리는 ─ 그것을 확립한 힘보다 낮은 힘에 의해서는 ─ 바뀔 수 없다. 중력의 법칙, 빛의 법칙, 수학의 원리, 또는 그 밖의 자연법칙이나 자연원리가 바뀔 수 없는 것처럼 말이다. 어떤 사람이나 일단의 사람들 — 자신들을 정부라고 부르거나 다른 어떤 이름으로 부르는 사람들 — 이 정의 대신에 그 자신들의 명령, 의지, 의향이나 판단을 인간의 행동규범으로 세우려는 모든 시도나 억지는 우주의 모든 물리적, 정신적, 도덕적 법칙 대신에 자신들의 명령, 의지, 의향이나 판단을 세우려는 시도만큼이나 어리석은 짓, 월권, 횡포이다.

2

정의 같은 원리가 있다면, 그것은 당연히 자연원리이다. 그런 만큼 그것은 다른 과학처럼 배우고 응용할 수 있는 과학의 문제이다. 그리고 법으로 그것에 더한다거나 그것에서 뺀다고 말하는 것은 법으로 수학, 화학 또는 다른 어떤 과학에 더하거나 뺀다고 말하는 것만큼이나 잘못되고 어리석으며 바보 같은 짓이다.

3

만일 자연에 정의 같은 원리가 있다면, 전인류가 모여 할 수 있는 입법 행위로는 정의의 최고 권위에 더하거나 뺄 것이 아무것도 없을 것이다. 그리고 정의의 최고 권위에 더하거나 빼려는 인류의 모든 시도 또는 일부 사람들의 모든 시도는 효력없는[지나가는] 바람일 뿐 단 한 사람에게도 구속력이 없다.

4

정의나 자연법 같은 원리가 있다면, 이 원리나 법은 모든 인간에게
는 태어날 때부터 어떤 권리가 주어졌는지를 우리에게 말해준다. 따
라서 인간으로서 그의 타고난 권리가 무엇이든 그것은 당연히 평생
동안 그에게 남아있다. 이 권리가 짓밟힐 수는 있다. 그렇지만 인간
으로서의 그의 본성에서 그 권리를 지워버리거나 소멸시키거나 무
효화시키거나 떼어놓거나 제거할 수 없으며, 또는 그 권리에 내재하
는 권한이나 의무를 빼앗아버릴 수 없다.

　반면에 정의나 자연법 같은 원리가 없다면, 모든 인간은 권리가
전혀 없이 세상에 태어난 것이다. 그리고 권리 없이 세상에 태어났
기 때문에, 그는 불가피하게 영원히 그런 상태에 있을 수밖에 없다.
사실 권리를 갖고 세상에 태어난 사람이 아무도 없다면, 누구도 자
기 자신의 권리를 지닐 수 없거나 다른 사람에게 권리를 줄 수 없다
는 것이 분명하다. 그 결과는 인류가 결코 어떤 권리도 가질 수 없다
는 것이 될 것이다. 그리고 그들이 자신들의 권리 같은 것에 대해 말
한다면, 이는 지금까지 존재하지 않았고 앞으로도 존재하지 않을
것이며 또 결코 존재할 수 없는 사물에 대해 말하는 것이 될 것이다.

5

정의 같은 자연원리가 있다면, 그것은 필연적으로 최고의 법이다.
결국 정의는 그것이 자연스럽게 적용될 수 있는 모든 문제에 대해서

유일한 보편적인 법이다. 따라서 인간의 모든 입법 행위는 권한이나 지배권이라는 권리가 없는 곳에서 권한이나 지배권을 차지하는 것일 뿐이다. 그러므로 인간의 입법 행위는 강요, 불합리, 강탈, 범죄이다.

반면에 정의 같은 자연원리가 없다면 불의 같은 것은 있을 수 없다. 정직 같은 자연원리가 없다면 부정직 같은 것은 있을 수 없다. 그리고 어떤 사람이 다른 사람의 신체나 재산에 대해 저지른 어떤 폭력행위나 사기행위도 부당하다거나 부정직하다고 말할 수 없다. 또는 그런 행위에 대해 불평하거나 금지할 수 없으며, 또는 부당하다거나 부정직하다고 해서 처벌할 수 없다. 요컨대 정의 같은 원리가 없다면, 범죄 같은 행위도 있을 수 없다. 그리고 소위 자신들이 존재하는 이유가 범죄를 — 전부든 부분적으로든 — 처벌하거나 막기 위해서라고 말하는 정부들의 모든 선언은, 결코 존재하지도 않았고 결코 존재할 수도 없는 것을 처벌하거나 막기 위해 자신들이 존재한다는 선언이다. 그러므로 그러한 선언은, 범죄에 관한 한 정부가 존재할 이유가 없다는 고백이고, 정부가 할 일이 없다는 고백이며, 정부가 할 수 있는 일이 없다는 고백이다. 그러한 선언은 그 성질상 정말 있을 수 없는 행위들을 징벌하거나 막기 위해 정부가 존재한다는 고백이다.

6

정의 같은 원리, 정직 같은 원리, 우리가 나의 것과 너의 것이라는 말로 설명하는 원리, 신체와 재산에 대한 인간의 자연권 같은 원리가 자연에 있다면, 우리는 변하지 않는 보편적인 법을 갖고 있다. 그것은 우리가 배울 수 있는 법이다. 우리가 어떤 다른 과학을 배우는 것처럼 말이다. 이 법은 그 자신과 충돌하는 모든 것을 능가하며 또 충돌할 가능성을 전혀 주지 않는다. 이 법은 정당하다는 것이 무엇이며 부당하다는 것이 무엇인지, 정직하다는 것이 무엇이며 부정직하다는 것이 무엇인지, 나의 것은 어떤 것이고 너의 것은 어떤 것인지, 신체와 재산에 대한 나의 권리는 무엇이며 신체와 재산에 대한 너의 권리는 무엇인지, 신체나 재산에 대한 나의 각각의 모든 권리와 신체나 재산에 대한 너의 각각의 모든 권리 사이에 경계가 어디에 있는지를 우리에게 말해준다. 그리고 이 법은 세계 어디서나, 언제나 모든 사람들에게 최고의 법이자 똑같은 법이다. 그리고 이 법은 인간이 지구에 사는 동안에는 언제나 모든 사람에게 똑같은 단 하나의 최고의 법이 될 것이다.

그러나 반면에 정의라는 원리, 정직이라는 원리, 신체나 재산에 대한 인간의 권리라는 원리가 자연에 없다면, 정의와 불의, 정직과 부정직이라는 말, 나의 것과 너의 것이라는 말, 이것은 이 사람의 재산이고 저것은 저 사람의 재산이라는 것을 의미하는 모든 말, 신체나 재산에 대한 인간의 자연권을 기술하는 데 쓰는 모든 말, 피해와 범죄를 기술하는 데 쓰는 모든 말은 아무 의미가 없기 때문에 인간의 모든 언어에서 삭제되어야 한다. 그리고 가장 큰 폭력과 가장 큰 사기가 당분간 사람들 간의 관계를 지배하는 단 하나의 최고의 법이라고 즉시 또 영원히 선언해야 한다. 그리고 이제부터는 모든 사람들이 또는 사람들의 모든 집단 — 자신들을 정부라고 부르는 집단뿐만 아니라 그 밖의 모든 집단 — 이 서로에게 자신들이 할 수 있는 최대의 폭력을 행사하거나 가장 큰 사기를 쳐도 자유롭게 내버려두어야 한다고 즉시 또 영원히 선언해야 한다.

7

정의 같은 과학이 없다면, 정치의 과학은 있을 수 없다. 그리고 어느 시대에나 어느 나라에서나 소수의 동맹한 악당들은 강탈과 폭력을 사용해 나머지 사람들에 대한 지배력을 얻었고 이들을 가난과 노예 상태로 전락시켰으며 소위 정부라는 것을 세워 이들을 복종시켰다. 그러므로 강탈과 폭력은 세상 사람들이 이제까지 볼 수 있는 바와 같은 정치의 정당한 예였다.

8

정의 같은 원리가 자연에 있다면, 그것은 필연적으로 이제까지 있었거나 앞으로 있을 단 하나의 정치원리이다. 사람들은 소위 정치원리라는 그 밖의 원리를 만들어내는 습관이 있는데, 그 밖의 모든 정치

원리는 결코 원리가 아니다. 그것들은 생각이 단순한 사람들의 자만에 불과하다. 이들은 자신들이 진리, 정의, 보편적인 법보다 더 나은 것을 발견했다고 상상하기 때문이다. 아니면 그것들은 이기적인 못된 사람들이 명성, 권력, 돈을 얻기 위한 수단으로 의지하는 책략이나 핑계에 불과하다.

자연법 대 입법 행위

1

자연법 즉 자연정의는 사람들 사이에서 생겨날 수 있는 모든 논쟁을 올바르게 해결하는 데 자연스럽게 적용될 수 있는 적합한 원리이다. 또한 사람들 간의 어떤 논쟁도 올바르게 해결할 수 있는 유일한 기준이다. 다른 사람에게도 적용할 용의가 있든 없든 간에, 모든 사람이 자신을 위해서는 요구하는 보호의 원리이다. 따라서 불변의 원리, 즉 언제나 어디서나 모든 시대와 모든 나라에서 똑같은 원리이다. 어느 때나 어디서나 필요하다는 것은 자명하다. 모든 사람에 대해서 완전히 공평하며 공정하다. 어디서나 인류의 평화를 위해서는 없으면 안된다. 모든 인간의 안전과 복지에 지극히 중대하다. 또한 매우 쉽게 배울 수 있고 아주 일반적으로 알려져 있으며, 모든 정직한 사람들이 그럴 목적으로 기꺼이 올바르게 구성할 수 있는 자발적인 단체들에 의해 매우 쉽게 유지된다. 자연법 즉 자연정의는 이와 같은 원리이기 때문에, 말하자면 다음과 같은 질문들이 생겨난다: 왜 그것이 보편적으로 또는 거의 보편적으로 통용되지 않는가? 왜 그것이 누구나 또는 모든 사람들이 마땅히 복종해야 하는 단 하나의 법으로 오래 전에 전세계에 걸쳐 확립되지 못했는가? 입법 행위처럼 분명히 불필요하고 잘못되었으며 불합리하고 형편없는 것이 인류에게 반드시 어떤 쓸모가 있을 것임에 틀림없거나 어떤 쓸모가 있을 수 있다고 또는 인간사에 존재할 여지가 있을 수밖에 없다고 왜 인간은 이제까지 생각하였는가?

2

이에 대한 대답은 다음과 같다. 모든 역사시대를 통해 사람들이 야만상태를 넘어 땅을 경작해 생활수단을 늘리는 법을 배운 곳에서는 어디서나, 많든 적든 그들 중 일부는 한패가 되어 강도 무리를 조직했다. 다른 모든 사람들에게서 약탈하고 이들을 노예로 만들기 위해서였다. 이 다른 사람들은 그들이 빼앗을 수 있는 얼마간의 재산을 축적했기 때문이다. 또는 그 다른 사람들이 자신들을 노예로 삼으려는 사람들을 부양하거나 즐겁게 해주는 데 도움을 줄 수 있다는 것을 그들의 노동으로 보여주었기 때문이다.

이 강도 무리들은 처음에는 그 수가 적었지만 서로 결합하면서 자신들의 힘을 늘려 갔다. 이들은 전쟁무기를 발명했으며 훈련하였다. 자신들의 조직을 군대로 만들었으며, (포로를 포함해서) 약탈품을 자기들끼리 나누어 가졌다. 미리 동의한 비율에 따라서든 아니면 (언제나 추종자의 수를 늘리고 싶어 하는) 그들의 지도자가 지시하는 비율에 따라서든 말이다.

이 강도 무리들은 성공하는 데 어려움이 없었다. 이 강도 무리들이 약탈대상으로 삼거나 노예로 만든 사람들은 비교적 방어능력이 없었기 때문이다. 이들은 시골에 띄엄띄엄 떨어져 살았다. 이들은 아무렇게나 만든 도구와 힘든 노동으로 땅에서 식량을 얻는 데 전력을 다하였다. 몽둥이와 돌 이외에는 전쟁무기가 없었다. 군대의 규율이나 조직도 없었다. 갑자기 공격 받았을 때 자신들의 힘을 모으거나 협력해서 행동할 방법도 없었다. 이런 환경에서 자신들의 생명이나 가족의 생명을 구하려면 이들에게 남아있는 유일한 대안은 자신들이 수확한 곡물이나 경작한 토지를 내놓을 뿐만 아니라 또한 자신들과 가족이 노예가 되는 것이었다.

이때부터 이들의 운명은 자신들이 전에는 자신들을 위해 경작한 땅을 노예로서 다른 사람들을 위해 경작하는 것이었다. 끊임없이 노동에 시달렸기 때문에 재산은 천천히 늘어났다. 그러나 모든 것은 그 폭군들의 손에 들어갔다.

이 폭군들은 약탈과 노예들의 노동에만 의지해서 살았다. 그리고 그들은 더 많이 약탈하고 방어력이 없는 또 다른 사람들을 노예로 삼는 것에 모든 힘을 쏟았다. 또한 그들은 자신들의 수를 늘리고 조직을 정비하고 전쟁무기를 다양화하면서, 정복을 확대하였다. 마침

내 이미 얻은 것을 유지하기 위해, 그들은 체계적으로 행동하면서 자신들의 노예를 복종시키는 데 서로 협력할 필요가 있었다.

그러나 그들은 그들이 정부라고 부르는 것을 세우고 그들이 법이라고 부르는 것을 만들어야만 이 모든 것을 할 수 있다.

세상의 모든 큰 정부들은 ─ 사라진 정부들뿐만 아니라 지금 존재하는 정부들도 ─ 이런 성격을 지녔다. 그들은 약탈과 정복을 위해, 사람들을 노예로 만들기 위해 한패가 된 강도 무리에 불과하였다. 그리고 그들이 법이라고 부른 바로 그것은 그들 간에 맺을 필요가 있다고 생각한 합의[협정]에 불과하였다. 합의를 본 것은 그들이 자신들의 조직을 유지하고 다른 사람들을 약탈하거나 노예로 만들 때 협력하기 위해서였으며, 그리고 약탈한 것을 각자에게 그가 동의한 만큼 보장해주기 위해서였다.

이 모든 법은 실제적인 구속력이 없었다. 산적들, 강도들, 해적들이 범죄를 더 잘 수행하기 위해 또 약탈품을 좀 더 평화적으로 분배하기 위해 서로 맺을 필요가 있다고 생각한 합의는 구속력이 없는 것처럼 말이다.

그러므로 실질적으로 세상의 모든 입법 행위의 기원은 다른 사람들에게서 약탈하거나 이들을 노예로 만들어 **자신들의 재산으로 차지**하고 싶어한 한 부류의 사람들의 욕망에 있다.

3

시간이 흐르면서 강도 계급 또는 노예소유 계급은 — 이들은 땅을 모두 몰수하고 부를 만들어내는 모든 수단을 차지하였는데 — 다음과 같은 사실을 깨닫기 시작했다. 즉 노예들을 관리하고 이들을 이용해 이익을 낼 수 있는 가장 쉬운 방법이 예전에 했던 것처럼 가축을 소유하듯이 각각의 노예소유자가 특정한 수의 노예를 소유하는 것이 아니라, 자신들을 먹여 살릴 책임을 그 노예들에게 주는 만큼이나 자유를 주면서도, 그 노예들로 하여금 토지소유 계급(그 노예들의 옛 주인들)에게 이들이 주는 것을 받고 그들의 노동을 팔도록 강요하는 것이라는 사실을 깨닫기 시작했다.

물론 이 해방된 노예들은 — 어떤 사람들은 그들을 해방된 노예라고 부르는데, 이는 잘못된 것이다 — 땅이나 다른 재산이 없고 독립된 생계를 꾸려나갈 수단이 없기 때문에, — 굶어죽지 않으려면 — 가장 질 낮은 생활필수품만 받고 (때로는 그것조차 받지 못하고) 자신들의 노동을 토지소유자에게 파는 것 외에는 다른 대안이 없었다.

소위 이 해방된 노예들은 예전만큼이나 여전히 노예였다. 그들의 생계수단은 어쩌면 각자에게 주인이 있을 때보다 더 불안정했을지도 모른다. 주인은 그래도 노예의 생명을 유지시키는 데는 관심이 있었기 때문이다. 그들은 토지소유자들의 기분이나 이익에 따라 집이나 일터에서 쫓겨날 수 있었으며, 심지어는 노동으로 밥벌이를 할 기회조차 잃어버릴 수 있었다. 따라서 그들 대부분은 구걸, 도둑질을 하거나 아니면 굶어죽을 수밖에 없었다. 그리하여 그들은 당연히 그들의 엣 주인들의 재산과 안녕에 위험한 존재가 되었다.

그 결과, 이 엣 주인들은 그들 자신의 안전과 재산의 안전을 위해 자신들을 더욱 완전하게 정부로 조직하고, **이 위험한 사람들을 복종시키기 위해 법을 만들 필요가 있다고** 생각하였다. 예를 들면 법은 그들이 노동해서 받는 대가를 정했으며, 무서운 형벌도 지시하였다. 굶어죽지 않기 위한 유일한 수단으로 그들이 저지른 도둑질이나 범법 행위에 대해서는 심지어 사형을 지시하였다.

이런 법들이 수백 년 동안, 몇몇 나라에서는 수천 년 동안 계속 시행되었다. 그리고 오늘날에는 다소 엄격하게 지구상의 거의 모든 나라에서 시행되고 있다.

이런 법들의 목적과 효과는 강도 계급 또는 노예소유 계급의 수중에 모든 토지의 독점을 유지하고 또 가능한 한 부를 만들어내는 그 밖의 모든 수단의 독점을 유지하는 것이었다. 따라서 다수의 노동자들을 가난이나 의존상태에 있게 하는 것이었다. 그래야 그들이 생명을 유지할 수 있는 가장 싼 대가를 받고 그 폭군들에게 자신들의 노동을 팔기 때문이다.

이 모든 결과로, 세상에 있는 얼마 안되는 부가 모두 소수의 손에 — 즉 법을 만드는 노예소유 계급의 손에 — 있다. 이 계급은 오늘날 예전만큼이나 정신적으로는 노예소유자들이다. 그러나 그들은 각자가 그의 개인적인 노예들을 소유하지 않고, 노동자들을 복종과

의존상태에 있도록 하기 위해 **자신들이 만드는 법으로** 목적을 달성한다.

따라서 입법 행위가 오늘날에는 거대한 규모로 커졌지만, 입법 행위라는 일 모두의 기원은 음모였다. 이 음모는 언제나 소수가 꾸민 것이며, 그 목적은 다수를 복종시켜서 노동을 강요해 그 모든 이익을 강탈하는 것이었다. 그리고 모든 입법 행위의 밑바닥에 있는 진짜 동기나 정신은 — 그들이 숨기려고 하는 모든 핑계와 구실에도 불구하고 — 옛날이나 오늘날이나 똑같다. 이 입법 행위의 모든 목적은 한 계급의 사람들을 다른 계급의 사람들에게 복종시켜 노예 상태에 있게 하는 것일 뿐이다.

4

입법 행위란 무엇인가? 그것은 한 사람 또는 일단의 사람들이 자신들의 힘에 굴복시킬 수 있는 다른 모든 사람들에 대해 절대적이며 책임지지 않는 지배권을 차지하는 것이다. 그것은 한 사람 또는 일단의 사람들이 다른 모든 사람들을 자신들의 의지에 또 자신들에게 도움이 되게끔 복종시키는 권리를 차지하는 것이다. 그것은 한 사람 또는 일단의 사람들이 다른 모든 사람들의 모든 자연적인[당연한] 권리, 모든 자연적인 자유를 철저히 없애는 권리를 차지하는 것이다. 이는 다른 모든 사람들을 자신들의 노예로 만들기 위해서다. 다른 모든 사람들에게 그들이 해도 되는 것이 무엇인지, 해서는 안되는 것이 무엇인지, 가져도 되는 것이 무엇인지, 가져서는 안되는 것이 무엇인지. 무엇을 하는 사람이 되어도 괜찮은지, 무엇을 하는 사람이 되어서는 안되는지를 제멋대로 지시하기 위해서다. 요컨대, 그것은 인간 권리의 원리, 정의의 원리 자체를 지상에서 쫓아내고 그 대신에 그들 자신의 개인적인 의지, 즐거움, 이익을 내세우는 권리를 차지하는 것이다. 인간이 제정한 법도 그것을 지킬 것을 강요받은 자들에게는 구속력이 있다는 사상 자체에는 바로 이 모든 것이 들어 있다.

02
악덕은 범죄가 아니다*

도덕적 자유의 변호

1

악덕은 인간이 자기 자신이나 자기 재산을 해치는 행위이다.

범죄crimes란 어떤 사람이 다른 사람의 신체나 재산을 해치는 행위
이다.

악덕vices은 인간이 행복을 추구하다가 저지르는 잘못에 불과하
다. 범죄와는 달리, 악덕은 다른 사람들에 대한 악의를 품고 있지
않으며, 다른 사람들의 신체나 재산에 대한 간섭을 의미하지도 않

---

* "Vices are not crimes", in 《The Lysander Spooner Reader》, 25-52.

는다.

악덕에는 범죄의 바로 그 본질 — 즉 다른 사람의 신체나 재산을 해치겠다는 의도 — 이 빠져 있다.

범죄 의도가 없다면, 즉 다른 사람의 신체나 재산을 침해할 의도가 없다면 범죄가 될 수 없다는 것이 법의 원칙이다. 그러나 그런 범죄 의도를 갖고 악덕을 행하는 사람은 아무도 없다. 그가 악덕을 행하는 것은 오로지 그 자신의 행복을 위해서이지, 다른 사람들에 대한 어떤 악의에서가 아니다.

악덕과 범죄 간의 이 구분이 법에 의해 명확하게 이루어지지 않거나 인정되지 않으면, 개인의 권리, 자유, 재산 같은 것은 전혀 있을 수 없다 즉 한 인간이 자신의 신체와 재산을 관리할 수 있는 권리, 마찬가지로 다른 사람도 그 자신의 신체와 재산을 관리할 수 있는 동등한 권리 같은 것은 있을 수 없다.

정부가 어떤 악덕을 범죄라고 선언하고 그것을 범죄로서 처벌하는 것은 문제의 성질 자체를 왜곡하려는 시도이다. 그것은 진실을 거짓이라고 선언하거나 거짓을 진실이라고 선언하는 것만큼이나 불합리하다.

2

인간의 생활에서 모든 자발적인 행위는 미덕이 있거나 아니면 악덕이 있다. 즉 그 행위는 인간의 신체적, 정신적 및 정서적 건강이나 복리를 좌우하는 물질 및 정신의 자연법칙과 일치하거나 충돌한다. 달리 말하면, 그의 생활에서 모든 행위는 대체로 그를 행복하게 하거나 아니면 불행하게 한다. 그의 생활 전체에서 단 하나의 행위도 중립적이지 않다.

게다가 각각의 인간은 그의 신체적, 정신적 및 정서적 체질에서 그리고 그를 둘러싼 환경에서도 다른 모든 인간과 다르다. 그러므로 어떤 사람의 경우에는 미덕이고 그의 행복에 도움이 되는 많은 행위가 다른 사람의 경우에는 악덕이며 불행하게 한다.

또한 한 인간의 경우에 어떤 때는 어떤 환경에서는 미덕이고 행복에 도움이 되는 많은 행위가 바로 그 같은 인간의 경우에도 다른 때는 다른 환경에서는 악덕이고 불행하게 한다.

3

각각의 인간이나 모든 인간의 경우에서, 그들이 개별적으로 놓일 수 있는 각각의 조건이나 모든 조건에서 어떤 행위가 미덕이고 어떤 행위가 악덕인지를 아는 것 — 달리 말하면, 어떤 행위가 대체로 행복하게 해주고 어떤 행위가 불행하게 해주는지를 아는 것 — 은 위대한 정신의 소유자들이 이제까지 몰두해 왔거나 언제나 몰두할 수 있는 연구대상 중에서 가장 심오하고 가장 복잡하다. 그럼에도 불구하고 그것은 각각의 인간이 — 지적 능력이 아주 낮은 사람뿐만 아니라 대단히 큰 사람도 — 욕망이나 자신의 생활의 필요에 의해 마지못해 끊임없이 숙고하는 대상이다. 그것은 또한 모든 사람이 요람에서 무덤까지 당연히 자기 나름의 결론에 도달할 수밖에 없는 심사숙고의 대상이기도 하다. 왜냐하면 욕망, 필요, 희망, 불안, 그의 본성에 따른 충동, 또는 그 자신의 환경에 따른 압력을 다른 사람은 그 사람만큼 알거나 느끼지 않기 때문이거나 알 수도 느낄 수도 없기 때문이다.

4

악덕이라고 불리는 행동들에 대해서, 정도의 문제를 제외한다면 그것들이 진짜 악덕이라고 말할 수 있는 경우는 드물다. 즉 악덕이라고 불리는 어떤 행위나 일련의 행위에 대해서, **일정한 시점에 멈추었다면** 그것들이 진짜 악덕이라고 말하기는 어렵다. 그러므로 미덕이냐 악덕이냐의 문제는 모든 경우에서 양과 정도의 문제이지, 어떤 단 하나의 행동 자체에 내재한 성격의 문제가 아니다. 이러한 사실로 인해 누구라도 — 각각의 개인 그 자신이 아니라면 — 미덕과 악덕 사이에 정확한 선이나 정확한 선 같은 것을 긋기가 한층 더 어렵다. 즉 미덕이 어디에서 끝나고 악덕이 어디에서 시작하는지 말하기가 한층 더 어렵다(불가능하다고는 말할 수 없지만 말이다). 그러므로 이것이 미덕과 악덕의 문제 전체를 각 개인이 스스로 해결하도록 내버려두어야 하는 또 하나의 이유이다.

5

악덕은 보통 적어도 당분간은 즐겁다. 악덕은 종종 수년 동안(어쩌면 평생 동안) 행해진 다음에야 그 결과로 인해 악덕임이 드러난다. 악덕을 행하는 자들 중 많은 사람에게는, 아마도 그 대부분에게는 악덕이 평생 동안 결코 악덕으로 드러나지 않을 것이다. 반면에 미덕은 종종 아주 엄격하고 힘든 것처럼 보인다. 미덕은 적어도 현재의 아주 많은 행복을 희생할 것을 요구한다. 결과만이 그것이 미덕임을 증명하는데, 그 결과는 종종 아주 멀리 있고 눈에 띄지 않는다. 사실 많은 사람들, 특히 젊은 사람들의 정신에는 그 결과가 결코 보이지 않는다. 따라서 사물의 본질상, 그것이 미덕이라는 보편적인 지식이나 심지어는 일반적인 지식이 있을 수 없다. 사실, 심오한 철학자들은 악덕과 미덕 사이에 선을 그으려는 연구에 많은 노력을 들였다(완전히 헛수고한 것은 아니지만, 성과가 매우 적은 것은 확실하다).

그러므로 무엇이 악덕이고 무엇이 악덕이 아닌지 결정하기가 매우 어렵고 대부분의 경우 거의 불가능해졌다면, 특히 거의 모든 경우에 미덕이 어디에서 끝나고 악덕이 어디에서 시작하는지 결정하기가 아주 어렵다면, 그리고 이런 문제들을 (아무도 정말로 자기 이외의 누군가를 대신해서 이 문제들을 결정할 수 없기 때문에) 각자의 실험에 자유롭게 내버려두지 않는다면, 각 개인은 인간으로서의 그의 모든 권리 중에서 가장 고귀한 것을 **빼앗기게** 된다. 즉 **그가 보기에** 무엇이 미덕이고, 그가 보기에 무엇이 악덕인지, 달리 말하면 무엇이 전체적으로 볼 때 그의 행복에 도움이 되는지 그리고 무엇이 전체적으로 볼 때 그를 불행하게 하는지를 묻고, 탐구하고, 따져보고, 실험해보고, 판단하고 스스로 확인하는 그의 권리를 빼앗기게 된다. 이 위대한 권리를 모든 사람에게 자유롭게 내버려두지 않는다면, 이성을 가진 인간으로서 각 개인의 "자유와 행복추구"의 권리 전체가 그에게서 부정된다.

6

우리 모두는 우리 자신을 모른 채 또 우리 주위에 있는 모든 것을 모른 채 태어났다. 우리 본성의 근본적인 법칙에 의해 우리는 모두 행복에의 욕망과 고통에 대한 두려움에 끊임없이 시달린다. 그러나 우리는 모든 것을 이용해서, 무엇이 우리에게 행복을 줄 것인지 또 무엇이 우리를 고통에서 구해줄 것인지에 대해 배운다. 우리 두 사람은 결코 서로 같지 않다. 육체적으로든 정신적으로든 정서적으로든 서로 같지 않다. 또는 결국 행복을 추구하고 불행을 회피하려는 우리의 육체적, 정신적, 정서적인 요구에서도 서로 같지 않다. 그러므로 우리 중 누구도 행복과 불행, 악덕에 대한 이 없어서는 안될 교훈을 다른 사람을 대신해 배울 수 없다. 각자가 스스로 배워야 한다. 그 교훈을 배우기 위해서는, 각자가 자신이 필요하다고 판단하는 모든 실험을 자유롭게 할 수 있어야 한다. 그의 실험 중 몇 가지가 성공한다면, 그것들은 성공하기 때문에 미덕이라고 불린다. 그의 실험 중 어떤 것들이 실패한다면, 그것들은 실패하기 때문에 악덕이라고 불린다. 그는 성공에서 얻는 만큼이나 실패에서도 지혜를 얻는다. 소위 미덕에서 얻는 만큼이나 소위 악덕에서도 지혜를 얻는다. 그 두 가지 모두는 지식 — 그 자신의 본성에 대한 지식, 자기 주위의 세계에 대한 지식, 자신과 주위 세계 서로 간의 적응이나 부적응에 대한 지식 — 을 획득하는 데 필요하다. 이러한 지식은 어떻게 하면 행복을 얻고 어떻게 하면 고통을 피하는지를 그에게 보여줄 것이다. 그리고 그에게 이러한 실험을 마음대로 해보도록 허용하지 않는다면, 그는 지식을 획득하지 못하게 되고 결국에는 그의 삶의 위대한 목적과 의무를 추구하지 못하게 된다.

7

인간은 자기에게 지극히 중대한 문제에 관해서는 누구의 말도 들을 의무가 없거나 누구의 권위에도 따를 의무가 없다. 그리고 다른 사람이 자기만큼 관심을 갖지 않거나 가질 수 없는 문제에 관해서도 마찬가지이다. 그는 — 그가 원한다 해도 — 다른 사람들의 의견에 맹목적으로 의지할 수 없다. 왜냐하면 그는 다른 사람들의 의견들이 일치하지 않는다는 것을 알기 때문이다. 어떤 행위나 어떤 일련의 행위는 수백만 명의 사람들이 수세대에 걸쳐 계속해서 실천되어 왔으며, 그들은 그 행위가 전체적으로 행복에 도움이 되기 때문에 미덕이라고 여겼다. 다른 시대나 다른 나라에 또는 다른 조건에 있었던 다른 사람들은 자신들의 경험과 관찰의 결과로, 그 행위가 대체로 불행하게 하는 경향이 있어 악덕이라고 여겼다. 앞 절에서 이미 언급한 바와 같이, 미덕이냐 악덕이냐의 문제는 역시 대부분의 사람들에게는 정도의 문제였다. 즉 그것은 어떤 행위를 어느 정도까지 할 수 있는가의 문제이지, 단일 행위 자체에 내재한 성격의 문제가 아니다. 그러므로 미덕과 악덕의 문제는 지구에 살고 있는 여러 개인들의 정신. 육체, 조건의 다양성만큼이나 다양했으며, 사실 무한하였다. 그리고 오랫동안의 경험은 무수히 많은 이런 문제들을 해결하지 못한 채 내버려 두었다. 사실, 그 문제들 중 무언가를 해결했다고는 거의 말할 수 없다.

8

이처럼 끝없이 다양한 견해들의 한가운데에서, 어떤 사람이 또는 어떤 부류의 사람들이 특정한 행위나 일련의 행위에 대해서 다음과 같이 말할 권리가 있는가?: "우리는 이런 실험을 해보았으며, 그것에 들어있는 모든 문제를 결정하였다. 우리가 그것을 결정한 것은 우리 자신을 위한 것일 뿐만 아니라 다른 사람들도 위한 것이었다. 그리고 우리보다 약한 사람들에게는 우리의 결론에 따라 행동하도록 강요할 것이다. 우리는 누구에게도 더 이상 실험하거나 탐구하는 것을, 따라서 더 이상의 지식을 획득하는 것을 허용하지 않을 것이다."

이렇게 말할 권리가 있는 사람들은 누구인가? 물론 그런 사람은 전혀 없다. 실제로 그렇게 말하는 사람들은 다음의 둘 중 하나다. 하나는 뻔뻔스러운 사기꾼들과 폭군들이다. **이들은 지식의 진보를 막고 싶어서, 같은 인간들의 정신과 육체에 대한 절대적인 지배력을** 부당하게 차지하려고 한다. 따라서 이들에게는 즉시 또 끝까지 저항해야 한다. 또 하나는 자기 자신들의 약점에 대해서 그리고 자기 자신들과 다른 사람들 간의 진정한 관계에 대해서 너무 무지한 사람들이다. 따라서 그들에게는 정말 동정심이나 경멸 이외에는 다른 것을 줄 수 없다.

그렇지만 우리가 알다시피 세상에는 그런 사람들이 있다. 그들 중의 어떤 사람들은 자신들의 힘을 작은 범위 안에서만 행사하려고 한다. 즉 자신들의 아이들, 이웃, 마을 사람들, 동포들에게 행사하려고 한다. 또 어떤 사람들은 더 큰 규모로 자신들의 힘을 행사하려고 한다. 예를 들면 로마의 한 노인은 몇몇 부하들의 도움을 받아 미덕과 악덕의 모든 문제, 특히 종교와 관련해 진실이나 거짓의 모든 문제를 결정하려고 한다. 그는 어떤 종교 사상과 실천이 이 세상에서뿐만 아니라 다가올 세상에서도 인간의 행복에 도움이 되는지 아니면 치명적인지를 안다고 주장하면서 가르친다. 그는 이런 일을 하도록 기적적으로 영감을 받았다고 주장한다. 따라서 그는 분별력 있는 사람처럼, 아주 기적적인 영감이 그에게 그렇게 할 자격을 주었다고 사실상 인정한다. 그렇지만 이 기적적인 영감은 효과가 없었기 때문에, 그는 많은 문제들을 해결할 수 없었다. 보통사람들이 얻을 수 있는 가장 중요한 것은 그의(교황의) 무오류성에 대한 암묵적인 믿음이다! 그 다음, 그들이 저지를 수 있는 것 중에서 가장 고약한 악덕은 교황도 다른 사람들과 마찬가지로 하나의 인간에 불과하다고 생각하며 그렇게 선언하는 것이다.

이 두 가지 중요한 점에 대한 결정적인 결론에 도달하는 데는 약 1500년 내지 1800년이 필요하였다. 그렇지만 그 중 첫 번째 문제는 그가 그 밖의 문제들을 해결하는 데 반드시 필요한 선결문제인 것 같다. 왜냐하면 그 자신의 무오류성이 확정될 때까지는, 그가 어떠한 것도 권위 있게 결정할 수 없기 때문이다. 그렇지만 그는 지금까지 그 밖의 몇 가지 문제를 해결하려고 시도했거나 해결하는 체했다. 그는 어쩌면 앞으로도 몇 가지 문제를 더 해결하려고 시도하거나 해결하는 체할지도 모른다. 그가 자기 말을 듣는 사람을 계속 찾아낸다면 말이다. 그러나 그의 [보잘것없는] 성공은 지금까지 그가 종교라는 특수한 영역에서조차 미덕과 악덕의 모든 문제를 해결해 조만간 인류가 필요로 하는 바를 만족시킬 수 있을 것이라는 믿음을 확실하게 고취시키지 못했다. 교황이나 그의 계승자들이 멀지 않은 날에 다음과 같은 사실을 인정하게 되리라는 것은 의심할 바 없다. 즉 기적적인 영감으로는 그런 일을 하기에 부적합했으며, 아울러 이런 종류의 문제들은 반드시 각자가 스스로 해결하도록 내버려두어야 한다는 사실을 말이다. 다른 모든 교주들도 그 밖의 중요하지 않은 영역에서 언젠가는 똑같은 결론에 당연히 도달할 것이라고 예상하는 것은 불합리하지 않다. 초자연적인 영감을 내세우지 않는 한, 누구도 바로 그런 영감에나 분명히 어울리는 일을 결코 해서는 안된다. 그리고 분명한 것은 누구도 자신의 판단을 다른 사람들의 가르침에 넘겨주어서는 안된다는 것이다. 그 다른 사람들이 그 주제에 대해 보통사람보다 더 많은 지식을 갖고 있다고 그가 먼저 확신하지 않는 한은 말이다.

자신들에게 다른 사람들의 악덕을 정의하고 처벌할 권한과 권리가 모두 있다고 생각하는 사람들이라도 내면적으로 반성한다면, 그들은 아마도 자기 나라에서 할 일이 많다는 것을 알게 될 것이다. 그리고 그 일을 다 했다면, 그들은 다른 사람들의 악덕을 바로잡기 위해 더 많은 일을 해야겠다는 생각이 별로 들지 않을 것이다. 기껏해야 그들은 다른 사람들에게 자신들의 경험과 관찰의 결과를 줄 것이다. 이 영역에서는 그들의 수고가 어쩌면 유용할지도 모른다. 그러나 무오류성과 강제의 영역에서 그들은 앞으로 아마도 — 잘 알려진 이유 때문에 — 그런 사람들이 과거에 거두었던 것만큼은 성공을 거두지 못할 것이다.

9

이미 제시한 이유에서 이제 명백한 것은 다음과 같은 사실이다. 즉 악덕을 인지하고 그것을 범죄로 처벌해야 한다면, 정부는 그렇게 할 수 없다는 것이다. 모든 인간은 악덕을 갖고 있다. 거의 모든 사람들이 많은 악덕을 갖고 있다. 그리고 그 악덕은 갖가지 종류의 것이다: 생리적인 것, 정신적인 것, 감정적인 것, 종교적인 것, 사회적인 것, 상업적인 것, 산업적인 것, 경제적인 것 등. 정부가 이 악덕들 중 어느 것이라도 인지해서 그것을 범죄로 처벌해야 한다면, 일관성 있게 정부는 그 악덕들 모두를 인지해야 하고 그것들 모두를 공평하게 처벌해야 한다. 그렇게 되면 모든 사람이 각자의 악덕 때문에 감옥에 있게 될 것이다. 사람들을 안에 가두고 밖에서 문에 자물쇠를 채울 사람이 없을 것이다. 실제로 범죄자들을 심리할 법정도 충분하지 못할 것이며, 그들을 가둘 감옥도 충분히 짓지 못할 것이다. 지식을 획득하려는, 심지어는 생계수단을 얻으려는 인간의 모든 활동이 멈출 것이다. 왜냐하면 우리 모두는 우리의 악덕 때문에 끊임없이 재판받거나 투옥될 것이기 때문이다. 그러나 악덕을 지닌 자들을 모두 감옥에 넣는 것이 가능하더라도, 일반적으로 그들이 감옥 밖에 있을 때보다 감옥 안에 있을 때 훨씬 더 나쁘다는 것을 인간 본성에 대한 지식은 우리에게 말해준다.

10

정부가 모든 악덕을 공평하게 처벌해야 한다는 것은 분명히 불가능한 일이다. 이것을 제안할 만큼 바보스러운 사람은 지금까지 없었고, 앞으로도 없을 것이다. 누가 제안하든 최대한의 제안은 정부는 가장 심하다고 평가받는 악덕 중 어떤 악덕이나 아니면 기껏해야 그 중 몇 가지를 처벌해야 한다는 것이다. 그러나 이 구별은 완전히 불합리하고 비논리적이며 횡포나 다름없다. 그 어떤 무리의 사람들이 다음과 같이 말할 권리가 있는가? "다른 사람들의 악덕은 **우리가** 처벌할 것이다. 그러나 누구도 우리 자신의 악덕을 처벌할 수 없다. 우리는 다른 사람들이 그들 자신의 생각에 따라 그들 자신의 행복을 추구하는 것을 못하게 할 것이다. 그러나 누구도 **우리가** 우리 자신의 생각에 따라 우리 자신의 행복을 추구하는 것을 못하게 할 수 없다. 우리는 다른 사람들이 그들 자신의 행복에 도움이 되거나 필요한 것에 대해 실험적인 지식을 얻지 못하게 할 것이다. 그러나 누구도 **우리가** 우리 자신의 행복에 도움이 되거나 필요한 것에 대해 실험적인 지식을 얻지 못하게 할 수 없다."

악당이나 멍청이가 아니라면 누구도 이처럼 불합리한 가정을 결코 생각하지 않는다. 그렇지만 누군가가 다른 사람들의 악덕을 처벌할 권리를 주장하면서 이와 동시에 자신은 그 처벌에서 면제해 줄 것을 요구할 수 있다면, 이는 분명히 그러한 가정에 입각해서만이다.

11

제안된 목적이 모든 악덕을 공평하게 처벌하는 것이었다면 사람들은 자발적으로 결합해서 정부 같은 것을 만들어낼 생각을 결코 하지 않았을 것이다. 왜냐하면 누구도 그런 제도를 원하지 않기 때문이거나 그런 제도에 자발적으로 복종하려고 하지 않기 때문이다. 그러나 정부가 모든 범죄의 처벌을 위해 자발적인 결사에 의해 만들어졌다는 것은 합리적인 명제이다. 왜냐하면 모든 사람은 다른 사람들이 저지르는 모든 범죄로부터 자신을 보호하고 싶어하며, 또한 자신이 범죄를 저지르면 자신도 처벌받아야 한다는 정의正義를 인정하기 때문이다.

12

정부가 사람들을 그들의 악덕 때문에 처벌할 권리를 가져야 한다는 것은 당연히 있을 수 없는 일이다. 왜냐하면 정부는 그 구성원들이 **개인으로서** 그 전에 지녔던 권리 이외에는 어떤 권리도 가질 수 없기 때문이다. 그 구성원들은 자신들이 소유하지 않은 권리를 정부에 위임할 수 없었다. 그들은 자신들이 개인으로서 소유한 권리 이외에는 어떤 권리도 정부에 **기증**할 수 없었다. 그렇다면 바보나 사기꾼이 아니라면 누구도 개인으로서는 다른 사람들을 그들의 악덕 때문에 처벌할 권리가 있다고 주장하지 않는다. 그러나 누구든지 또 모든 사람은 **개인으로서는** 다른 사람들을 그들의 범죄 때문에 처벌할 자연권을 갖고 있다. 왜냐하면 모든 사람은 그 자신의 신체와 재산을 침략자로부터 방어하기 위해서만이 아니라 신체나 재산을 침해받은 다른 사람을 돕거나 지켜주기 위해서도 자연권을 갖고 있기 때문이다. 침략자로부터 자신의 신체와 재산을 지키고 또 신체나 재산을 침해받은 다른 사람을 돕거나 지켜주는 각 개인의 자연권은 만일 이것이 없다면 사람들이 이 세상에서 살아갈 수 없는 그런 권리이다. 그리고 정부는 개인들의 이 자연권을 구현하고 또 바로 이 자연권에 의해 제한되는 한에서만 올바르게 존재한다. 그러나 무엇이 미덕이고 무엇이 악덕인지 — 즉 무엇이 그 이웃의 행복에 도움이 되고 무엇이 그렇게 하지 못하는지 — 를 결정하고 행복에 도움이 되지 못하는 모든 행위에 대해 그 이웃을 처벌할 자연권이 각 개인에게 있다는 생각은 뻔뻔하거나 바보 같은 사람이 아니면 누구도 주장하지 않았다. 정부가 어떤 정당한 권한을 갖고 있다고 주장하는 사람들만이 (어떤 개인이나 개인들도 정부에 그런 정당한 권한을 결코 양도하지 않았거나 양도할 수 없었는데) 정부가 악덕을 처벌할 정당한 권한을 갖고 있다고 주장한다.

교황이나 왕은 — 이들은 같은 인간들을 다스리는 직접적인 권리를 하늘에서 받았다고 주장하기 때문에 — 악덕을 이유로 해서 사람들을 처벌할 권리를 요구할 만하다. 하늘의 대리인으로서 말이다. 그러나 정부가 자신의 권력이 전적으로 피통치자들의 양도에서 나온다고 주장하며 그런 권력을 요구하는 것은 완전히 불합리하다. 왜냐하면 피통치자들은 결코 그런 권력을 양도하지 않을 것이기 때문이다. 피통치자들이 그런 권력을 양도한다면, 이는 불합리할 것이다. 왜냐하면 그것은 행복을 추구할 그들 자신의 권리를 주어버리는 것이 될 것이기 때문이다. 즉 행복에 도움이 되는 것이 무엇인지 판단할 권리를 주어버리는 것은 행복을 추구할 그들의 모든 권리를 주어버리는 것이기 때문이다.

13

악덕의 처벌과 비교할 때 **범죄**의 처벌이 정부에게 얼마나 단순하고 쉬우며 합리적인 문제인지는 지금 볼 수 있다. 범죄는 그 수가 적으며, 다른 모든 행위와 쉽게 구분된다. 그리고 인류는 어떤 행위가 범죄인지에 대해서 일반적으로 의견이 일치한다. 반면에 악덕은 셀 수 없이 많다. 그리고 상당히 적은 경우를 제외하면, 무엇이 악덕인지에 관해 의견이 사람마다 다 다르다. 게다가 모든 사람은 다른 사람들의 공격으로부터 자신의 신체와 재산을 보호하고 **싶어한다**. 그러나 누구도 자신의 신체나 재산이 그 자신에게 불리하게 보호받고 싶어하지는 않는다. 왜냐하면 누구든지 자기 자신을 해치고 싶어한다는 것은 인간 본성 자체의 근본적인 법칙에 거스르기 때문이다. 모든 사람은 행복을 증진시키고 싶어하고, 무엇이 행복을 증진시킬 것인지 또 증진시키는지에 대해서 자기 나름의 판단자가 되고 싶어할 뿐이다. 이것이 모든 사람이 원하는 것이며, 모든 사람은 인간으로서 그렇게 할 권리를 갖고 있다. 그리고 우리 모두가 많은 실수를 저지르고 또 우리의 불완전한 지식 때문에 어쩔 수 없이 실수를 저지를 수밖에 없지만, 그렇다 하더라도 이러한 실수가 그 권리를 반대할 수 있는 논거는 아니다. 왜냐하면 그러한 실수 모두가 우리가 필요로 하고 있고 추구하고 있으며 또한 다른 방법으로는 얻을 수 없는 바로 그런 지식을 우리에게 주는 데 도움이 되기 때문이다.

그러므로 범죄를 처벌할 때의 목적은 악덕을 처벌할 때의 목적과 완전히 다를 뿐만 아니라 정반대이다.

범죄를 처벌할 때의 목적은 각자가 그 자신의 판단에 따라 자신의 재산을 이용해 자신의 행복을 추구할 자유를 가능한 한 — 다른 사람들의 동등한 권리를 침해하지 않으면서 — 가장 많이 갖는 것을 각각의 모든 사람에게 보장해 주는 것이다. 반면에 악덕을 처벌할 때의 목적은 모든 사람에게서 그 자신의 판단에 따라 자신의 재산을 이용해 자신의 행복을 추구하는 그의 자연권과 자유를 **빼앗는** 것이다.

그렇다면 이 두 목적은 서로 정반대이다. 그 두 목적은 빛과 어둠, 진실과 거짓, 또는 자유와 예속처럼 서로 정반대이다. 그것들은 서로 양립할 수 없다. 그 두 가지 목적을 하나의 같은 정부가 받아들일 수 있다고 가정하는 것은 불합리하며 불가능하다. 그것은 정부의 목적이 범죄를 저지르면서 범죄를 막는 것이며, 개인의 자유를 파괴하면서 개인의 자유를 보장하는 것이라고 가정하는 것이다.

14

마지막으로 이 개인의 자유에 관해 말해 보자. 모든 사람은 무엇이 그 자신의 복리에 도움이 되고 필요한지 그리고 무엇이 그 자신의 복리를 파괴하는지에 대해서는 반드시 스스로 판단하고 결정해야 한다. 왜냐하면 만일 그가 이 일을 스스로 실행하는 것을 소홀하게 여긴다면, 다른 사람이 그를 대신해서 그것을 실행할 수 없기 때문이다. 그리고 아주 적은 경우를 제외하면, 다른 사람조차도 그를 위해 그 일을 실행하려고 하지 않을 것이다. 어떤 경우에는 교황, 사제, 왕이 그를 대신해서 그 일을 실행하려고 나설 것이다. 그들에게 그렇게 하도록 허용한다면 말이다. 그러나 일반적으로 그들은 그렇게 하면서 그들 자신의 악덕과 범죄를 계속해서 저지를 수 있는 한에서만 그 일을 실행할 것이다. 일반적으로 그들은 그를 자신들의 놀림감과 노예로 만들 수 있는 한에서만 그 일을 실행할 것이다. 부모들은 다른 사람들보다 물론 더 좋은 동기를 갖고 너무 자주 똑같은 일을 하려고 한다. 그러나 그들이 강제력을 동원하는 한 또는 아이에게 실제로 심각하게 해롭지 않은 일을 하지 못하게 하는 한, 그들은 아이에게 도움이 되기보다는 아이를 해친다. 지식을 얻으려면, 그리고 그 지식을 자신의 삶에 동화시키려면 각 개인은 그것을 스스로 얻어야 한다는 것이 자연의 법칙이다. 누구도, 심지어는 그의 부모도 불의 성질을 그가 진짜 알 정도로 말해줄 수 없다. 그 자신이 그것을 경험해야 한다. 그가 불에 데어야 그것을 알 수 있다.

자연은 각 개인이 어떤 사람이 될지, 그에게는 어떤 지식이 필요한지, 그가 그 지식을 어떻게 얻어야 하는지를 어느 부모보다도 천배나 더 잘 알고 있다. 자연은 그 지식을 전하기 위해 자신[자연]이 쓰는 방식이 가장 좋을 뿐만 아니라 단 하나의 효과적인 방식이기도 하다는 것을 알고 있다.

자신들의 아이들에게 미덕을 갖게 하려는 부모들의 시도는 일반적으로 아이들에게 악덕을 모르게 하려는 시도에 불과하다. 그런 시도는 아이들에게 거짓을 모르게 하면서 진실을 알고 이 진실을 더 좋아하게끔 가르치려는 시도에 지나지 않는다. 그런 시도는 아이들에게 병을 모르게 하면서 그리고 병을 일으키는 모든 것을 모르게 하면서, 건강을 추구하고 고맙게 생각하도록 만들려는 시도에 지나지 않는다. 그런 시도는 아이들에게 어둠을 모르게 하면서 빛을 사랑하도록 만들려는 시도에 지나지 않는다. 요컨대, 그런 시도는 아이들에게 불행하게 하는 모든 것을 모르게 하면서 아이들을 행복하게 만들려는 시도에 지나지 않는다.

부모들이 자신들의 이성과 경험의 결과를 아이들에게 그저 주기만 해서 그 아이들이 행복을 추구하는 것을 진짜 도와줄 수 있다면, 이는 아주 좋다. 그것은 당연하면서도 적절한 의무이다. 그러나 아이들이 스스로 판단할 만큼 상당한 능력이 있는 문제에 관해서 강제력을 행사하는 것은 그들을 무지한 상태에 있게 하려는 시도에 불과하다. 그리고 이것은 횡포이고, 아이들이 지식(자신들이 바라는 지식)을 스스로 얻을 권리를 침해하는 것이며, 노인들에게 강제력을 행사하는 것과 같다. 아이들에게 강제력을 행사한다면, 이는 자연이 아이들에게 준 능력을 발달시킬 그들의 권리를 부정하는 것이며 자연이 아이들에게 예정한 존재가 될 그들의 권리를 부정하는 것이다. 그것은 그들 자신에 대한 그리고 그들 자신의 능력의 사용에 대한 그들의 권리를 부정하는 것이다. 그것은 모든 지식 중에서 가장 귀중한 것(즉 위대한 선생인 자연이 아이들에게 기꺼이 주려는 지식)을 그들이 얻을 권리를 부정하는 것이다.

그러한 강제는 아이들을 지혜롭게 하지 못하거나 미덕을 갖게 하지 못한다. 그러한 강제는 아이들을 무지하게 만들며, 결국은 약하게 하고 나쁘게 만든다. 그리고 아이들을 통해 부모의 무지, 미신, 악덕과 범죄를 대대로 영속시킨다. 이것은 세계사의 모든 페이지가 증명한다.

이와 반대되는 견해를 지닌 사람들은 거짓된 사악한 신학이나 자기 나름의 사악한 일반적인 사상을 지닌 자들인데, 그런 사상은 이들에게 다음과 같이 가르쳤다. 즉 인류는 선보다는 자연스럽게 악에 빠지며 진실보다는 거짓을 좋아하는 경향이 있다고, 인류는 빛에는 그들의 눈을 자연스럽게 돌리지 않는다고, 인류는 빛보다는 어둠을 좋아한다고, 그리고 인류는 자신들을 고통스럽게 해주는 것에서만 행복을 찾아낸다고 가르쳤다.

15

그런데 이런 사람들은 정부가 그 권력을 사용해 악덕을 막아야 한다고 주장하면서 다음과 같이 말할 것이다. 또는 그들은 다음과 같이 말하는 습관이 있다. "우리는 자기 나름대로 행복을 추구할 개인의 권리, 결국 자신이 원하는 만큼 타락할 수 있는 개인의 권리는 인정한다. 우리는 다만 정부가 개인의 악덕을 조장하는 물품들의 판매를 금지해야 한다고 주장할 뿐이다."

이에 대한 대답은 어떤 물품이든 그것의 단순한 판매는 ─ 그 물품의 사용에 상관없이 ─ 법적으로 완전히 무죄 행위라는 것이다. 판매행위의 성질은 그 파는 물건의 사용 성질에 달려 있다. 어떤 사물의 사용이 미덕이 있고 합법적이라면, 그것의 판매는 **그러한 사용 때문에** 미덕이 있고 합법적이다. 그 사용이 나쁘다면, 그것의 판매는 **그러한 사용 때문에** 나쁘다. 그 사용이 범죄를 저지르는 것이라면, 그것의 판매는 그러한 사용 때문에 범죄를 저지르는 것이다. 파는 사람은 기껏해야 그 파는 물품의 사용에서 공범에 불과하다. 그 사용이 미덕이 있는 것이든 악덕이 있는 것이든 범죄적인 것이든 말이다. 그 사용이 범죄를 저지르는 것이라면, 그 판매자는 범죄의 공범이다. 그러므로 그를 공범으로 처벌할 수 있다. 그러나 그 사용이 악덕이 있는 것에 불과하다면, 그 판매자는 악덕의 공범에 지나지 않는다. 그러므로 그를 처벌할 수 없다.

16

그러나 다음과 같이 물을 것이다. "정부 쪽에는 자기파괴에 빠져 있

02 악덕은 범죄가 아니다 ____ **053**

는 자들이 늘어나는 것을 막을 권리가 없는가?"

그 대답은 다음과 같다. 즉 소위 이 악덕이 있는 사람들이 제정신이고 심신이 건전하며 지각 있는 분별과 자기통제를 행사할 수 있는 한, 정부는 그 문제에 어떤 권리도 없다는 것이다. 왜냐하면 그들이 제정신인 한, 그들의 소위 악덕이 진짜 악덕인지, 그것이 진짜 그들을 파괴로 이끄는지, 대체로 그들이 결국 파괴되는지를 그들에게 스스로 판단해 결정하도록 내버려 두어야 하기 때문이다. 그들이 제정신이 아니고 심신이 망가져서 지각 있는 분별이나 자기통제를 할 수 없게 된다면, 그들의 친구나 이웃 또는 정부가 그들을 돌보아야 하며, 그들을 해악으로부터 보호해야 하고, 그들을 해치려는 모든 사람으로부터 보호해야 한다. 그들의 정신이상이 그들의 소위 악덕 이외의 다른 원인에서 생겨났을 때처럼 말이다.

그러나 이웃 사람들이 보기에 어떤 사람이 악덕 때문에 자신을 파괴하는 중에 있다고 해서, 그가 — 이 용어들의 법적인 의미 안에서 — 미쳤고 심신이 건전하지 못하며 사리에 맞는 분별과 자기통제를 할 수 없다는 것은 아니다. 남자들과 여자들이 아주 심한 악덕에 빠질 수 있다. 숱한 악덕들 — 폭식, 만취, 매춘, 도박, 프로권투, 담배 씹기, 흡연, 코담배, 아편을 피우는 것, 코르셋 착용, 게으름, 재산의 낭비, 탐욕, 위선 등과 같은 악덕들 — 에 빠져도 그들은 여전히 법의 의미 안에서 제정신이고 심신이 건전하며, 사리에 맞는 분별과 자기통제를 할 수 있다. 그리고 그들이 제정신인 한, 그들에게는 그 자신들과 자신들의 재산을 관리하도록 허용해야 하며, 또한 악덕이 최종적으로 그들을 어디로 이끄는지에 대해 스스로 판단자가 되게끔 허용해야 한다. 구경꾼들은 각각의 경우에서 그 악덕이 있는 사람이 끝장을 보고 돌아오기를 바랄 수 있다. 그러나 그가 다른 사람들이 파괴라고 부르는 것을 계속 하겠다고 결정한다면, 그에게는 그렇게 하라고 허용해야 한다. 그리고 이러한 삶에 관해서 그에게 말할 수 있는 것은 그가 행복의 추구에서 큰 실수를 하였으며 다른 사람들은 그의 운명을 경고로 받아들이는 것이 좋을 거라는 것뿐이다. 다른 세상에서 그의 처지가 어떻게 될지에 관해서는 그것은 이 세계의 법과는 관계없는 신학적인 문제이다. 이 세상의 법이 내세에서 사람들의 처지에 대한 그 어떤 신학적인 문제와도 관계없는 것처럼 말이다.

악덕이 있는 사람이 제정신인지 아닌지의 문제를 어떻게 결정할 수 있는가라고 묻는다면, 그 대답은 다음과 같다. 즉 그것은 미덕이 있다고 불리는 사람들이 제정신인지 아닌지를 결정할 때와 똑같은 종류의 증거로 결정할 수 있다는 것이다. 다른 방도는 없다. 말하자면, 어떤 사람을 정신병원에 보내야 하는지, 그가 유언장을 작성할 능력이 있는지, 또는 그 반대로 그가 재산을 처분할 능력이 있는지를 법원이 결정할 때와 똑같은 종류의 증거로 결정할 수 있다. 의심이 가는 것이 있어도 그것은 다른 모든 경우처럼 그가 제정신이라는 쪽으로 생각해야지 그가 제정신이 아니라는 쪽으로 생각해서는 안된다.

어떤 사람이 제정신이 아니고 심신이 건전하지 않으며 사리에 맞는 분별이나 자기통제를 할 수 없다면, 다른 사람들이 그에게 자신을 해칠 수 있는 수단을 주거나 파는 것은 범죄이다.[1] 제정신인 사람이 제정신이 아닌 사람에게 그 자신을 해칠 수 있는 물품을 팔거나 주는 것은 아주 용이하게 처벌할 수 있는 범죄로서, 배심원단은 이런 사건에 대해서는 기꺼이 유죄 판결을 내린다.

17

그러나 어떤 사람들은 그들의 악덕 때문에 다른 사람들에게 위험하다고 말하는 사람이 있을 것이다. 예를 들면, 술고래는 때때로 싸우기를 좋아해서 그의 가족이나 다른 사람들에게 위험하다고 말하는 사람이 있을 것이다. 그리고 다음과 같이 물을 것이다. "법은 그런 경우에 할 일이 없는가?"

그 대답은 다음과 같다. 즉 술에 취해서든 어떤 다른 이유에서든 어떤 사람이 그의 가족이나 다른 사람들에게 위험하다면, 다른 사람들의 안전이 요구되는 한에서 그 사람 자신을 합법적으로 제지할 수 있을 뿐만 아니라, 다른 모든 사람들 — 그가 위험하다는 것을 알

---

[1] 제정신이 아닌 사람에게 칼이나 어떤 다른 무기, 또는 그가 자신을 해칠 수 있는 것을 주면, 그것은 범죄이다.

고 있거나 그렇게 생각할 정당한 근거를 갖고 있는 사람들 — 에게도 그를 위험하게 할 것이라고 생각되는 것은 무엇이든 그에게 팔거나 주지 못하게 할 수 있다.

그러나 어떤 사람이 알코올 음료를 마시면 싸우기 좋아하고 위험해진다고 해서, 즉 그런 사람에게 술을 주거나 파는 것이 범죄라고 해서, 술을 마셔도 싸우지 않거나 위험해지지 않는 수많은 다른 사람들에게 술을 파는 것이 범죄가 된다고는 결코 말할 수 없다. 위험한 사람에게 술을 팔았다고 판매자에게 유죄 판결을 내릴 수 있으려면, 그 술을 산 특정한 사람이 위험하다는 것을 증명해야 한다. 또한 술을 산 사람이 술을 마시면 위험해진다는 것을 판매자가 알고 있었거나 그렇게 생각할 만한 정당한 근거가 있었다는 것도 증명해야 한다.

법률상의 추정은 모든 경우에서 판매는 무죄라는 것이다. 그리고 어떤 특별한 경우라도 그것이 범죄라는 것을 증명하는 부담은 정부에 있다. 그리고 그 특별한 경우가 다른 모든 경우와는 관계없이 범죄라는 것이 증명되어야 한다.

이런 원리들을 따른다면, 어떤 물품을 사용하면 다른 사람들한테 위험해지는 자에게 그 물품을 팔거나 준 사람들을 유죄 선고해 처벌하는 데 어려움이 없다.

18

그런데 어떤 악덕들은 (공적으로든 사적으로든) 폐해이며, 폐해는 없애야 하고 처벌해야 한다고 사람들은 종종 말한다.

실제로나 법률적으로나 폐해(공적인 폐해이든 사적인 폐해이든)인 것은 무엇이든 없애야 하고 처벌해야 한다는 것은 사실이다. 그러나 어떤 사람의 사적인 것에 지나지 않는 악덕이 법적인 의미에서 다른 사람에게나 일반 사회에 폐해라는 것은 사실이 아니다.

어떤 사람의 행위가 다른 사람이 정당한 자기 소유물을 안전하면서도 조용하게 사용하거나 즐기는 것을 어떻게든 막거나 방해하지 않는 한, 그의 행위는 다른 사람에게 폐해가 될 수 없다.

공공도로를 막는 것은 무엇이든 폐해이다. 따라서 그것은 없애버리고 처벌할 수 있다. 그러나 술을 파는 호텔, 주류상점, 심지어는 소위 술집은 옷감가게, 보석상점이나 정육점과 마찬가지로 공공도로를 방해하지 않는다.

공기를 오염시키는 것 또는 공기를 불쾌한 냄새가 나게 만들거나 건강에 해롭게 만드는 것은 무엇이든지 폐해이다. 그러나 호텔도 주류상점도 술집도 공기를 오염시키지 않으며 또는 집밖에 있는 사람들에게 불쾌한 냄새를 주거나 건강을 해치지 않는다.

인간이 합법적으로 쬐일 권리가 있는 빛을 막는 것은 무엇이든지 폐해이다. 그러나 호텔도 주류상점도 술집도 그 누구의 빛을 막지 않는다. 만약 이것들이 빛을 막았다면, 교회, 학교 건물, 주택도 똑같이 빛을 막았을 것이다. 그러므로 이런 근거에서 전자는 후자와 마찬가지로 폐해가 아니다.

어떤 사람들은 화약이 위험한 것과 마찬가지로 주류상점이 위험하다고 습관적으로 말한다. 그러나 이 두 경우 사이에는 유사점이 없다. 화약은 우연한 사고로, 특히 도시에서 종종 일어나는 화재로 인해 터질 수 있다. 이런 이유들 때문에 화약은 바로 근처에 있는 사람들과 재산에 위험하다. 그러나 술은 그렇게 터질 수 없다. 그러므로 술은 도시에 있는 화약과 같은 의미에서 위험한 폐해가 아니다.

그렇지만 사람들은 다시 다음과 같이 말한다. 즉 음주 장소는 흔히 시끄럽고 거친 사람들로 차있는데, 이들이 그 지역의 평온함을 깨뜨리고 이웃 사람들의 잠과 휴식을 방해한다고 사람들은 말한다.

이 말이 맞는 경우가 가끔 있지만, 아주 자주 맞는 것은 아니다. 그러나 어쨌든 그런 일이 일어날 때마다, 술집 주인과 그의 고객들을 처벌하거나, 필요하다면 그곳을 폐쇄하는 것으로 폐해를 없앨 수 있다. 그렇지만 시끄러운 술꾼들이 모여 있는 것은 어떤 다른 시끄러운 모임과 마찬가지로 폐해가 아니다. 즐거워하거나 신나게 떠드는 한 명의 술꾼이 그 지역의 평온함을 어지럽히는 정도는 큰 소리로 외치는 한 사람의 광신도보다 더 크지도 작지도 않다. 시끄러운 술꾼들이 모여 있는 것은 큰 소리로 외치는 종교 광신도들의 모임과 마찬가지로 폐해이다. 그들 양쪽 다 이웃 사람들의 휴식과 잠 또는 평온함을 해친다면, 그들 모두는 폐해이다. 개가 이웃 사람들의 잠이나 평온함을 방해할 정도로 너무 짖어대는 것도 폐해이다.

19

그런데 어떤 사람이 다른 사람을 부추겨서 어떤 악덕으로 이끄는 것은 범죄라고 사람들은 말한다.

이 말은 이치에 맞지 않는다. 어떤 특정한 행위가 그저 악덕에 지나지 않는다면, 다른 사람을 부추겨서 그 악덕을 저지르게 한 사람은 단지 그 악덕의 공범자에 불과하다. 분명히 그는 범죄를 저지르지 않았다. 왜냐하면 공범이 주범보다 더 큰 죄를 저지를 수 없다는 것은 분명하기 때문이다. 제정신이고 심신이 건전하며 사리에 맞는 분별력과 자기통제력을 지닌 모든 사람은 자신에게 (어떤 특정한 행위를 하라고 설득하기 위해)제기될 수 있는 찬성과 반대의 모든 주장을 스스로 판단할 정신적인 능력이 있는 것으로 추정된다. 그를 속이기 위해 사기치지 않는 한은 말이다. 그리고 그가 그 행위를 하게끔 설득되었든 권유받았든 간에, 그의 행위는 그때는 그 자신의 것이다. 그 행위가 그 자신에게 해로운 것으로 드러났어도, 그는 자신이 동의한 설득이나 주장이 자기 의사에 거스른 범죄였다고 불평할 수 없다.

속였다면 물론 사정은 다르다. 예를 들어 내가 어떤 사람에게 안전하고 건강에 좋은 음료수라고 안심시키면서 독극물을 준다면, 그리고 그가 나의 주장을 믿고 그것을 마신다면, 나의 행위는 범죄이다.

승낙이 있으면 침해가 되지 아니한다_{volenti non fit injuria}는 것은 법의 한 원칙이다. 동의한 자에게는 권리 침해가 야기되지 않는다_{To the willing, no injury is done}. 즉 **법적** 잘못이 야기되지 않는다. 그리고 제정신이고 심신이 건전하며, 그가 동의한 설명이나 설득이 진실인지 거짓인지를 판단함에 있어서 사리에 맞는 분별력을 행사할 수 있는 사람은 모두 법의 관점에서는 "자진해서 하는" 것이다. 그러므로 의도적인 속임수를 쓰지 않았다면, 모든 사람은 자신의 행위에 대한 책임을 자신이 진다.

동의한 자에게는 권리 침해가 야기되지 않는다는 이 원리는 한계가 없다. 사기치는 경우나 그 특정한 문제에서 판단할 때 사리에 맞는 분별력을 지니지 못한 사람들의 경우를 제외하면 말이다. 사리에 맞는 분별력을 지녔고 사기에 속지 않은 사람이 아주 심한 악덕을 행하는 것에 동의하고 이렇게 해서 도덕적으로나 육체적으로 또는 금전적으로 대단히 큰 고통이나 손실을 입는다면, 그래도 그는 자신이 **법률적으로** 속았다고 주장할 수 없다. 성폭행의 경우를 예를 들어 이 원리를 설명해 보자. **그녀의 의지에** 거슬러서 한 여자와 육체적으로 관계를 맺는 것은 살인 다음으로 그녀에게 저질러질 수 있는 최고의 범죄이다. 그러나 **그녀의 동의를** 얻어 육체 관계를 맺는 것은 범죄가 아니다. 기껏해야 악덕이다. 그리고 일반적인 견해는 다음과 같다. 즉 여자 아이는 열 살만 돼도 사리에 맞는 분별력이 있기 때문에, 그 아이의 동의를 비록 보상이나 보상의 약속으로 얻었다

하더라도 그 동의는 그 행위(그렇지 않았더라면 중대한 범죄가 되었을 행위)를 단순한 악덕 행위로 바꾸기에 충분하다는 것이다.[2]

우리는 프로권투의 경우에서도 똑같은 원리를 볼 수 있다. 내가 그의 의지에 거슬러서 다른 사람의 몸에 손가락 하나라도 대면, 아무리 살짝 대었어도 실제적인 상해傷害를 거의 주지 않았어도 그 행위는 범죄이다. 그러나 두 사람이 서로의 얼굴을 마구 치는 것에 동의한다면, 그것은 범죄가 아니다. 악덕일 뿐이다.

결투마저도 일반적으로는 범죄로 여겨지지 않았다. 왜냐하면 각자의 생명은 그 자신의 것이기 때문이며, 또한 합의한 무기를 이용해 그리고 서로 찬성한 일정한 규칙에 따라 각자가 — 그가 할 수 있다면 — 상대방의 생명을 빼앗아도 좋다는 것에 당사자들은 동의하기 때문이다.

그리고 이것은 문제에 대한 올바른 견해이다. "분노"가 사람들에게서 사리에 맞는 분별력을 행사할 수 없을 만큼 그들의 이성을 빼앗는 "광기"라고 말할 수 없는 한 말이다(아마도 그렇게는 말할 수 없을 것이다).

도박도 동의한 자에게는 권리 침해가 야기되지 않는다는 원리의

---

2 매사추세츠 주의 법령집은 열 살 여자 아이가 자신의 순결을 내놓기에 충분한 분별력이 있을 것으로 여겨지는 나이로 삼는다. 그런데 바로 그 법령집은 남자든 여자든, 나이가 얼마든, 지혜나 경험이 어느 정도든 누구도 그 자신의 판단에 따라 알코올 한 잔을 사거나 마실 만한 충분한 분별력이 없다고 규정한다. 매사추세츠 주 입법부의 지혜를 얼마나 잘 보여주는 실례인가!

또 하나의 예증이다. 내가 어떤 사람의 재산에서 **그의 동의없이** 1센트만 **빼앗아도**, 그 행위는 범죄이다. 그러나 심신이 건전하고 자신들의 행위의 성질과 있을 수 있는 결과를 판단할 만큼 사리에 맞는 분별력을 지닌 두 사람이 함께 앉아, 각자가 자발적으로 서로 돈을 걸고 주사위를 굴려서 그 중 한 사람이 전재산(이 재산이 아무리 크더라도)을 잃더라도, 이것은 범죄가 아니다. 그것은 단지 악덕일 뿐이다.

심지어는 어떤 사람이 자살하는 것을 도와주는 것조차도 범죄가 아니다. 그가 이성을 지녔다면 말이다.

자살은 그 자체가 제정신이 아니라는 결정적인 증거라는 것이 다소 일반적인 생각이다. 그러나 자살이 보통은 제정신이 아니라는 것의 매우 강력한 증거일 수 있지만, 그것은 결코 모든 경우에서 결정적이지 않다. 많은 사람들은 분명히 제정신인 상태에서 자살하였다. 자신들의 범죄가 세상에 탄로나 창피당하는 것을 피하기 위해서든 어떤 다른 큰 불행을 피하기 위해서든 말이다. 이런 경우들에서는 자살이 최고의 지혜가 아니었을지도 모른다. 그러나 그 자살이 분명히 사리에 맞는 분별력이 없었다는 증거는 아니었다.[3] 그리

---

3 카토Cato는 카이사르Caesar의 손에 잡히는 것을 피하려고 자살하였다. 그가 제정신이 아니었을 것이라고 생각할 사람이 있었는가? 브루투스Brutus도 마찬가지로 자살하였다. 콜트Colt는 교수형에 처해지기 약 한 시간 전에 자살하였다. 그는 교수형에 처해졌다는 불명예가 자신의 이름과 자신의 가족을 더럽히는 것을 피하기 위해 그렇게 하였다. 실제로 현명한 행동이든 아니든 간에, 이것은 분명히 사리에 맞는 분별력을 벗어나지 않은 행동이었다. 그에게 필요한 도구를 제공한 사람이 범죄자였다고 생각하는 자가 있는가? [카토Marcus Porcius Cato Uticensis(별칭 소小 카토)는 고대 로마 공화정 말기의 정치가(기원전 95-기원전 46). 공화정의 전통 유지 입장에 서서

고 사리에 맞는 분별력의 한계 안에 있었기 때문에, 도구를 제공했든 다른 방식으로든 간에 다른 사람들이 자살을 도와준 것은 범죄가 아니었다. 그리고 그런 경우에서 자살을 돕는 것이 범죄가 아니라면, 실제로 즐겁고 또 인류의 대부분이 유용하다고 생각해 온 어떤 행위를 그가 하도록 돕는 것을 범죄라고 말하는 것은 얼마나 불합리한가?

20

그러나 어떤 사람들은 습관적으로 다음과 같이 말한다: "알코올음료의 이용은 범죄의 아주 큰 원천이다."; "알코올음료는 우리의 감옥을 범죄자들로 가득 채운다"; 그리고 이것이 알코올음료의 판매를 금지하기에 충분한 이유라고 그들은 말한다.

　이렇게 말하는 사람들이 만일 진지하게 말한다면, 그들은 무턱대고 바보 같이 말하는 것이다. 이들의 말은 분명히 다음과 같이 말하는 것으로 이해할 수 있다. 즉 사람들 사이에 저질러지는 모든 범죄 중에서 아주 큰 비율은 **그 순간에 술을 마시고서 또 술을 마셨기 때**

폼페이우스를 지지하고 전통을 무시한 카이사르와 항쟁하였다. 카이사르와의 내전에서 폼페이우스 세력이 최종적으로 패배하자 자결하였다; 브루투스Marcus Junius Brutus는 고대 로마 공화정 말기의 정치가(기원전 85–기원전 42). 공화정 말기 내란 때 카이사르에게 대항했으나 사면되었을 뿐만 아니라 요직에도 임명되었다. 그러나 왕이 되고자 한 카이사르의 야심을 알아채고 그를 암살하였다. 그 후 안토니우스, 옥타비아누스 군과 싸우다 패해 자살했다; 콜트John C. Colt는 모피상인, 부기계원, 법원서기, 교사 등 여러 직업을 거친 미국인(1810–1842). 1842년 한 출판업자를 죽인 혐의로 교수형 선고를 받았다. 그러나 교수형 집행일 아침에 자살하였다.

문에 범죄 충동이 일어난 사람들에 의해 저질러졌다는 것이다.

이러한 생각은 완전히 터무니없다.

첫째, 세상에서 저질러지는 큰 범죄들은 대개 탐욕과 야심이 부추긴 것이다.

모든 범죄 중에서 가장 큰 것은 전쟁인데, 인류를 약탈하고 노예로 만들고 파괴하기 위해 정부가 이 전쟁을 수행한다.

전쟁 다음으로 세상에서 저질러지는 가장 큰 범죄들도 마찬가지로 탐욕과 야심이 부추긴 것이다. 이 범죄들은 갑작스러운 격정으로 저질러지는 것이 아니라, 자신들의 머리를 냉정하면서도 명석하게 유지하는 계산가들에 의해 저질러진다. 이들은 그 범죄 때문에 감옥에 갈 생각이 전혀 없다. 이 범죄들은 법을 위반하는 사람들에 의해 저질러지기보다는 오히려 자신들만의 힘으로 또는 자신들의 앞잡이들을 이용해 법을 만드는 사람들에 의해 저질러진다. 이들은 전제적專制的인 권력을 빼앗아 그것을 힘과 속임수로 유지하기 위해 한패가 된 사람들이다. 이들이 그 권력을 빼앗아 유지하는 목적은 부당하고 불공정한 입법을 통해, 다른 사람들의 노동과 재산을 감독하고 강제로 탈취할 수 있는 특권과 독점권을 확보하는 것이다. 이렇게 해서 그들은 이 다른 사람들을 가난하게 만들고 그들 자신의 부와 권력을 강화한다.[4] 따라서 이들이 법 — 즉 그들 자신의 법

---

4 이러한 사실을 잘 보여주는 예는 영국에서 찾아볼 수 있다. 영국의 정부는 1000년 이상 동안

― 을 준수하며 저지르는 강탈과 나쁜 짓은 산과 같다. 다른 모든 범죄자들이 법을 어기며 저지르는 범죄를 [두더지가 파놓은] 흙두둑에 비유한다면 말이다.

그러나 셋째, 상거래에서 저질러지는 다양한 종류의 사기가 엄청나게 많다. 이 나쁜 짓을 하는 사람들은 시행 중인 법을 뻔뻔스럽게 또 기민하게 피한다. 그리고 그들의 냉정하면서도 똑똑한 머리만이 그들에게 그렇게 할 수 있게 한다. 술을 마셔 취한 상태에 있는 사람들은 냉정하면서도 똑똑한 머리를 소유한 사람들보다 그런 사기를 분명히 더 잘 칠 수 없다. 그들은 법이 다루어야 할 모든 범죄자들 중에서 가장 부주의한 사람들, 성공할 가능성이 가장 없는 사람들, 가장 무능한 사람들, 가장 두렵지 않은 사람들이다.

넷째, 강도질, 도둑질, 문서위조, 화폐위조, 사기 등을 본업으로 삼는 사람들은 사회를 좀먹는데, 이들은 결코 무모한 음주자가 아니다. 그들의 일은 너무 위험한 성격을 지녔기 때문에, 술을 마시면 그런 모험을 감당할 수 없다.

다섯째, 술의 영향으로 저지른다고 말할 수 있는 범죄들은 대개

이나 거의 강도 무리나 다름없었다. 이들은 토지와 가능한 한 다른 모든 부도 독점하려고 공모했다. 이 공모자들은 자신들을 왕, 귀족, 부동산 자유보유권자라고 부르면서, 강제로 또 사기를 쳐 모든 민사상의 권력과 군사력을 독차지하였다. 그들은 강제와 사기로, 부의 부정한 사용으로만 권력을 유지한다. 그들은 자국민의 대다수를 강탈하고 노예로 만드는 데에만 그리고 다른 국민들을 약탈하고 노예로 만드는 데에만 권력을 사용한다. 세상은 실질적으로 이와 비슷한 예들로 가득 차 왔으며, 지금도 마찬가지이다. 우리나라 정부들도 이 점에서는 우리 중의 어떤 사람들이 생각하는 것과는 달리 다른 나라들 정부와 크게 다르지 않다.

폭행과 난투극이다. 이것들은 매우 많지 않으며, 일반적으로 아주 무겁게 처벌되지 않는다. 좀도둑 같은 어떤 다른 작은 범죄들 또는 그 밖의 작은 재산침해는 일반적으로 범죄에 빠지지 않은 소심한 사람들이 때때로 술의 영향을 받아 저지른다. 이 두 종류의 범죄를 저지르는 사람들은 얼마 안된다. 그들이 "우리의 감옥을 가득 채운다"고 말할 수 없다. 또는 그들이 감옥을 가득 채운다면, 그들을 가두기 위해 우리에게는 아주 소수의 감옥과 아주 작은 감옥이 필요하기 때문에 우리는 기뻐해야 한다.

예를 들면 매사추세츠 주의 인구는 150만 명이다. 이들 중 얼마나 많은 사람들이 독한 술에 취해 사람들이나 재산에 대해 저지른 범죄 때문에 — 술에 취했다는 악덕 때문이 아니라 범죄 때문에 — 지금 감옥에 있겠는가? 만 명 당 한 명이나 되는지, 즉 모두해서 150명이나 되는지 의심스럽다. 수감 중인 이들이 저지른 범죄들은 대개 아주 작은 것들이다.

그리고 내가 생각하기에, 이 얼마 안되는 사람들은 일반적으로 처벌하기보다는 동정받을 만하다는 사실이 드러날 것이다. 왜냐하면 그들로 하여금 술 마시게 하고, 따라서 술의 영향으로 범죄를 저지르게 한 것은 술이나 범죄에 대한 충동이라기보다는 그들의 가난과 비참함이었기 때문이다.

술고래를 범죄자라고 부를 줄밖에 모르는 사람들만이 음주가 "우리의 감옥을 범죄자들로 가득 채운다"는 전면적인 비난을 한다고 나는 생각한다. 그들이 비난하는 근거는 다음과 같은 부끄러운 사실밖에 없다. 즉 술고래들처럼 약하고 불운한 사람들을 마치 범죄자인 것 같이 비난하고 처벌할 정도로 우리가 잔인하고 지각없는 사람이라는 부끄러운 사실밖에 없다.

그처럼 잔악한 행위들을 정당하다고 인정하는 입법자들과 판결하는 재판관들이 본질적으로 범죄자들이다. 물론 그들이 몰랐다고 해서 죄를 면할 수 있는 것은 아니다(아마도 그들은 죄를 면할 수 없을 것이다). 그리고 그들 자신이 범죄자로 처벌받는다면, 우리의 행동에는 더 많은 이성이 있게 될 것이다.

보스턴의 한 치안판사는 전에 나에게 다음과 같이 말하였다. 즉 자기는 **3분에 한 명 꼴로** 술고래들을 (이들을 30일 간 감옥에 보냄으로써 — 나는 이것이 틀에 박힌 판결이었다고 생각한다) 처리하곤 했으며 때로는 그보다 더 빨리 했다고 한다. 따라서 그는 그들을 범죄자로 유죄 판결을 내리고 무자비하게 감옥에 보냈다. 환경을 조사하지도 않고, 처벌 대신에 동정과 보호를 받을 만한 그들의 결점을 이유로 말이다. 이런 경우에서 진짜 범죄자는 감옥에 보내진 사람들이 아니라 판사와 그 뒤에 있는 사람들이었다. 이들이 그들을 그곳에 보냈기 때문이다.

매사추세츠의 감옥들이 범죄자들로 가득 차지 않을까 하고 매우 걱정하는 사람들에게는 다음과 같이 충고하고 싶다. 즉 우리의 감옥들이 범죄자가 **아닌** 사람들로 가득 차는 것을 막으려면 그들이 적어도 어느 정도의 박애심을 발휘해야 한다는 것이다. 그들의 동정심이 여태까지 그런 방향으로 매우 적극적으로 행사되었다는 말을 나는 들은 기억이 없다. 반대로 그들은 범죄자들을 처벌하는 데는 열의가 있지만, 처벌받을 것 같은 사람이 진짜 범죄자인지는 특별히 조사할 생각을 하지 않는 것 같다. 그러한 열의는 틀림없이 독한 술을 마시고 싶은 충동보다 훨씬 더 위험하다. 그것은 독한 술에 대한 충동보다 도덕적으로나 법적으로나 관대한 대우를 받을 자격이 훨씬 더 없다.

불운한 사람을 술에 취했다는 이유로 감옥에 보내고, 이렇게 해서 그를 뭉개버리고 타락시키고 낙담시켜서 인생을 파멸시키는 것이 그런 사람들의 무자비한 성격에 훨씬 더 잘 어울리는 것 같다. 그들이 그 불운한 사람을 술고래가 되게 한 가난과 비참함에서 벗어나게 하는 것보다는 말이다.

인류를 계몽하고 용기를 주거나 도와 줄 능력이나 그럴 의향이 거의 없는 사람들만이 인류를 통치하고 명령하며 처벌하는 것에 이처럼 격렬한 열정을 갖고 있다. 수수방관하지 않고, 또 약자를 제일 먼저 약탈하고 억압하고 낙담시키며 그러고는 범죄자로 처벌하는 모든 법에 동의나 재가裁可를 하지 않고, 그들이 약자의 권리를 보호하고 그의 처지를 개선해 그를 더 강하게 만들며 그로 하여금 자신의 발로 서서 주위의 유혹에 저항할 수 있게 해주는 의무에 주의를 돌린다면, 그들이 술 파는 사람에게나 술 마시는 사람에게나 심지어

는 다른 부류의 평범한 범죄자들에게도 법과 감옥에 대해 말할 필
요가 거의 없다고 나는 생각한다. 요컨대, 범죄를 없애려고 노심초
사하는 사람들이 정부에게 개인들의 범죄를 없앨 수 있게끔 도와달
라고 요구하는 것을 잠시 멈추고 국민에게 정부의 범죄를 없앨 수
있게끔 도와달라고 요구한다면, 그들은 자신들의 진실함과 양식良
識을 지금보다 훨씬 더 강하게 보여줄 것이다. 법들이 모두 올바르고
공평해서 모든 남녀가 정직하고 고결하게 살 수 있게 되고 또한 그
들이 편안하고 행복해질 수 있다면, 그들이 부정직하고 나쁘게 산
다고 비난하는 경우가 지금보다 훨씬 적어질 것이다.

21

그러나 사람들은 또 다시 다음과 같이 말할 것이다. 즉 음주는 사람
들을 가난하게 해서 거지로 만드는 경향이 있으며, 이들을 납세자
들에게 부담이 되게 한다. 그리고 이것이 음주를 금지해야 할 충분
한 이유라고 말할 것이다. 이러한 주장에 대해서는 여러 가지 대답
이 있다.

　1. 하나의 대답은 다음과 같다. 즉 음주가 가난이나 구호가 필요
할 정도의 빈곤 상태를 일으킨다는 사실이 술의 판매를 금지해야 할
충분한 이유라면, 그것은 마찬가지로 술을 마시는 것도 금지해야 할
충분한 이유가 된다. 왜냐하면 가난에 이르게 하는 것은 술을 마시
는 것이지 술을 파는 것이 아니기 때문이다. 파는 사람은 기껏해야

술을 마시는 사람의 공범에 불과하다. 어떤 행위에서 주범을 처벌할 수 없다면, 공범도 처벌할 수 없다는 것은 이성의 규칙일 뿐만 아니라 법의 규칙이기도 하다.

2. 그 주장에 대한 두 번째 대답은 다음과 같다. 즉 단지 어떤 행위가 빈곤에 이르게 한다고 생각되기 때문에 정부가 그 행위 — 범죄가 아닌 행위 —를 금지할 권리가 있고 또 그럴 의무가 있다면, 바로 그 똑같은 규칙에 따라 정부는 그들[정부]이 생각하기에 빈곤에 이르게 하는 다른 모든 행위도 — 범죄가 아님에도 불구하고 — 금지할 권리가 있고 또 그럴 의무가 있다는 것이다. 그리고 이러한 원리에 입각하면, 정부는 인간의 사생활과 모든 사람의 개인적 지출을 조사해 그 중 어떤 것이 가난에 이르게 했고 어떤 것은 가난에 이르게 하지 않았는지를 결정해서 가난에 이르게 한 종류의 지출은 모두 금지하고 처벌할 권리뿐만 아니라 의무도 있게 될 것이다. 입법부가 그런 지출은 가난에 이르게 하지 않을 것이라고 생각하지 않는 한, 아무도 그 자신의 즐거움이나 판단에 따라 자기 재산 중 1센트도 쓸 권리가 없을 것이다.

3. 똑같은 주장에 대한 세 번째 대답은 다음과 같다. 즉 어떤 사람이 — 미덕에 의해서든 악덕에 의해서든 — 가난해지고 심지어는 거지가 되어도, 정부는 그를 돌볼 어떤 의무도 없다는 것이다. 정부가 자기를 돌보는 것이 그의 마음에 들지 않는 한 말이다. 정부는 그를 길거리에서 죽도록 내버려 두거나, 그가 원한다면 그를 사적인 자선에

의지하게 해도 된다. 정부는 이 문제에서는 정부 자신의 자유의지와 분별력을 실행할 수 있다. 왜냐하면 정부는 그런 경우에서는 모든 법적 책임을 지지 않기 때문이다. 가난한 사람들을 부양하는 것이 반드시 정부의 의무 중 일부가 아니다. 정부 — 즉 합법적인 정부 — 란 그들에게 어울리는 목적을 위해 — 그리고 그런 목적을 위해서만 — 결합하는 개인들의 자발적인 단체에 불과하다. 가난한 사람들을 돌보는 것이 — 그들이 미덕이 있든 악덕이 있든 간에 — 그 목적 중의 하나가 아니라면, 정부는 정부의 자격으로서는 은행이나 철도회사와 마찬가지로 그들을 돌볼 권리도 그럴 의무도 없다.

가난한 사람이 — 그가 미덕이 있든 악덕이 있든 간에 — 같은 인간들에게 자선을 요구할 도덕적인 권리는 있을 수 있지만, 그가 그들에게 자선을 요구할 법적 권리는 없다. 그는 그들의 자선에 전적으로 의존할 수밖에 없다. 그들이 그렇게 해준다면 말이다. 그는 그들이 자기에게 음식이나 옷을 줄 것을 법적 권리로서는 요구할 수 없다. 그리고 그는 정부 — 이것은 개인들의 단체[결사체]에 불과하다 — 에게 도와줄 것을 법적으로나 도덕적으로나 요구할 권리가 없다. 그가 그 정부의 구성원들이나 다른 개인들에게 개인 자격으로 도와줄 것을 요구할 권리가 없는 것처럼 말이다.

그러므로 가난한 사람이 — 그가 미덕이 있든 악덕이 있든 간에 — 사적인 개인들에 대해서와 마찬가지로 정부에 대해서도 음식이나 옷을 요구할 법적 또는 도덕적 권리가 없는 만큼, 정부 역시 어떤 개인의 지출이나 행위가 그를 가난하게 하는 경향이 있다는 이유로 그의 지출이나 행위를 통제하거나 막을 권리가 없다.

A씨는 개인 자격으로는 다음과 같이 할 권리가 분명히 없다. 즉 Z 씨의 어떤 행위나 지출이 그(Z)를 가난하게 하는 경향이 있어 결국 앞으로 언젠가는 곤궁한 상태에서 자기(A)에게 와 자선을 요구할까 두려워 그 Z씨의 행위나 지출을 막을 권리가 분명히 없다. 그리고 A 가 개인 자격으로는 Z의 행위나 지출을 막을 권리가 없다면, 개인들의 단순한 단체에 불과한 정부도 그런 권리를 가질 수 없다. 물론 심신이 건전한 사람이라면 누구도 자신의 재산을 처분하거나 사용할 권리를 가치 없는 보유권으로 간주해 이웃 사람들에게 ─ 그들이 자신들을 정부라고 부르든 부르지 않든 간에 ─ 자신의 지출에(그들이 생각하기에 가난에 이르게 하지 않는 지출이나 그를 자신들에게 자선을 부탁하는 사람이 되지 않게 하는 지출 외에도) 간섭하거나 그 지출을 막을 권한을 부여하지 않을 것이다.

심신이 건전한 어떤 사람이 그의 미덕이나 악덕으로 가난해지든 아니든 간에, 어느 누구도 또 어느 집단의 사람들도 그에 대해서 동정심이 잠시 생겨났다는 이유로 그에게 간섭할 권리를 가질 수 없다. 왜냐하면 동정심이 생겨나도, 그들은 그의 간청을 따를 것인지에 대해서는 완전히 자유롭게 그들 마음대로 행동할 수 있기 때문이다.

가난한 사람들에게 ─ 이들이 미덕이 있든 악덕이 있든 간에 ─

자선을 거부할 이 권리는 정부들이 언제나 이용하는 것이다. 어떤 정부도 가난한 사람들에게 호감을 사는 것보다 더 많이 주지 않는다. 그 결과, 가난한 사람들은 상당히 개인적인 자선에 의존하게 된다. 사실 그들은 종종 질병과 심지어는 죽음을 겪을 수밖에 없다. 왜냐하면 공적인 자선도 개인적인 자선도 그들을 구조하지 못하기 때문이다. 그러므로 어떤 사람이 언젠가 가난해지면 자선을 요구할지도 모르기 때문에, 그런 일이 없게끔 정부는 그의 재산 사용을 통제할 권리가 있다고 말하는 것은 얼마나 불합리한가?

4. 또한 그 주장에 대한 네 번째 대답은 다음과 같다. 즉 각각의 개인이 노동해 부를 생산하는 단 하나의 커다란 동기는 그가 그 자신의 즐거움이나 자유재량에 따라, 그리고 그 자신의 행복뿐만 아니라 그가 사랑하는 사람들의 행복도 증진시키기 위해 그 부를 처분할 수 있다는 것이다.[5]

사람은 종종 경험 부족이나 판단력 부족으로 자기 노동생산물의 일부를 분별없이 사용해 자신의 복지를 더 잘 증진시키지 못하지만, 그래도 다른 모든 문제에서처럼 여기서도 경험을 통해, 즉 성공뿐만 아니라 실패를 통해서도 지혜를 배운다. 그리고 이것이 그가 지혜를 배울 수 있는 유일한 방법이다. 자신이 어리석은 지출을 했다고 확신

---

[5] 지금까지 인간의 노동에 의해 창조되고 축적되어 인류에게 이익을 준 모든 부를 우리가 얻게 된 것은 오로지 이러한 동기 때문이다.

하게 되면, 그는 그 같은 지출을 다시는 하지 않을 것을 배운다. 그리고 다른 모든 문제에서와 마찬가지로 이런 문제에서도 그에게는 스스로 실험해보는 것이, 그것도 마음에 들 때까지 스스로 실험해보는 것이 허용되어야 한다. 왜냐하면 그렇지 않을 경우 그는 노동하거나 부를 생산할 동기를 전혀 갖지 못하기 때문이다.

부를 무한히 생산하고 축적하는 방법을 알아도 인간이라면 누구나, 지겹게 간섭하고 참견하기 좋아하는 일련의 바보들과 폭군들의 감독, 지휘, 지시 없이는 그 부를 사용하거나 처분할 수 없는 문명인이 되기보다는 오히려 야만인이 되어 아주 적은 부라도 자유롭게 생산하거나 획득해 매일 조절해서 소비할 수 있기를 바랄 것이다. 이 바보들과 폭군들은 그보다도 지식이 없거나 어쩌면 그가 지닌 지식의 절반도 갖고 있지 못할 것이다. 그런데도 그가 그 자신의 노동산물을 처분하는 것에 관해 스스로 결정할 권리나 능력이 없다는 이유로, 그들은 주제넘게 나서서 그를 통제한다.

5. 다섯 번째 대답은 다음과 같다. 즉 어떤 사람 ― 심신이 건전하고 범죄자가 아닌 사람 ― 의 지출을 감시하며 어떤 지출이 가난에 이르게 하고 어떤 지출이 가난에 이르게 하지 않는지를 알아내 가난에 이르게 하는 지출을 금지하고 처벌하는 것이 정부의 의무라면, 똑같은 규칙에 따라서 정부는 다른 모든 사람들의 지출도 감시하면서 ― 정부가 판단하기에 ― 가난에 이르는 모든 지출을 금지하고 처벌할 의무가 있다.

이러한 원리가 공정하게 시행된다면, 그 결과는 다음과 같을 것이다. 즉 모든 인류가 서로의 지출을 감시하고 가난에 이르게 한 지출에 대해서는 비난하며 재판에 넘겨 처벌하는 것에 몰두한다면 그들에게는 부를 생산할 시간이 남아있지 않을 것이다. 생산적인 노동을 할 수 있는 모든 사람이 감옥에 있거나, 아니면 재판관, 배심원, 증인 또는 교도관의 일을 맡아할 것이다. 심리할 법정을 충분히 만들어 낼 수 없을 것이다. 또는 위반자들을 가둘 감옥을 충분히 지을 수 없을 것이다. 모든 생산적인 노동이 중단될 것이다. 그리고 가난을 막는 데 여념이 없었던 그 바보들은 모두 가난해지고 감옥에 보내져 그들 자신도 굶어 죽게 될 뿐만 아니라, 다른 모든 사람들도 가난하게 만들고 감옥에 보내서 굶어 죽게 할 것이다.

6. 적어도 자기 가족은 당연히 부양해야 하며 결국 — 정부가 보기에 — 이 의무를 수행할 수 없게 하는 지출은 모두 하지 말아야 한다고 사람들이 말한다면, 여러 가지 대답이 주어질 것이다. 그러나 다음과 같은 대답으로 충분하다. 즉 바보나 노예가 아니라면 누구도 가족이 자기 가족이라고 인정하지 않을 것이다. 이 인정이 정부가 그에게서 개인적인 자유나 재산에 대한 관리권을 빼앗을 핑계가 된다면 말이다.

인간에게 자연적 자유와 재산에 대한 관리권을 허락한다면, 그의 가족은 보통 거의 보편적으로 그의 자부심과 애정의 가장 훌륭한 대상이 된다. 그리고 그는 자발적으로뿐만 아니라 최고의 즐거움으로서도 자신의 정신력과 육체적인 힘을 최대한 발휘해 가족에게 일상의 생활필수품과 편리한 시설을 제공할 뿐만 아니라, 그의 노동이 조달할 수 있는 모든 사치품과 우아한 것들도 그들에게 아낌없이 준다.

인간은 자기 아내나 아이들에게 그들을 위해 무엇이든 해야 할 도덕적 또는 법적 의무가 없다. 그가 개인적인 자유를 갖고서 또 재산을 자기 마음대로 관리할 수 있는 당연한 권리를 갖고서 일관되게 할 수 있는 것을 제외하면 그렇다.

정부가 끼어들어 어떤 사람 — 심신이 건전하고, **자신의 의무라고 생각하는 바에 따라** 또한 **자신의 최선의 판단**(그것이 아무리 불완전하더라도)에 따라 자기 가족에게 자신의 의무를 다 하고 있는 사람 — 에게 "우리(정부)는 당신이 당신의 노동을 가족에게 가장 유리하게끔 쓰지 못하는 것이 아닌가라고 생각한다. 우리는 당신의 지출과 당신 재산의 처분이 당신의 가족에게 유리할 만큼 현명치 못한 것이 아닌가라고 생각한다. 그래서 우리(정부)는 당신과 당신의 재산을 특별히 감시하고, 당신에게 당신 자신과 당신의 재산으로 해도 되는 것과 해서는 안되는 것을 지시할 것이다. 당신의 가족은 앞으로 부양받기 위해 우리(정부)에게 의지할 것이며 당신에게는 의지하지 않을 것이다"라고 말한다면, 그리고 정부가 그렇게 할 수 있다면, 그 가족에 대한 한 남자의 자부심, 포부, 애정 모두가 짓밟힐 것이다. 인정어린 폭정이 그것들을 짓밟을 수 있는 한에서는 말이다. 그러면 그는 결코 가족(그가 자기 가족이라고 공공연하게 인정하는 가족)을 갖지 않으려고 하거나, 아니면 모욕적이고 난폭하며 참을 수 없는 그런 폭정을 타도하는 데 자신의 재산과 생명을 모두 바칠 것이다. 그리고 자기 남편이 — 그가 심신이 건전한데도 — 그처럼 부자연스러운 모욕과 악에 복종하기를 바라는 여자는 그의 사랑을 받을 자격이 전혀 없거나, 그의 혐오감과 경멸밖에 받을 자격이 없다. 그리고 만일 그녀가 자기 자신과 아이들의 부양을 위해 남편보다 정부에 의지하기로 결정한다면, 그녀가 정부에만 의지해야 한다는 것을 그는 그녀에게 아마도 곧바로 깨닫게 해 줄 것이다.

22

음주가 가난에 이르게 한다는 주장에 대한 또 하나의 아주 충분한 대답은 다음과 같다. 즉 **일반적으로** 그 주장은 본말을 전도한다는 것이다. 그 주장은 가난이 음주를 일으키는 것이 아니라 음주가 가난을 일으킨다고 가정한다.

가난은 세상에 있는 거의 모든 무지, 악덕, 범죄, 비참의 자연적인 부모이다.[6] 영국의 노동자들 중 대부분이 주정뱅이이고 사악한 것은 무슨 이유인가? 결코 그들이 천성적으로 다른 사람들보다 더 나

---

6 자신들을 정부라고 부르는 소수가 조직화된 체계적인 강탈과 폭정으로 다수에게 행하는 중대한 범죄 외에는 말이다. 하나로 뭉친 조직화된 소수가 다수에 대해서 그처럼 자의적인 권력을 얻어 유지할 수 있는 것은 단지 그 다수가 가난하고 무지해, 결과적으로 힘이 없기 때문이다.

쓰기 때문이 아니다. 술이나 다른 악덕이 그들에게 주는 짧은 휴식이 한동안 위안이 될 정도로, 극심한 절망적인 가난이 그들을 무지와 노예상태에 있게 하고, 그들의 용기와 자존심을 파괴하며 계속되는 모욕과 악, 갖가지 종류의 고통을 끊임없이 심하게 겪게 해 마침내 그들을 절망에 빠뜨리기 때문이다. 이것이 영국 노동자들 사이에 만연된 술주정과 그 밖의 악덕의 주요 요인이다.

지금 술주정하고 나쁜 짓에 빠져 있는 영국의 이 노동자들이 유복한 계급들과 똑같은 기회나 생활환경을 지녔다면, 그들이 누추하고 비참하며 타락한 가정에서 자라나지 않고 쾌적하고 행복하며 고상한 가정에서 자라났다면, 그들이 지식과 재산을 얻어 지적이면서 행복하고 독립적이며 존경받는 사람들이 될 기회를 가졌다면, 그들의 근로가 정직하게 또 올바르게 보상 받아 그들이 모든 지적, 사회적 즐거움뿐만 아니라 가정에서의 즐거움도 확보할 수 있는 기회를 가졌다면, 즉 그들이 이 모든 것을 가질 수 있었다면(희망도 보상도 없이 힘들게 일만 하다가 작업장에서 죽는 삶으로 태어나지 않고), 그들을 비난하는 사람들이 지금 그런 것처럼 그들도 역시 현재의 악덕과 결점이 없었을 것이다.

술에 취하는 것 또는 어떤 다른 악덕은 그들의 비참을 증가시킬 뿐이라고 말해야 아무 소용없다. 왜냐하면 인간의 본성 ─ 미안하지만, 인간 본성의 약점 ─ 이 강해서, 사람들이 일정한 양의 비참 밖에 견디지 못하고 희망과 용기를 잃어버리며, 미래에는 더 큰 비참을 주더라도 지금 위안이나 완화를 약속하는 거의 모든 것에 굴복하기 때문이다. 그런 비참한 사람들의 고통을 줄이거나 그들의 처지를 개선하지 않고, 그들에게 도덕이나 절제를 설교하는 것은 그들의 비참을 모욕하는 것일 뿐이다.

사람들의 악덕을 그들의 가난 탓으로 돌리지 않고 — 모든 가난한 사람 또는 대부분의 가난한 사람들이 특별히 악덕이 있는 것처럼 — 사람들의 가난을 그들의 악덕 탓으로 돌리는 습관이 있는 사람들은 적어도 2000만 명의 미국 국민에게 아주 갑자기 — 말하자면 한 순간에 — 덮친 지난 1년 반 동안의[7] 모든 가난이 그들이 술에 취했기 때문에 또는 그들의 어떤 다른 악덕 때문에 생긴 자연적인 결과라고 말할 것인가? 그들이 취했기 때문에 또는 어떤 다른 악덕을 지녔기 때문에, 며칠 전만 하더라도 아주 번성하였던 그들의 생계 활동이나 사업 모두 순식간에 마비되었는가? 그들의 악덕 때문에 2000만 명이나 되는 성인들이 일자리에서 쫓겨나고, 그들이 모아놓은 것이 있다면 그 얼마 안되는 것을 소비하지 않을 수 없으며 그 다음에는 거지 — 일자리를 구걸하고, 이에 실패하면 빵을 구걸하는 거지 — 가 될 수밖에 없었는가? 그들의 악덕이 갑자기 경고도

---

7 즉 1873년 9월 1일부터 1875년 3월 1일까지. [미국은 남북전쟁(1861–1865) 후 단기적인 불황(1865–1867)을 겪은 다음 투자 붐이 크게 일어났다. 특히 미국 서부 공유지公有地의 철도 부설에 투자가 집중되었다. 그런데 1873년 4월 유럽에서의 주가 폭락은 경제 위기를 불러왔으며, 이 위기는 미국에도 파급되었다. 제이 쿡 은행 같은 일부 대형 은행들이 파산했으며, 노던 퍼시픽 철도, 유니온 퍼시픽 철도 등이 도산하였다.]

없이 그렇게 많은 사람들의 가정을 곤궁, 비참, 질병, 죽음으로 가득 채웠는가? 아니다. 그들에게 이 모든 파산과 비참함을 가져다 준 것은 분명히 이 노동자들이 술에 취한 것도 그들의 어떤 다른 악덕도 아니었다. 그리고 그것이 아니었다면, 그들을 그렇게 만든 것은 무엇이었는가?

이것이 대답해야 할 문제이다. 왜냐하면 그것은 우리 앞에 되풀이해서 끊임없이 나타나고 있어 제쳐놓을 수 없는 문제이기 때문이다.

사실 전세계에 걸친 인류 대다수의 가난은 세상에서 가장 큰 문제이다. 그처럼 극심하고 거의 보편적인 가난이 전세계에 걸쳐 존재하고 과거의 모든 세대를 거쳐 존재해왔다면, 이는 가난으로 고통받는 사람들의 공통된 인간성이 여태까지 강력하게 극복하지 못한 원인들에서 그 가난이 기인한다는 것을 증명한다. 그런데 이 고통받는 사람들이 적어도 그 원인들은 보기 시작했으며, 어떤 희생을 치르더라도 그 원인들을 없애기 위해 굳은 결의를 다지고 있다. 그리고 가난한 사람들의 빈곤을 그들의 악덕 탓으로 돌리며 그들에게 그 악덕을 반대하는 설교를 하는 것 외에는 할 일이 없다고 생각하는 사람들은 머지않아 각성하고는 그런 말을 할 때가 지났다는 것을 알게 될 것이다. 그렇다면 문제는 사람들의 악덕이 무엇인가가 아니라 그들의 권리가 무엇인가가 될 것이다.

반역죄가 아니다*: 권위 없는 헌법

머리말

반역죄 문제는 노예제도 문제와는 별개이다. 그리고 이 문제는 노예 주들Slave States**대신에 자유주들free States이 탈퇴했더라도 마찬가지로 제기되었을 것이다.

북부 쪽에서 전쟁을 수행한 것은 노예들을 해방하기 위해서가 아니었다. 전쟁은 노예들을 속박하기 위해 언제나 헌법을 악용하거나 위반한 정부에 의해 수행되었다. 정부는 아직도 기꺼이 그렇게 할 의지가 있었다. 그렇게 해서 노예소유자들을 연방에 머무르게 할 수 있다면 말이다.

북부가 전쟁을 수행한 원리는 단지 다음과 같은 것일 뿐이었다:

---

* "No Treason", in 《The Lysander Spooner Reader》, 53-122.
** 노예주는 남북전쟁 이전에 노예제도가 합법화되었던 남부의 주를 가리킨다.

사람들은 자신들이 원하지 않는 정부라도 마땅히 그것에 복종하고 지원해야 하며, 저항한다면 그들은 반역자나 범죄자가 된다는 것이다.

원리라고 부를 수 있는 것 중에서 이 원리보다 더 자명하게 그릇된 것은 있을 수 없다. 또는 모든 정치적 자유에 대해 이 원리보다 더 자명하게 치명적인 것은 있을 수 없다. 그렇지만 이 원리는 싸움터에서 승리하였으며 지금은 확립된 것으로 여겨지고 있다. 그 원리가 실제로 확립되었지만, 노예들의 수는 전쟁으로 줄어들기는커녕 크게 늘어났다. 왜냐하면 어떤 사람이 원하지 않는 정부에 복종한다면, 그는 노예이기 때문이다. 그러므로 정치적 노예제도와 동산動産으로서의 노예제도 사이에는 — 정도에 있어서만 차이가 있을 뿐 — 원칙적으로 차이가 없다. 전자도 후자 못지않게 그 자신과 자신의 노동생산물에 대한 인간의 소유권을 부정한다. 그리고 전자[정치적 노예제도]는 다른 사람들이 그를 소유해도 되고, 그와 그의 재산을 자기들을 위해 자기들 마음대로 처분해도 된다고 주장한다.

전쟁 이전에는 — 실제로는 아니더라도 적어도 이론적으로는 — 우리 정부가 자유정부이며 동의에 기초했다고 말할 수 있는 몇 가지 근거가 있었다. 그러나 지금은 그렇게 말할 수 없다. 북부가 전쟁을 수행할 때 원칙으로 삼은 것이 돌이킬 수 없을 만큼 확립되었기 때문이다.

그 원리가 미국 헌법의 원리가 아니라면, 그 사정을 알아야 한다.

그 원리가 미국 헌법의 원리라면, 미국 헌법 자체를 즉시 폐지해야
한다.

제1부 [1867]

1

우리 정부는 동의에 기초했으며, 이 동의가 어떤 정부라도 기초로
삼을 수 있는 단 하나의 올바른 근거라고 지난 90년 동안 우리가 인
류에게 선언하였음에도 불구하고, 지난 전쟁[남북전쟁]은 우리 정
부가 — 여태까지 존재한 그 어떤 정부만큼이나 — 폭력에 기초하고
있다는 것을 실제로 증명하였다.

북부는 그렇게 해서 세상 사람들에게 사실상 다음과 같이 말하
였다: 달성해야 할 목적이 우리 자신을 영국과의 관계에서 해방시키
는 것이었으며 또한 흩어져 있으며 질투심 많은 사람들을 달래 하
나의 거대한 연방국가로 만드는 것인 한, 동의에 대해서 수다를 떤
것은 아주 잘 했다. 그러나 그 목적이 달성되었고 북부의 힘이 공고
해진 이상, 우리는 — 모든 정부의 경우처럼 — 다음과 같이 말하는
것만으로도 충분하다: 우리의 힘이 우리의 정의이다Our power is our right.

자신들의 부와 인구에 비례해서, 북부는 말을 듣지 않는 국민에
대한 지배력을 유지하려고 어떤 다른 정부보다 더 많은 돈과 피를
들였을 것이다. 그리고 북부는 자신들이 성공했다는 최고의 영광,

자신들이 손해 본 것에 대한 적절한 보상, 자신들이 남부를 황폐화시키고 대학살한 것에 대한 충분한 정당화를 분명하게 높이 평가했기 때문에, 정부가 영속하기 위해서나 힘을 갖기 위해서는 동의가 필요하다는 모든 주장이 (북부가 생각하는 것처럼) 국민의 마음에서 영원히 지워졌다. 요컨대, 동의에 기초한다고 공언하지만 노골적으로 폭력에 기초한 정부가 여태까지 해왔던 것보다 더 많은 생명과 재산을 이의異議를 뭉개버리는 데 쓸 것이라는 사실을 북부는 자신들이 증명한 것에 지나치게 기뻐하고 있다.

그리고 자신들은 자유를 위해서! 자유정부를 위해서! 정부는 동의에 기초해야 한다는 원리를 위해서! 이 모든 것을 했다고 북부는 주장한다.

로저 윌리엄스_{Roger Williams}*의 후계자들이 ― 그들의 주가 자유로운 종교 관용의 원리에 입각해 세워진 지 100년도 지나지 않아 그리고 침례교인들이 그 원리를 믿으며 강해졌을 때 ― 전에는 결코 볼 수 없었던 분노심을 갖고 이교도들을 화형에 처하는 데 전념했지만,

---

* 영국 식민지 시대 미국의 종교가(1603−1683). 영국 런던에서 태어났으며, 케임브리지 대학교를 졸업하였다. 퓨리터니즘의 영향을 받아 1631년에 매사추세츠 주로 이주해 세일럼 교회의 목사가 되었다. 그러나 신정정치神政政治마저 부정하는 극단적인 민주주의 사상으로 인해 매사추세츠 주에서 추방당하였다. 1636년 로드아일랜드 주로 도피해, 그곳에 정교분리, 신앙의 자유를 표방한 식민지를 개척하고, 영국으로 건너가 1644년에 정식 인가를 받아 스스로 최초의 로드아일랜드 총독이 되었다. 로드아일랜드 주는 각 종파에 대한 관용정책으로 종교적 피압박자들의 피난처가 되었다.

그리고 그들은 마침내 주 종교의 모든 진실성 문제를 그렇게 억누른 것을 자랑스럽게 여겼지만, 게다가 그들은 이 모든 것을 양심의 자유를 위해 했다고 주장하였지만, 공언과 행동 간의 불일치가 아마 북부의 그것보다 더 크지는 않았을 것이다. 북부는 남북전쟁과 같은 전쟁을 하고 사람들에게 원치 않는 정부의 지배를 받으며 정부를 지지하도록 강요했음에도, 그때 자신들은 정부가 동의에 기초해야 한다는 원리를 위해 그렇게 했다고 주장하였기 때문이다.

이 놀라운 불합리와 자기모순은 다음과 같이 추측함으로써만 설명될 수 있다. 즉 명성, 권력, 돈에 대한 강한 욕망 때문에 북부가 자신들의 행동의 비일관성과 극악무도함을 전혀 보지도 못했고 전혀 개의치도 않았거나, 아니면 정부가 동의에 기초한다는 것에 함축되어 있는 의미를 북부가 전혀 이해하지 못했거나, 이 둘 중 하나이다. 아마도 이 나중의 설명이 참된 설명일 것이다. 인간의 본성이 가엾어서, 그러기를 바란다.

2

그렇다면 정부가 동의에 기초한다는 것에 함축되어 있는 의미는 무엇인가?

한 국가에서 **가장 강한 당파**의 동의가 약한 당파에 대해서 권위를 갖는 정부의 확립을 정당화하는 데 필요한 모든 것이라고 한다면, 세상에서 가장 전제적인 정부들은 바로 그 원리(즉 가장 강한 당파의 동의)에 기초한다고 대답할 수 있다. 이런 정부들은 단지 가장 강한 당파의 동의나 승낙으로만 성립되기 때문에, 그들은 서로 협력하며 약한 당파를 굴복시켜 지배할 것이다. 그리고 이런 정부들의 전제정치, 폭정과 부당한 짓은 바로 그러한 사실로 이루어져 있다. 아니 적어도 그것은 그들의 폭정의 첫걸음이자, 뒤따라 올 모든 억압에 필요한 예비 행위이다.

한 국가에서 그 수가 가장 많은 쪽의 동의만으로도 수가 적은 쪽을 지배하는 것을 충분히 정당화할 수 있다면 다음과 같이 대답할 수 있다.

첫째, 두 사람이 어느 한 사람을 어떤 식으로든 지배할 자연권이 없는 것과 마찬가지로, 어느 한 사람이 두 사람을 지배할 자연권도 없다. 한 인간의 자연권은 그 자신의 것이며 세계 전체와는 부딪친다. 그리고 그 자연권을 침해하는 것은 무엇이든 똑같이 범죄이다. 그 침해가 한 사람에 의해 저질러졌든 다수의 사람들에 의해 저질러졌든 말이다. 자신이 강도라고(또는 자신의 진짜 성격을 가리키는 어떤 다른 이름으로) 말하는 한 사람에 의해 저질러졌든, 자신들이 정부라고 말하는 다수의 사람들에 의해 저질러졌든 말이다.

둘째, 수가 가장 많은 쪽이 그 수가 가장 많을 뿐 힘은 가장 세지 않다면, 이들이 수가 적은 쪽을 지배하는 정부를 수립한다고 말하는 것은 바보 같은 소리일 것이다. 왜냐하면 강한 쪽이 약한 쪽에게 이들[약한 쪽]이 단지 그 수가 많다는 이유만으로 복종할 것이라고는 생각할 수 없기 때문이다. 그리고 사실 정부가 그 수가 많은 쪽에 의해 수립되는 경우는 아마도 결코 없을 것이다. 정부는 항상 그런 것은 아니지만 보통은 그 수가 적은 쪽에 의해 세워진다. 이 수가 적은 쪽의 우세한 힘은 그들의 부가 더 많고, 지능도 높으며, 협력하며 활동하는 능력이 더 낫다는 것에 있다.

셋째, 우리의 헌법은 단순히 다수에 의해 확립되었다고 공언하지 않는다. "인민"에 의해 확립되었다고 공언한다. 다수에 의해 확립된 것만큼이나 소수에 의해서도 확립되었다.

넷째, 우리 조상들이 1776년[미국의 독립을 선언한 해]에 다수가 소수를 지배할 권리가 있다는 원리를 인정했다면, 우리는 결코 하나의 국가가 되지 못했을 것이다. 왜냐하면 우리 조상들은 적은 소수였기 때문이다. 그들을 지배할 권리가 있다고 주장한 자들과 비교해 본다면 말이다.

다섯째, 다수 그 자체가 정의를 보증하지 않는다. 그들도 소수와 똑같은 본성을 지닌 사람들이다. 그들도 명성, 권력, 돈에 대해 소수와 똑같은 열망을 갖고 있다. 따라서 그들에게 권력을 맡기면, 그들도 마찬가지로 ― 더 대담하기 때문에 어쩌면 훨씬 더 ― 탐욕적이고 포악하며 방종하기 쉽고 또 그럴 가능성이 있다. 그러므로 인간은 소수의 지배를 지지하거나 그것에 복종할 이유가 없는 것처럼 다수의 지배를 지지하거나 그것에 복종할 이유도 없다. 정의正義 문제를 결정할 때 다수와 소수는 당연히 결코 고려 대상이 될 수 없다. 그리고 그들에 대한 모든 말은 정부와 관련해서는 단지 바보 같은 소리에 불과하다. 그들 모두가 동의하는 것을 제외하면, 사람들은 어떤 정부든 어떤 법이든 그것을 일치단결해 지지하는 데에는 열등생이다. 그러므로 강제로나 사기를 쳐 억지로 시키지 않고서는 사람들에게 어느 다른 사람을 지지하게 할 수 없다. 다수 그 자체가 소수를 지배할 권리를 갖는다고 말하는 것은 소수는 다수가 그들에게 흔쾌히 허락하는 것을 제외하면 어떤 권리도 갖지 못하며 또 가져서도 안된다고 말하는 것과 같다.

여섯째, 나쁜 정부들 중 많은 정부가 또는 그 대부분이 — 처음에는 강제로 또 소수에 의해 수립되었지만 — 시간이 지나면서 다수의 지지를 받게 되는 일도 있을 수 있다. 그렇지만 그런 정부들이 다수의 지지를 받게 된다면, 이 다수는 대개 국민 중에서 아주 무지하고 맹신적이고 겁이 많으며 의존적이고 비굴하고 부패한 사람들로 이루어져 있다. 이들은 권력, 지능, 부, 거만함에 위압감을 느낀 사람들, 사기에 속은 사람들, 유인책에 부패한 사람들이다. 그리고 이들 중 소수는 실제로 정부를 구성하는 사람들이다. 그런 다수는 아마도 지구상의 모든 나라 중 절반, 어쩌면 9/10에서 찾아볼 수 있을 것이다. 그들이 증명하는 것은 무엇인가? 국민 중 대다수를 현재 무지하고 비굴하게 만들어 타락시키고 부패하게 한 바로 그 정부들의 폭정과 부패를 증명할 뿐이다. 대다수 국민의 무지, 비굴함, 타락, 부패는 자신들을 그토록 억압하고 타락시키고 부패시킨 정부들을 그들이 정말로 지지한다는 단순한 사실에서 가장 잘 예증된다. 그들은 그 정부들 자체가 정당하다는 것을 전혀 증명하지 못한다. 또는 그것들의 진정한 성격을 이해하는 사람들이 왜 그런 정부들을 지지해야 하는지 심지어는 참고 견뎌야 하는지를 그들은 전혀 증명하지 못한다. 그러므로 정부가 때마침 다수에게서 지지받는다는 사실 자체만으로는 그 정부를 지지해야 하는지 아닌지를 아는 데 필요한 그 어느 것도 증명되지 않는다.

　일곱째, 다수가 소수를 지배할 권리가 있다는 원리는 사실상 모든 정치를 두 집단 사람들 간의 단순한 싸움이 되게 한다. 이것은 그들 중 어느 쪽이 지배자가 되고 어느 쪽이 노예가 될 것인지에 대한 싸움이다. 인간이 노예가 되기를 거부하는 한, 이 싸움은 — 아무리 피비린내 나더라도 — 사물의 본질상 결코 최종적으로 해결될 수 없다.

3

그런데 한 **국가**에서 강한 쪽의 동의나 그 수가 가장 많은 쪽의 동의가 국가 전체를 다스릴 정부를 수립하거나 유지하기에 충분한 근거가 된다고 말한다고 해서 어려움이 없어지는 것은 아니다. 다음과 같은 문제들은 여전히 남아 있다: "국가" 같은 것은 어떻게 생겨나는가? 광대한 영토에 흩어져 있는 그런 수많은 사람들이 어떻게 해서 처음에 하나의 국가가 되었는가? (그 각각의 사람은 자연으로부터 개인적인 자유를 부여받았으며, 자연법은 그에게 누구도 또는 어떤 집단도 그의 주인이라고 부르지 말 것을 요구하였고, 그가 다른 사람들의 동등한 자유를 침해하지 않는 한, 자연법은 그에게 자신의 행복을 자기 나름대로 추구하고 자신의 신체와 자기 재산으로 자신이 하고 싶은 것을 할 권한을 주었으며, 또한 자연법은 자신의 권리를 지키고 자신의 잘못을 바로잡을 권한도 주었을 뿐만 아니라 어느 종류의 것이든 권리 침해를 겪고 있을지도 모르는 같은 인간들을 돕거나 지켜줄 권한도 주었는데 말이다.) 어떻게 해서 그들 각자는 그의 모든 자연적이며 신이 준 권리를 빼앗기고 다른 사람들과 한 덩어리가 되었는가? 그는 이 다른 사람들을 결코 본 적도 없고 계약을 맺지도 않았으며, 또 이들 중 많은 사람에 대해 두려움, 미움이나 경멸 같은 감정밖에 없는데도 말이다. 어떻게 해서 그는 자기와 비슷한 사람들의 지배를 받게 되었는가? 그들은 본래 그에 대해 어떠한 권한도 없었는데 말이다. 그렇지만 마치 자신들이 그의 주권자이고 그가 자신들의 백성인 것처럼, 또 자신들의 의지와 이익이 그의 의무와 권리의 유일한 기준인 것처럼, 그들은 그에게 이렇게 하라고 명령하고 저렇게 하는 것은 금지한다. 또한 그들은 몰수, 투옥, 사형 등으로 위협하면서 그를 강제로 복종시킨다.

분명히 이 모든 것은 힘 아니면 사기의 작품이거나 이 두 가지 모두의 작품이다.

그렇다면 우리는 어떤 권리에 의해서 "하나의 국가"가 되었는가? 어떤 권리에 의해서 우리는 계속 "하나의 국가"가 되는가? 그리고 지금 "미국"이라고 불리는 국경 안에 존재하는 가장 강한 당파 또는 다수 당파는 어떤 권리로 미국 같은 "국가"가 실제로 있다고 주장하는가? 물론 그들은 "국가"의 정당한 존재를 보여주어야 한다. 그래야 **그것을 근거로** 그들은 자신들이 국가를 다스릴 권리, 그 안에 있는 모든 사람의 재산을 자신들이 원하는 만큼 자신들의 목적을 위해 몰수할 권리, 그리고 권력을 유지하기 위해 자기들 마음대로 누구에게나 그의 목숨을 걸거나 다른 사람들의 목숨을 빼앗으라고 강요할 권리를 갖고 있다고 주장할 수 있다.

그들의 수나 강함에 대해 말하는 것은 적절하지 않다. 문제는 어떤 **권리**로 국가가 존재하느냐이다. 그리고 어떤 **권리**로 그 많은 잔악한 짓들이 국가 기관에 의해 또는 국가의 보존을 위해 저질러지는가?

이 질문에 대한 대답은 확실히 다음과 같을 것이다. 즉 적어도 **그런 국가**는 그 어떤 권리에 의해서도 존재하지 않는다고 말이다.

그러므로 국가와 정부가 이왕 정당하게 존재할 수 있으려면, 그것들은 동의에 의해서만 존재할 수 있다는 것을 우리는 인정하지 않을 수 없다.

4

그렇다면 정부가 동의에 기초한다는 것에 함축되어 있는 의미는 무엇인가라는 문제가 돌아온다.

분명히 이 한 가지는 (다른 것들은 말할 나위도 없이) 정부가 동의에 기초한다는 생각에 함축되어 있다. 즉 과세로든 개인적인 병역으로든 도움을 주며 정부를 지지하는 데에는 모든 사람의 개별적인 각각의 동의가 필요하다는 것이다. 바로 이것만은 반드시 함축되어 있다. 왜냐하면 한 사람의 동의는 다른 사람의 동의와 마찬가지로 필요하기 때문이다. 예를 들어 A가 정부의 수립이나 유지에 자신의 동의가 필요하다고 주장한다면, 이 주장 때문에 그는 B의 동의와 다른 모든 사람의 동의도 마찬가지로 필요하다는 것을 어쩔 수 없이 인정하게 된다. B의 권리와 다른 모든 사람의 권리도 그 자신의 권리와 마찬가지로 유효하기 때문이다. 반면에 만일 그가 B의 동의나 다른 어떤 특정한 사람의 동의가 필요하다는 것을 부정한다면, 이로 인해 그는 그 자신의 동의도 다른 어떤 사람의 동의도 필요하지 않다는 것을 어쩔 수 없이 인정하게 된다. 그러면 정부가 결코 동의에 기초해서 세워질 필요가 없다는 것을 그는 인정하게 된다.

그러므로 다음과 같이 말하는 것 외에 다른 방도가 없다. 즉 어떤 식으로든 정부를 돕고 지지할 것을 요구하려면 모든 사람의 개별적인 각각의 동의가 필요하다고 말하거나, 아니면 누구의 동의도 필요하지 않다고 말하는 것 외에 다른 방도가 없다.

분명한 것은 이 각각의 동의가 반역죄 관념에 없어서는 안된다는 것이다. 만일 어떤 사람이 정부를 지지하는 것에 결코 동의하지 않았거나 승낙하지 않았다면, 그는 정부에 대한 지지를 거부한다고 해서 신뢰를 깨뜨린 것이 아니기 때문이다. 그리고 만일 그가 정부에 대해서 전쟁을 일으킨다면, 그는 반역자로서 — 즉 배신자 또는 배반한 친구로서 — 가 아니라 공개적인 적으로서 그렇게 하는 것이다.

　바로 이것은 당연히 1776년의 독립선언에 함축되어 있었다. 그때 공표된 동의의 필요성이 300만 명을 위한 건전한 원리였다면, 그것은 마찬가지로 세 사람 또는 한 사람을 위해서도 건전한 원리였다. 그 원리가 따로 떨어진 한 대륙에 사는 사람들을 위한 건전한 원리였다면, 그것은 마찬가지로 따로 떨어진 농가나 따로 떨어진 집에 사는 한 사람을 위해서도 건전한 원리였다.

　게다가, 그 300만 명이 자신들의 동의가 정부를 지지하는 데 필요하다고 선언하는 동시에 영국 군주를 지지하는 것에 반대한다고 선언한 것은 단지 각자가 스스로 행동하는 개별적인 개인으로서였지, 조직된 정부의 구성원으로서가 아니었다. 그 당시 동부 13주의 영국 식민지에 존재한 정부들은 영국과 미국 간의 분리를 **정부의 자격으로** 선언할 만한 헌법상의 권력을 갖고 있지 못했다. 그러기는커녕 그 정부들은 정부이기는 했지만, 영국 군주에게서 특허를 받아 또 영국 군주에 대한 충성을 인정받아 조직되었다. 물론 영국의 왕은 주민들이 자기에게 충성하는 것을 면제해주었지만, 그렇다고 해서 결코 그 정부들을 — 정부의 자격으로 — 공인된 권력이나 헌법상의 권력이 되게 하지 않았다. 그러므로 식민지 시대의 주의회 의원들이 혁명가로 행동한 것에 관해서는, 그들은 단지 개인 혁명가들로서 행동한 것이지 헌법상의 입법자로서 행동한 것이 아니었다. 그리고 필라델피아에 모인 그 대표자들이 최초로 독립을 선언하였는데, 이들은 그 당시의 헌법에 준거한 법률로는 단지 혁명가들의 위원회에 불과했다. 그들은 결코 헌법기관이나 헌법기관의 대표자가 아니었다.

또한 일반 국민이 독립선언을 찬성하고 승인한 것은 법률상으로는 각자가 스스로 행동하고 단순히 개인 자격으로 자신의 자연권을 행사하는 개별적인 개인으로서일 뿐이었다.

그리고 그들이 (대영제국에의 충성 사상을 없애기 위해) 자기들 지방정부의 **헌법상의 성격**을 혁명적으로 바꾼 것도 아울러 그것들의 형태를 편리한 대로 또 편리한 때에만 변화시킨 것도 각자가 스스로 행동하고 단지 자신의 자연권을 행사하는 개인 자격으로서일 뿐이었다.

그러므로 독립전쟁 전체를 하나의 혁명으로 선언하고 그것을 수행한 것은 제각기 개인으로 행동하며 각자가 자신의 자연권을 행사하는 국민이었지, 헌법상의 권력을 행사하는 그들의 정부가 아니었다.

따라서 국민에게 지지해 줄 것을 당연히 요청할 수 있는 정부가 수립되거나 영속되는 데에는 자신들의 동의 — 즉 자신들의 개별적인 동의(왜냐하면 각자는 스스로만 동의할 수 있기 때문이다) — 가 필요하다고 그들이 선언한 것은 개인 자격으로서였다. 그것도 각자 스스로 혼자 행동하는 개인 자격으로서일 뿐이었다.

마찬가지로 각자가 스스로 선언한 것은, 자신을 여태까지 지배해 온 정부를 계속 지지할지를 결정할 때, 그 자신의 의지, 즐거움, 분별력이 자신이 참고할 수 있는 유일한 근거였다는 것이다. 그리고 각자의 이 행위가 타당하고 옳아 그토록 많은 다른 개인들이 서로 동료가 되었다면, 각자가 혼자서 똑같은 조치를 취했어도 이것은 — 자연정의와 자연권의 관점에서 — 마찬가지로 타당하고 옳았을 것이다. 각자가 모두의 재산을 지키기 위해 세금 징수원들의 무리에 대항해 300만 명의 다른 사람들과 함께 무기를 들 권리가 있었던 것과 마찬가지로, 그는 자신의 재산을 지키기 위해 단 한 명의 세금 징수원에 대해서도 혼자서 무기를 들 권리가 있었다.

이렇게 해서 독립전쟁 전체가 시작되었다. 이 독립전쟁이 주장하였고 이론상으로 확립한 것은 자신을 지배해 온 정부를 지지하는 것에서 자기 마음대로 벗어날 수 있는 각자 모든 사람의 권리였다. 그리고 독립전쟁이 주장한 원리는 이 원리가 자신들에게만 또는 그 시대에만 특유한 권리가 아니며, 또는 그 당시에 존재한 정부에만 적용할 수 있는 권리가 아니며, 모든 시대에 또 모든 환경에 있는 모든 사람의 보편적인 권리라는 것이었다.

조지 3세*는 우리 조상들을 그들이 그때 한 짓 때문에 반역자라

---

* 조지3세George III(1738-1820, 재위: 1760-1820), 그의 치세 동안 북아메리카의 13개 식민지에 대한 과세를 계기로 혁명이 일어나 미국 독립전쟁을 불러왔다.

고 불렀다. 그러나 그나 그의 법이 뭐라고 부를 수 있었든 간에, 그들은 **사실상** 반역자가 아니었다. 그들은 실제로 반역자가 아니었다. 왜냐하면 그들은 누구도 배반하지 않았고 누구에 대해서도 맹세를 깨뜨리지 않았기 때문이다. 그들은 그와 동등한 사람들이었다. 그들이 인류 전체에게 빚진 것들을 제외하면, 그들은 그에게 충성이나 복종을 할 의무가 없었으며 또 그 밖의 다른 의무도 없었다. 그들과 그의 정치적 관계는 순전히 자발적이었다. 그들은 이 관계를 그들이 원하는 것보다 더 오래 계속하겠다고는 그에게 결코 맹세하지 않았다. 그러므로 그와 갈라설 때 그들은 맹세를 깨뜨린 것이 아니었다. 그들은 단지 자연권을 행사하면서 그와 영국 국민에게 다음과 같이 말했을 뿐이다. 즉 그들은 조지 3세나 영국 국민과 정치적 관계를 계속할 의무가 없으며, 그들 나름의 이유에서 그 관계를 해소하기로 결정했다고 말했을 뿐이다.

우리 조상들에게 해당된 것은 혁명가들에게도 일반적으로 해당된다. 혁명가들이 군주와 정부로부터 독립하기로 결정하면, 군주와 정부는 그들을 반역자로 낙인찍으려고 한다. 그러나 그들은 실제로 반역자가 아니다. 그들이 누구도 배반하지 않는 한 또 그 누구에 대해서도 맹세를 깨뜨리지 않는 한 말이다. 그들은 맹세를 하지 않았기 때문에 어떤 맹세도 깨뜨리지 않았다. 단지 그들은 그들 나름의 이유에서— 그 이유가 좋은지 나쁜지, 현명하지 어리석은지는 중요하지 않다 — 자연권을 행사해, 자신들을 지배해 온 정부와의 관계를 해소하기로 결정한 사람들일 뿐이다. 이렇게 한다고 해서 그들이 반역죄 — 이것은 반드시 배반, 사기, 배신을 포함한다 — 를 저지르는 것은 아니다. 그것은 어떤 사람이 여태까지 관계했던 교회나 어떤 다른 자발적인 단체를 떠나기로 결정할 때, 그가 반역죄를 저지르는 것이 아닌 것과 같다.

이 원리가 1776년의 진정한 원리였다. 지금도 그것이 진정한 원리이다. 그것은 올바른 정부라면 어떤 정부라도 기초로 삼아야 하는 유일한 원리이다. 그것은 미국 헌법 자체가 기초로 삼는다고 공언하는 원리이다. 미국 헌법이 실제로 그것을 기초로 삼지 않는다면, 미국 헌법은 존재할 권리가 없다. 그리고 그것에 반대하는 것이 모든 사람의 의무이다.

독립전쟁을 한 사람들이 충성과 반역이라는 불합리한 사상을 헌법에 끼워 넣기로 마음먹었다면 (그 사상은 그들이 한때 거부하고 반대하며 싸운 것으로, 세계를 여태껏 노예로 만든 것이었는데도 말이다), 그들은 그렇게 함으로써 전인류에게서 혐오와 증오를 받을 자격을 명백하게 스스로 확립한 것이다.*

---

* 다음에 이어지는 글들에서 나는 다음과 같은 것을 보여주고 싶다. 즉 개별적인 동의의 원리하에서는, 인류가 필요로 하는 작은 정부가 실용적일 뿐만 아니라 자연스럽고 편하다. 그리고 미국 헌법은 완전히 자발적인 지지에 의지하는 정부가 아니라면 어떤 정부도 정당하다고 인정하지 않는다는 것을 나는 보여주고 싶다.

제2부 [1867]

1

헌법은 말한다:

"우리들 연합주의 인민은 더욱 완벽한 연방을 형성하고 정의를 확립하고, 국내의 안녕을 보장하고, 공동의 방위를 도모하고, 국민의 복지를 증진하고, 우리들과 우리들의 후손에게 자유의 축복을 확보할 목적으로 미국을 위하여 이 헌법을 제정한다." [헌법 전문]

이것의 의미는 간단히 말하면 다음과 같다: 우리들 연합주의 인민은 개인으로서는 자유롭게 또 자발적으로 행동하면서, 우리가 이 헌법에서 제공하는 정부를 유지하는 데 서로 협력하기로 동의하며 이에 합의한다.

"인민"의 동의가 필요하다는 것이 이 선언에 함축되어 있다. 헌법의 권위 전체가 그것에 기초한다. 그들이 동의하지 않았다면, 헌법은 유효하지 않았다. 당연히 그것은 효력이 없었다. 실제로 동의한 사람들을 제외하고는 말이다. 돈을 지불하겠다거나 서비스를 제공하겠다는 어떤 다른 계약의 경우에서와 마찬가지로, 실제적인 동의가 주어지지 않았다면 누구에 대해서도 그가 동의했다고 추정할 수 없을 것이다. 그리고 누구에게나 그의 서명 또는 그 밖의 적극적인 동의 증거를 의무가 되게 하는 것은 어떤 다른 계약의 경우와 마찬가지로 필요하였다. 문서가 말하고자 한 의미가 "연합주의 인민the people of the United States"은 누구나 ─ 그가 동의하지 않았어도 ─ 헌법을 따를 의무가 있다는 것이었다면, 그것은 권리 침해이자 거짓말이었다. "우리들 인민We, the people"이라는 형식에서 추론될 수 있는 최대한의 것은 문서가 "연합주의 인민" 모두에게 구성원 자격을 제공했다는 것이다. 그렇지만 그들이 그것을 받아들일 것인지 거부할 것인지는 그들의 의사意思에 맡겼다.

합의는 어떤 다른 합의와 마찬가지로 단순한 것이다. 그것은 다음과 같이 말하는 것과 같다: 우리들, A 마을의 주민들은 우리들 자신과 우리 아이들을 위해 교회, 학교, 병원 또는 극장을 유지하기로 합의한다.

이러한 합의는 그것에 실제로 동의한 사람들을 제외하면 분명히 어떤 효력도 지닐 수 없을 것이다. "A 마을의 주민들" 중 일부만이 이 계약에 동의하고 이들이 동의하지 않은 사람들에게 돈이나 서비스를 기부할 것을 계속 강요한다면, 그들은 강도에 지나지 않을 것이다. 그리고 그들은 그렇게 취급받아도 될 것이다.

서명한 이 사람들이 반대한 사람들에게 다음과 같이 말한다고 해서 그들의 행동이나 권리가 더 나아지지 않을 것이다: 우리는 우리가 세우자고 제안하는 교회, 학교, 병원이나 극장을 이용하는 데 우리와 동등한 권리를 당신들에게 주며, 그것을 운영하는 데에도 우리와 동등한 발언권을 준다. 반대한 다른 사람들은 다음과 같이 말하는 것이 충분한 대답이 될 것이다: 우리는 당신들의 시설을 이용하는 데 참여하고 싶지 않으며 또 그 시설을 운영하는 것에 어떤 발언권도 원하지 않는다. 그러므로 우리는 그것을 지원하는 일은 아무것도 하지 않을 것이다.

미국 헌법에 실제로 동의한 사람들의 수는 처음에는 매우 적었다. 헌법의 채택을 국민 전체의 행위로 간주하는 것은 그야말로 우스꽝스럽기 이를 데 없는 짓이었으며 사기 행위였다. 따라서 미국 헌법은 누구에게도 구속력이 없었다.

여자들과 아이들에게 그리고 물론 흑인들에게도 동의할지 묻지 않았다. 이 외에도 거의 또는 사실상 모든 주에 재산 자격property qualifications이 있었다. 이 재산 자격은 아마도 백인 남자 성인들 중 절반 내지 2/3 또는 3/4을 선거권에서 제외하였다. 그리고 그 권리가 허용된 자들 중에서 얼마나 많은 사람들이 그 권리를 행사했는지 우리는 모른다.

게다가 처음에 헌법에 동의한 사람들은 자신들이 동의했다고 해서 후손들에게도 의무를 지울 수는 없었다. 그들은 자기 자신들 말고는 누구를 대신해서 계약할 수 없었다. 그들이 후속 세대에게 구속력 있는 정치적 계약을 맺을 자연권이나 권한이 없었던 것은 그들이 후속 세대들에게 구속력 있는 결혼 계약이나 사업 계약을 할 자연권이나 권한이 없었던 것과 같다.

그 뿐만이 아니다. 실제로 헌법 채택에 찬성 투표를 한 사람들조차도 **특정한 시간**에 대해서 약속하지 않았다. 연합체가 지속되는 특정한 시간이 헌법에 제시되지 않았기 때문이다. 그러므로 그것은 단지 마음이 내키는 동안의 연합체에 지나지 않았다. 그 연합체에 처음부터 있었던 당사자들 간에서조차 그러했다. 더욱이 그것은 어쨌든 후속 세대들 사이에서도 마음이 내키는 동안의 단지 자발적인 연합체 이상의 어떤 것이 아니었다. 그들은 그들의 조상들이 했던 것처럼 그 헌법을 채택하거나 지지하겠다고 맹세하는 외면상의 절차 같은 것을 결코 밟지 않았다. 투표하고 싶어했고 또 주州들이 투표를 허용한 그런 일부의 사람들도 투표하고 세금을 내서 (그리고 다른 사람들에게서 세금을 불법적으로 포악하게 강탈해서) 정부가 당분간 계속해서 일하게 하는 것이 고작이었다. 그리고 이것을 ─ 헌법의 관점에서는 ─ 그들은 자발적으로 하였다. 하지만 그들의 이익이나 즐거움을 위해서 그렇게 한 것이었지, 그들이 그렇게 하겠다고 맹세했거나 그렇게 할 의무가 있었기 때문이 아니다. 누구든지 또는 아무리 많은 사람들이라도 언제든지 더 이상 지지하지 않겠다고 거부할 완전한 권리가 있었다. 당연히 누구도 그나 그들이 지지를 철회하는 것을 반대할 수 없었다.

우리가 헌법의 채택이 개인 자격으로서 국민의 행위이지 주의 자격으로서 주州들의 행위가 아니었다고 말한다면, 이러한 결론에서 벗어날 길이 없다. 반면에 만일 우리가 그 채택이 주의 자격으로서 주들의 행위였다고 말한다면, 그 주들은 특정한 시간을 약속하지 않은 만큼 마음대로 탈퇴할 권리가 있었다는 결론이 필연적으로 나온다.

그러므로 개인들에 의해서든 주들에 의해서든 간에, 주어진 동의는 기껏해야 당분간의 동의에 불과하였다. 미래에 대한 약속이 아니었다. 사실 개인들의 경우에 그들이 실제로 투표권 행사하는 것을 당분간이라도 동의의 증거로 받아들여서는 안된다. 반대로, 그에게 결코 동의를 요구하지는 않았지만, 개인은 그가 저항할 수 없는 정부에 포위되어 있다는 것을 고려해야 한다. 정부는 그에게 돈을 내놓으라고 강요하고 강제로 징집하고 그의 자연권들 중 많은 것의 행사를 중지시키며, 이를 어길 경우 무겁게 처벌한다. 그는 또한 다른 사람들이 투표권을 행사해 자신에게 이러한 횡포를 부린다는 것도 안다. 게다가 그는 다음과 같은 것도 알고 있다. 즉 단지 투표제도를 직접 이용하기만 해도, 그는 다른 사람들을 지배해 이들의 횡포에서 벗어날 가능성이 약간 있다는 것도 알고 있다. 요컨대, 그는 동의하지 않았지만 다음과 같은 상황에 처해 있다. 즉 그가 투표제도를 이용한다면, 그는 지배자가 될지도 모른다. 그렇지만 그가 투표제도를 이용하지 못한다면, 그는 노예가 될 수밖에 없다. 그리고 그는 이 두 가지 이외에 다른 대안이 없다. 자신을 방어할 때는 전자를 시도한다. 그의 경우는 전투를 피할 수 없게 된 사람의 경우와 비슷하다. 전투에서는 그가 다른 사람들을 죽여야 하며 그렇지 않으면 자신이 죽을 수밖에 없다. 전투에서는 자신의 생명을 구하기 위해 상대편의 생명을 빼앗으려고 시도하기 때문에, 전투가 그 자신의 선택사항 중 하나라고 추론할 수 없다. 인간은 자신의 유일한 자기보존 기회로 투표제도를 이용하기 때문에, 투표로 — 이것은 단지 총탄을 대신하는 것에 불과하다 — 싸울 때도 그 싸움을 그가 자발적으로 참여한 것이라고 추론할 수 없다. 즉 그가 자발적으로 — 다른 사람들의 자연권과의 내기로서 — 그 자신의 모든 자연권을 걸며 단지 수의 힘만으로 이것을 잃어버리거나 얻는다고 추론할 수 없다. 그렇기는커녕, 다른 사람들에 의해 어쩔 수 없이 떠밀려 들어간 긴급한 경우에는 다른 자기방어 수단이 없기 때문에, 그가 하는 수 없이 자신에게 남아 있는 유일한 수단을 사용했다고 생각할 수 있다.

세상에서 가장 억압적인 정부의 지배를 받는 아주 비참한 사람들에게 투표권이 허용된다면, 그들은 의심할 바 없이 그것을 사용할 것이다. 그들이 그 투표권으로 자신들의 처지를 개선할 가능성을 볼 수 있다면 말이다. 그러므로 그들을 깔아뭉개는 정부 자체가 그들이 자발적으로 세웠거나 동의한 정부였다는 것은 정당한 추론이 아닐 것이다.

따라서 미국 헌법하에서의 투표 행위는 그 헌법에 **당분간이라도** 자유롭게 동의했다는 증거로 간주될 수 없다. 결국 미국의 실제 투표자들 중에서도 다수가 당분간이라도 헌법에 실제로 또 자발적으로 동의했다는 증거가 없다. 완전히 자유롭게 동의하거나 동의하지 않을 수 있으며 또 동의하지 않는다고 해서 자신의 신체나 자기 재산이 다른 사람들로부터 피해를 입지 않거나 침해당하지 않을 수 있는 상태에 있을 때까지는 그런 증거가 결코 있을 수 없다.

2

헌법은 말한다:

> "미국에 대한 반역죄는 미국에 대하여 전쟁을 일으키거나 또는 적에게 가담하여 원조 및 지원을 할 경우에만 성립한다." [제3조 제3절 1항]

이것이 헌법이 제시한 유일한 반역죄 정의이다. 그것은 다른 모든 형법과 마찬가지로 자유와 정의에 대한 가장 호의적인 의미로 해석될 수 있다. 결국 여기서 말하는 반역죄는 **사실상의** 반역죄라고 생각해야 하며, 단지 부당하게 그렇게 불렀을지도 모르는 것까지 포함하는 것으로 생각해서는 안된다.

그렇지만 **사실상의** 반역죄가 무엇인지 정하기 위해 우리는 왕, 차르, 황제의 법전들에 시선을 돌려서는 안된다. 그들은 권력을 힘과 사기로 유지하기 때문이다. 그들은 오만하게도 인류를 자신들의 "백성"이라고 부른다. 그들은 이 세상을 지배할 수 있는 특별 면허를 하늘에서 받았다고 주장한다. 그들은 자신들에게 복종하는 것이 인류의 종교적인 의무라고 가르친다. 그들은 비굴하고 부패한 성직자들을 매수해 그러한 사상을 무지하고 미신에 사로잡힌 사람들에게 명심시킨다. 그들은 자신들의 권위가 국민의 동의에서 나오거나 적어도 국민의 동의에 달려 있다는 사상을 일축한다. 그리고 그들은 이러저러한 권리 침해에 반대하며 자신들의 권리는 물론 같은 인간들의 권리도 주장하는 모든 사람들을 반역자라고 그릇되게 부르면서 이들의 명예를 훼손하려고 한다.

반역죄라는 말의 이 그릇되고 중상모략적인 의미에 주목하기 보다는, 우리 모어母語에서 그것의 진정하면서도 적법한 의미(즉 일상생활에서 쓰이는 의미)를 보아야 한다. 이것이 당연히 사람들이 자발적으로 서로 맺는 계약이나 연합 규약에서 그것의 진정한 의미가 될 것이다.

게다가 반역죄라는 말의 진정하면서도 적법한 의미는 반드시 배반, 사기, 배신을 포함하고 있다. 이런 것들이 없다면 반역죄는 있을 수 없다. 반역자는 배반자 — 한편으로는 우애를 공언하면서 손해를 주는 자 — 이다. 베네딕트 아놀드Benedict Arnold*는 배반자였다. 그 이유는 다른 것이 아니다. 그는 한편으로는 미국의 대의에 우호적임을 공언하면서도 그것을 해치려고 했기 때문이다. 공개적인 적은 — 다

---

* 미국 독립전쟁에 참여한 군인(1741-1801). 독립전쟁 초기에는 대륙군Continental Army으로 활약했지만, 1780년에 대륙군을 배반하고 영국군에 가담하였다. 미국에서는 베네딕트 아놀드라는 이름이 "배신의 대명사"로 여겨진다.

른 점에서는 아무리 죄를 범하는 것이라 하더라도 — 결코 배반자가
아니다.

또한 한때는 내 친구였던 사람이 적이 된다고 해서 반역자가 되는
것도 아니다. 나에게 위해를 가하기 전에, 그가 자신이 적이 되었다
는 경고를 정정당당하게 나에게 한다면, 그리고 우애가 있었을 때
나의 신뢰를 받으며 얻은 이점을 그가 부당하게 이용하지 않는다면
말이다.

예를 들면 우리 조상들은 — 그들이 다른 점들에서는 나빴다고
인정하더라도 — 1776년 7월 4일 後에는 확실히 **사실상의 배반자가**
아니었다. 그 날 그들은 대영제국의 왕에게 그의 권위를 거부하며
그와 전쟁하겠다고 통지했기 때문이다. 그리고 그들은 이전에 그의
신뢰를 받으며 얻은 이점을 부당하게 이용하지 않았다.

부정할 수 없는 것은 지난 전쟁에서 남부 사람들은 자신들이 배
반한 친구가 아니라 공개적인 적이라고 스스로 공언하였다는 사실
이다. 부정할 수 없는 것은 그들은 자신들이 더 이상 우리의 정치적
동료가 아니며, 필요하다면 분리를 위해 싸울 것이라고 우리에게 정
정당당하게 경고하였다는 사실이다. 우애가 있었을 때 그들이 우리
의 신뢰로 얻은 이점을 부당하게 이용하였다고는 주장할 수 없다.
그러므로 그들은 실제로 반역자가 아니었다. 결국 헌법이 말하는 의
미 안에서는 반역자가 아니었다.

더욱이 **정부에의 충성을 부정하지 않으면서 정부에 대해 무기를 드**

는 사람들은 **사실상의 반역자**가 아니다. 정부의 강탈에 저항하기 위해 또는 그들이 진심으로 강탈이라고 믿는 것에 저항하기 위해 그들이 그렇게 한다면 말이다.

범죄 의도가 없다면 범죄가 있을 수 없다는 것이 법의 원칙이다. 그리고 이 원칙은 다른 범죄에 적용할 수 있는 것과 마찬가지로 반역죄에도 적용할 수 있다. 예를 들면 1776년 7월 4일 **전에는** ─ 즉 영국 왕에의 충성을 던져 버리기 **전에는** ─ 우리 조상들이 그에게 저항했다고 해서 실제로 반역자는 아니었다. 그들이 단지 그의 강탈로부터 자신들의 권리를 지킬 뿐이라고 **진실로** 믿었다면 말이다. 그들이 그들의 법을 잘못 생각했다 하더라도, 그 잘못이 ─ 잘 알지 못한 데서 비롯된 잘못이라면 ─ 그들을 실제로 반역자로 만들 수 없었다.

이와 똑같은 이유에서, 남부 사람들이 소위 "주권州權, State Rights"이라는 헌법 이론을 진심으로 믿었다면 (북부에서는 그들이 믿었다는 견해가 일반적으로는 아니더라도 널리 퍼져 있었다), 그들은 그 이론에 따라 행동했다고 해서 실제로 반역자가 되지 않았다. 결국 헌법의 의미 안에서는 반역자가 되지 않았다.

3

"미국에 대하여 전쟁을 일으키거나 또는 적에게 가담하여 원조 및 지원을 하면" 누구나 반역자가 될 것이라고 헌법은 말하지 않는다.

그러므로 오직 추론이나 추리를 통해서만 우리는 이런 행위로 누가 반역자가 될지 알 수 있다.

정말로 영국인, 프랑스인, 오스트리아인이나 이탈리아인이 미국에의 지지나 우호를 공언하지 않은 채 전쟁을 일으키거나 미국의 적에게 가담하여 원조 및 지원을 한다면, 이로 인해 그들은 헌법의 의미 안에서는 반역자가 되지 않는다. 그렇다면 왜 그런가? 단지 그들은 **사실상의** 반역자가 아닐 것이기 때문이다. 지지나 우호를 공언하지 않았기 때문에, 그들은 배반, 사기 또는 배신을 행하지 않을 것이다. 그러나 그들이 자발적으로 미국의 공무원으로 근무하거나 군인이 되어 미국에 충성을 맹세했는데(귀화하지 않았어도), 그 다음에 미국을 향해 총부리를 돌리거나 미국의 적에게 원조 및 지원을 해 미국에 주었던 신뢰를 저버린다면, 그들은 **사실상의** 반역자가 될 것이다. 그렇게 되면 그들은 헌법의 의미 안에서 반역자가 될 것이다. 그리고 그들은 법적으로 그러한 자로 처벌당할 수 있을 것이다.

헌법에는, 미국 영토 안에서 태어난 사람들은 이 나라에서 출생했다는 이유로 충성해야 한다거나 또는 그들이 반역죄에 관해서 외국에서 태어난 사람들과는 다른 규칙으로 판단될 것이라고 암시하는 말이 한 마디도 없다. 그리고 이 점에 대해서 헌법의 표현을 지금보다 더 포괄적으로 만들기 위해서 그것에 덧붙이거나 그것을 바꿀 권한이 의회에는 없다. 그러므로 반역자라고 말하기 전에, 실제로 반역죄 — 즉 실제적인 배반, 사기 또는 배신 — 가 외국인의 경우와 마찬가지로 미국 토착민의 경우에도 증명되어야 한다.

미국에 대해 전쟁을 일으키지만 배반, 사기 또는 배신을 행하지 않는 사람을 — 이 나라에서 태어났다는 이유로 — 반역자로 만들기에는 헌법의 언어가 **그것만으로는** 불충분했다는 것을 의회는 알았다. 따라서 — 그들은 그렇게 할 헌법상의 권한이 없었지만 — 그들은 분명하게 이 점에 대해서 헌법의 **표현**을 확대하려고 했다. 그래서 그들은 다음과 같이 법률로 제정했다:

"**미국에 충성할 의무가 있는** 사람이나 사람들이 미국에 대해 전쟁을 일으키거나 또는 적에게 가담해 원조 및 지원을 한다면, 그런 사람이나 사람들은 미국에 대해 반역죄를 지은 것으로 간주되어 사형에 처해질 것이다" — 법령, 1790년 4월 30일, 제1절.

헌법만의 표현에서라면 반역자가 되지 않았을 사람도 반역자로 만드는 것이 이 법 제정의 취지라면, 이 법령이 완전히 위헌적이라고 말하는 것이 그 법령에 대한 충분한 대답이 될 것이다.

이 법령의 핵심 전체는 "미국에 충성할 의무가 있는 사람들persons owing allegiance to the United States"이라는 말에 있다. 그러나 이 표현은 문제를 이전과 똑같은 상태에 놓는다. 왜냐하면 그 표현은 누가 정말로 "미국에 충성할 의무가 있는지"를 증명하거나 선언하려고 하지 않기 때문이다. 이 법령을 통과시킨 사람들은 틀림없이 이 나라에서 태어난 모든 사람들에게는 (아마도 노예가 아니라면) 충성 의무가 있다고 (다른 정부들에서 하는 것처럼) 생각했거나, 다른 사람들이 그렇게 생각하기를 바랐을 것이다.

헌법 자체는 국민이 — 그 문제에 대한 그들 자신의 의지에 상관없이 — 정부에 행할 의무가 있다고 가정되는 병역, 충성, 복종이나 그 밖의 의무를 의미하기 위해 (다른 정부들이 쓰는 것과 같은) "충성", "주권자", "충성심", "백성" 또는 그 밖의 다른 용어를 사용하지 않는다. 헌법은 완전히 동의에 기초한다고 공언하기 때문에, 누구도 그 자신의 동의 없이는 헌법에 대해 또는 이 헌법에 의해 만들어진 정부에 대해 충성, 병역, 복종, 그 밖의 다른 의무를 지닐 수 없다.

충성allegiance이라는 말은 라틴어 ad와 ligo에서 유래하는데, 이것은 …에 묶다to bind to를 의미한다. 따라서 정부에 충성하는 사람은 정부에 묶여 있는 사람, 또는 정부를 응원하며 지지하지 않을 수 없는 사람이다. 그리고 동의 이외의 다른 것에 기초해 세워진 정부들은 자신들이 통치할 때 태어난 모든 사람은 자신들에게 충성할 의무가 있다고 주장한다. 즉 자신들을 지지하고 충성과 복종을 해야 하며, 자신들에게 저항하면 반역자라고 주장한다.

그러나 분명한 것은 **정말로 또 사실상** 자기 자신 외에는 아무도 누구에게 정부를 지지하라고 강제할 수 없다는 것이다. 그리고 우리 헌법은 이 사실을 시인한다. 우리 헌법은 그 권위가 완전히 국민의 동의에서 나온다고 인정하기 때문이다. 그러므로 반역죄라는 말은 그러한 사상에 따라서 이해되어야 한다.

헌법이 인정하다시피, 외국에서 태어난 사람이 우리 정부에 충성할 의무가 있는 것은 오로지 특별한 자발적인 계약을 통해서만이다. 토착민이 자신의 의지와는 반대로 충성을 강요받는다면, 그는 외국인보다 더 나쁜 상태에 있다. 왜냐하면 외국인은 그 의무를 맡는 것에 대해 자기 마음대로 할 수 있기 때문이다. 그러므로 헌법에 대해 일반적으로 인정된 해석은 이 점에서 외국인은 자유인으로 만들지만, 토착민은 노예로 만든다.

충성과 관련해 토착민들과 외국인들 간의 — 차이가 있다면 — 단 하나의 차이는 다음과 같은 것이다. 즉 토착민은 만일 그가 원하고 또 그래서 국민 자격이 있다면 정부에 충성할 **권리**(헌법이 그에게 부여하는 권리)를 갖는다는 것이다. 그의 충성은 거부당할 수 없다. 반면에 외국인의 충성은 거부될 수 있다. 정부가 그렇게 하고 싶다면 말이다.

4

헌법이 확실하게 가정하는 것은 반역죄가 개인으로서의 사람에 의해서만 저질러질 수 있다는 것이다. 한 인간이 개인으로서가 아니라 다른 방식으로 기소되어 유죄 판결을 받거나 교수형에 처해진다면, 또는 개인으로서가 아니라 다른 방식으로 반역죄를 저질렀다고 고소당한다면 매우 이상할 것이다. 그렇지만 누구든지 개인으로서 어떻게든 자발적으로 정부에 신의와 충성을 맹세하지 않은 한, 그가 개인적으로 반역죄를 저지를 수 있다는 것(즉 사실상의 반역자가 될 수 있다는 것)은 분명히 있을 수 없다. 정말로 누구도 또는 어떤 단체도 그의 동의 없이 그를 대신해서 충성을 맹세할 수 없었다. 그리고 그 자신이 충성을 맹세하지 않았다면, 누구도 또는 어떤 단체도 그의 의사에 거슬러서 그가 충성을 맹세했다고 추정할 권리가 없다.

5

그러므로 명백한 것은, 헌법이 반역죄를 말할 때 그 의미가 반역죄 — 다른 어떤 것이 아니라 사실상의 반역죄 — 라면, 남부 사람들이 그 죄를 저질렀다고 주장할 근거가 전혀 없다는 것이다. 그러나 다른 한편으로 헌법이 반역죄를 말할 때 그 의미가 차르나 황제가 말하는 것이라면, 그때는 우리 정부가 원칙적으로 그들 정부보다 더 나을 게 없다. 우리 정부는 자유정부라고 생각할 수 있는 어떤 자격도 없다.

6

자유정부의 한 가지 본질적인 요소는 그것이 완전히 자발적인 지지에 기초를 둔다는 것이다. 그리고 정부가 자유롭지 않다는 한 가지 확실한 증거는 정부가 다소간의 사람들에게 그들의 의사에 거슬러서 그 정부를 지지하도록 강제한다는 것이다. 모든 정부는 — 지상

에서 가장 나쁜 정부도 지상에서 가장 전제적인 정부도 — 그들을
자발적으로 지지하는 국민의 비율만큼 자유정부다. 그렇다고 해도
모든 정부는 — 다른 점에서는 지상에서 가장 좋은 정부라도 — 자
신들의 의사에 거슬러서 그들을 지지하도록 강요받는 국민의 비율
만큼 — 적든 많든 간에 — 전제정부다. 이런 점들에서는 정부가 교
회나 어떤 다른 제도와 비슷하다. 어떤 정부가 자유정부인지 아닌
지를 정하는 기준은 그 정부가 오로지 자발적인 지지에 의지하느냐
아니냐라는 단 하나의 기준 이외에 다른 것이 없다.

7

이 주제에 대해서는 중도가 있을 수 없다. "동의 없는 과세는 강탈"
이거나 그렇지 않거나이다. 강탈이 **아니라면**, 그때는 다수의 사람들
이 마음대로 아무 때나 한패가 되어 자신들을 정부라고 부르고는
자신들보다 약한 사람들 모두에 대해서 절대적인 권한을 갖고 이
약한 사람들을 마음대로 약탈하고, 이들이 저항한다면 이들을 죽
여도 된다. 반면에 "동의 없는 과세는 강탈"이라면, 필연적으로 다
음과 같은 결론이 나온다. 즉 과세에 동의하지 않은 사람들은 모두
노상강도로부터 자기 재산을 지킬 자연권이 있는 것과 마찬가지로
세금 징수원으로부터도 자기 재산을 지킬 자연권이 있다.

8

이런 주장의 원리들이 중앙정부에 적용될 수 있는 만큼이나 주정부에도 적용될 수 있다는 것은 아마도 말할 필요가 없을 것이다.

충성과 반역죄에 관한 남부의 의견은 북부의 의견과 마찬가지로 달랐다. 그들 간의 유일한 차이는 다음과 같은 것이었다. 즉 남부는 사람들이 (무엇보다도) 주정부에 대해서 비자발적인 충성을 하였다고 주장해 온 반면에, 북부는 사람들이 (무엇보다도) 미국 정부에 대해서 그와 비슷한 충성을 하였다고 주장하였다. 그러나 사실, 사람들은 어느 쪽에도 비자발적인 충성을 하지 않았다.

정치적 자유와 모순 없이 지금까지 서술한 것보다 더 엄중한 반역죄법이 있을 수 없다는 것은 분명하다. 어떤 다른 원리에 따르더라도 약한 쪽에는 필연적으로 자유가 있을 수 없다. 정치적 자유는 언제나 약한 쪽의 자유를 의미한다. 약한 쪽만이 언제나 억압받는다. 강한 쪽은 그들의 우세한 힘 덕분에 언제나 자유롭다. 정치가 두 당파 중 어느 쪽이 다른 쪽을 지배할 것인가에 대한 싸움에 불과한 한, 약한 쪽은 언제나 질 것이다. 그리고 그 싸움이 투표로 행해지든 총탄으로 행해지든 간에, 원리는 똑같다. 왜냐하면 지금 널리 유행하는 정치에서는 투표가 총탄을 의미하기 때문이다. 그렇지 않으면 그것은 아무런 의미가 없다. 그리고 누구도 시종일관 투표제도를 이용할 수 없다. 강한 쪽이 약한 쪽을 반드시 자신들에게 복종시킬 필요가 있다면, 그들은 총탄을 사용할 생각을 한다.

10

우리 정부의 실제적인 어려움은 다음과 같은 것들이었다. 즉 정부를 운영한 사람들 중 대부분이 헌법은 **성문화되어도** 결코 중요한 것이 아니라고 가볍게 생각했다는 것이다; 또한 헌법이 그 진심을 말하지도 않았고 말한 것도 진심이 아니었다는 것이다; 그리고 헌법이 사기꾼들에 의해 계획되었다(그 입안자들 중 다수는 확실히 사기꾼들이었다)는 것이다. 이들은 좋은 것을 아주 많이 말했지만, 이것은 의도한 것이 아니었다. 또한 이들은 나쁜 것을 아주 많이 계획했는데, 그것을 감히 말하지는 못했다; 게다가 이들은 정부가 국민 전체의 동의에 기초를 두고 있다는 미명 아래 국민을 일부의 정부라는 함정에 빠뜨리려고 하였다는 것이다. 이 일부의 정부는 아주 힘이 세고 사기를 잘 치기 때문에 약자들을 속여서 좋은 것은 모두 **빼앗는다.** 이 일부의 정부는 좋은 말은 다 하지만 진심이 아니었다. 그리고 그들은 약자들에게 나쁜 것은 모두 겪게 하였다. 이 나쁜 것은 그들이 의도한 것이지만 말하지는 않은 것이다. 그리고 정부를 운영한 자들 중 대부분은 이 모든 기만적인 의도가 성문헌법을 대신해서 실행되어야 한다고 생각하였다. 이 모든 사기 중에서 반역죄 사기가 가장 뻔뻔스럽다. 반역죄 사기가 가장 뻔뻔스러운 이유는 그것이 원칙적으로는 다른 사기와 똑같이 뻔뻔스럽지만, 그것은 다른 모든 사기를 포함하고 있기 때문이다. 반역죄 사기는 다른 모든 사기를 칠 수 있게 해주는 수단이다. 정부가 신체와 재산을 자신들[정부]의 자의적인 의지에 무조건 넘겨주기를 거부한다는 일반적인 죄목으로 사람들을 마음대로 반역자로 기소해 총살하거나 교수형에 처할 수 있다면, 그 정부는 임시의 특별한 억압도 제멋대로 행할 수 있다.

그 결과 ― 그리고 자연스러운 결과 ― 는 우리가 주정부나 중앙정부로 하여금 (정부들이 그 희생자들에게 언제나 행했던 갖가지 종류의 범죄와 거의 같은 수준으로) 범죄들을 저지르게 했다는 것이다. 그리고 이 범죄들은 백만 명의 생명을 잃게 한 전쟁에서 절정에 달했다. 이 전쟁은 한편으로는 동산動産으로서의 노예제도를 위해서 수행되었지만, 다른 한편으로는 정치적 노예제도를 위해 수행되었다. 자유, 정의 또는 진리를 위해 수행된 것이 아니었다. 그리고 이런 범죄를 저지르고 그 전쟁을 수행한 것은 다음과 같이 말한 지 100년도 안 된 사람들과 이들의 후손이었다. 즉 모든 인간은 평등하며 아울러 그들 자신의 동의 없이는 개인에게 봉사할 의무도 정부에 충성할 의무도 없다고 말이다.

11

문명인들 사이에 여태까지 실제로 실시된 시도나 주장 중 ― 아마도 어떤 사람들이 다른 사람들을 통치하고 노예로 삼기 위해 "왕권신수설"을 주장한 것을 제외한다면 ― 동의를 얻어 정부를 세우겠다는 시도나 동의를 얻어 정부를 세웠다는 주장만큼 뻔뻔스러운 터무니없는 말, 거짓말, 건방진 수작, 강도질, 강탈, 횡포, 나쁜 짓을 모든 종류에 걸쳐 구체적으로 나타낸 것은 없었다. 이런 시도나 주장은 실제로는 나머지 사람들을 강제로 복종시키는 데 필요한 수만큼만 사람들의 동의를 얻었을 뿐이다. 그러한 정부는 단지 약자들에 대한 강자들의 공모에 불과하다. 이 세상에서 가장 나쁜 정부와 마찬가지로 그러한 정부도 동의에 기초해 있지 않다.

따라서 강자들에 의해 권리가 무력화되거나 없어진 약자 쪽에게는 그들의 동의 대신에 무엇이 제공되는가? 단지 이것뿐이다: **그들이 동의했다고 추정하는 것이다!** 즉 이 강탈자들[권리침해자들]은 자신들의 노예가 된 자들이 자신들[강탈자들]의 손에 생명, 자유, 재산 등 모든 것을 넘겨주는 데 **동의한**다고 짐짓 겸손한 체하면서 점잖게 추정한다. 이렇게 해서 그들은 이들에 대한 지배력을 불법 행사한다! 그리고 (실제적인 동의가 주어지지 않을 때는) 그들의 동의에 대한 이러한 추정만으로도 희생자들의 권리를 지키고 강탈자들을 정당화하기에 충분하다고 주장한다! 나그네가 돈을 내놓는 것에 동의한다고 추정하면서 노상강도가 자신을 정당화하려는 것이나 마찬가지이다. 그냥 희생자가 자기 목숨을 내놓는 것에 동의한다고 추정하면서 암살자가 자신을 정당화하는 것이나 마찬가지이다. 동산動産으로서의 노예들이 자신의 권위에 동의할 뿐만 아니라 그들에게 가하는 그의 채찍질이나 약탈에도 동의한다고 추정하면서 그 노예소유자가 자신을 정당화하려는 것이나 마찬가지이다. 이러한 추정은 약자 쪽이 노예가 되는 것에 동의한다는 추정일 뿐이다.

우리 정부 혼자만 이와 같은 추정에 의지해서, 말을 듣지 않는 국민들에 대해 유지하는 권력을 정당화한다. 그리고 그러한 추정을 이 나라의 변함없는 영원한 법으로 확립하기 위해 그토록 많은 돈과 생명을 바쳤다.

제6부 [1870]

1

헌법은 내재적인 권위나 의무가 없다. 사람과 사람 간의 계약으로서의 권위나 의무가 없는 한 그것은 권위나 의무가 전혀 없다. 심지어 그것은 지금 살고 있는 사람들 간의 계약임을 의미하지도 않는다. 그것은 기껏해야 80년 전에 살았던 사람들 간의 계약일 뿐이라는 것을 의미한다. 그리고 그것은 당시 합리적이며 의무적인 계약을 할 능력이 있을 만큼 이미 분별력 있는 나이에 들어선 사람들 사이에서만의 계약이었다고 추측할 수 있다. 게다가 우리가 역사적으로 알고 있는 것은 그때 살았던 사람들 중 소수에게만 그 문제에 대해 의견을 물어보았으며 또는 그들의 동의나 반대를 공식적인 방식으로 표명하도록 요구하거나 허용하였다는 것이다. 공식적으로 동의한 사람들이 있었다 하더라도, 그들은 지금 모두 죽었다. 그들 중 대부분은 죽은 지 40년, 50년, 60년 또는 70년이 된다. 그리고 헌법이 그들의 계약인 한 그것도 그들과 함께 죽었다. 그들은 헌법을 그들의 자식들에게 의무가 되게 할 당연한 권한이나 권리가 없었다. 그들이 그들의 후손에게 헌법을 따를 의무를 지울 수 있었다는 것은 사실상 명백하게 불가능할 뿐만 아니라, 그들은 후손에게 그럴 의무를 지우려고 하지도 않았다. 말하자면, 그 문서는 그 당시 살았던 "사람들" 이외에는 그 누구 간의 합의임을 의미하지 않는다. 또한 그 문서는 분명하게든 암시적으로든 그들이 자신들 이외에는 어느 누구에게도 헌법을 따를 의무를 지울 권리, 권한 또는 의향을 주장하지 않는다. 그런데 뭐랄까. 그 표현은 다음과 같다:

"우리들 연합주의 인민[즉 그 당시 연합주에 살았던 인민]은 더욱 완벽한 연방을 형성하 고, 국내의 안정을 보장하고, 공동의 방위를 도모하고, 국민의 복지를 증진하고, 우리들과 우리들의 후손에게 자유의 축복을 확보할 목적으로 미국을 위하여 이 헌법을 제정한다."

첫째, 분명히 이 표현은 하나의 합의이므로 그 문서가 기껏해야 실제로 그랬던 것, 즉 그 당시 살았던 사람들 간의 계약에 불과한 것임을 의미한다. 그러므로 그 문서는 불가피하게 그 당시 살았던 사람들에 대해서만 하나의 계약으로서 구속력이 있다. 둘째, 그 표현은 그

120

들이 그들의 "후손"에게 헌법의 지배를 받으며 살 **의무를 지울** 의도나 바람이 있었다는 것을 표현하지도 암시하지도 않는다. 또한 그 표현은 그들이 그들의 "후손"에게 그렇게 할 권리나 권한이 있다고 생각했다는 것을 표현하지도 암시하지도 않는다. 그 표현은 그들의 "후손"이 그 헌법하에서 살 것이고, 살아야 할 것이며 또는 살지 않으면 안된다고 말하지 않는다. 그것은 사실상 다음과 같은 것을 말할 뿐이다. 즉 헌법을 채택할 때 그들의 희망과 동기는 그 헌법이 그들의 연방, 안전, 안정, 자유 등을 증진시킴으로써 그들 자신들뿐만 아니라 자신들의 후손에게도 유익하리라는 것이었다.

한 합의가 다음과 같은 형태로 이루어졌다고 가정해 보자:

"우리들 보스턴 주민들은 우리 자신과 우리 후손을 침략에서 보호하기 위해 거버너스 아일랜드에 요새를 유지하기로 합의한다."

이 합의는 하나의 합의이므로 분명히 그 당시에 살았던 그 사람들 이외에는 누구에게도 의무를 지울 수 없을 것이다. 둘째, 그것은 그들의 후손에게 그런 요새를 유지하도록 **강요할** 권리, 권한, 의향이 자신들에게 있다고 주장하는 것은 아닐 것이다. 그것은 단지 다음과 같은 것을 가리킬 뿐이다. 즉 그들 후손의 복지라고 여겨지는 것이 처음의 당사자[서명인]들에게 그런 합의를 하게 한 동기 중 하나였다는 것을 가리킬 뿐이다.

어떤 사람이 자기가 그 자신과 **자기 후손**을 위해 집을 짓고 있다고 말할 때, 그는 후손에게 그 집에서 살 **의무를 지울** 생각이 조금이라도 있는 것으로 받아들이게 하려는 것이 아니다. 또한 그가 바보여서 그들에게 그 집에서 살 **의무를 지울** 권리나 권한이 자신에게 있다고 생각한다고 추론해서는 안된다. 그들에게는, 그는 단지 다음과 같이 말하는 것으로 이해되기를 바랄 뿐이다. 즉 그 집을 지을 때 그의 희망과 동기가 그들(또는 적어도 그들 중 몇 명)이 거기서 사는 것이 그들의 행복에 좋다고 생각할 수 있다는 것이다.

그리고 어떤 사람이 자기가 그 자신과 **자기 후손**을 위해 나무를 심고 있다고 말할 때, 그는 그들에게 열매를 먹도록 강요할 생각이 조금이라도 있는 것으로 받아들이게 하려는 것이 아니다. 또한 그가 아주 얼간이어서 그들에게 열매를 먹도록 강요할 어떤 권리나 권한이 자신에게 있다고 생각한다고 추론해서도 안된다. 그들에 관한 한, 그는 단지 다음과 같이 말하려고 생각했을 뿐이다. 즉 나무를 심을 때 그의 희망과 동기는 그 열매가 그들의 마음에 들지도 모른다는 것이다.

헌법을 처음 채택한 사람들도 마찬가지였다. 그들의 개인적인 의도가 무엇이었을지는 모르지만, 그들의 표현의 법적 의미는 — 그들의 "후손"에 관한 한 — 다음과 같은 것에 불과하였다. 즉 합의를 맺을 때 그들의 희망과 동기는 그 합의가 그들의 후손에게 유익하고 받아들일 만하다는 것이었다; 그 합의가 그들의 연방, 안전, 안정과 복지를 증진시킬 수 있다는 것이었다; 그 합의가 "그들에게 자유의 축복을 확보해주는 데" 이바지할 것이라는 것이다. 이 표현은 합의를 처음 맺은 당사자들이 그들의 "후손"에게 그 합의에 따라 살라고 **강요할** 권리, 권한 또는 의향이 있다는 것을 결코 주장하지도 암시하지도 않는다. 만일 그들이 그들의 **후손**에게 그 합의에 따라 살 **의무를 지울** 의도가 있었다면, 그들은 자신들의 목적이 "그들[후손]에게 자유의 축복을 확보해 주는" 것이 아니라 그들[후손]을 노예로 만드는 것이었다고 말해야 했을 것이다. 왜냐하면 만일 그들의 "후손"이 그 합의에 따라 살아야 한다면, 이 후손은 그들의 이미 죽어버린 어리석고 전제적인 조상들의 노예나 다름없기 때문이다.

헌법이 "연합주의 인민"을 영구히 하나의 법인corporation으로 만들었다고 말할 수 없다. 헌법은 하나의 법인으로서의 "인민"에 대해서가 아니라 개인들로서의 "인민"에 대해 말한다. 법인은 그 자신을 "우리들"이라고 말하지 않는다. 또 "인민", "우리들 자신"이라고도 말하지 않는다. 또한 법인은 법률적 언어로는 "후손"이 없다. 법인은 그 자신이 단 하나의 개체로서 영속적으로 존재한다고 가정하며, 자신에 대해 그렇게 말한다.

게다가 어떤 집단도 어느 때든 존재할 수는 있지만 영속적인 법인을 만들 권한은 없다. 법인은 옛 구성원들이 죽어 없어지고 새 구성원들이 자발적으로 가입하는 것에 의해서만 실제로 영속적이 될 수 있다. 새 구성원들의 이 자발적인 가입이 없다면, 필연적으로 그 법인은 처음에 그것을 구성한 자들의 죽음과 함께 죽는다.

그러므로 법률적으로 말하면, 헌법에는 그 헌법을 제정한 자들의 "후손"에게 의무를 지우겠다고 공언하거나 그렇게 하려고 시도하는 것이 전혀 없다.

그런데 헌법을 제정한 자들이 그 후손에게 의무를 지울 권한이 없었다면 또 그렇게 하려고 시도하지 않았다면, 그 후손이 스스로 그 의무를 떠맡았는지라는 의문이 생겨난다. 그들이 그렇게 했다면, 그들은 다음과 같은 두 가지 방법 중 하나 또는 그 둘 모두에 의해서만 그렇게 할 수 있었다. 즉 투표하는 것에 의해서 그리고 세금을 내는 것에 의해서.

2

투표하는 것과 세금을 내는 것, 이 두 문제를 따로따로 고찰해 보자. 먼저 투표하는 것에 대해 생각해 보자.

여태까지 헌법하에서 이루어진 모든 투표는 다음과 같은 종류의 것이었다. 즉 그 모든 투표는 국민 전체에게 헌법을 지지하라고 맹세시키지 않았을 뿐만 아니라, 그들 중 어느 누구에게도 그렇게 하라고 맹세시키지도 않았다. 다음과 같은 고찰이 이를 보여준다.

1. 사물의 본질상 투표 행위는 실제 투표자들 이외에는 누구도 구속할 수 없을 것이다. 그러나 요구된 재산 자격property qualification 때문에, 아마도 헌법이 지배한 처음 20년 내지 30년 동안은 많아야 전체 인구(흑인과 백인, 남성, 여성 그리고 미성년자)의 1/10 , 1/15, 어쩌면

1/20에게 투표가 허용되었을 것이다. 결국 투표에 관해서는, 그 당시 살았던 사람들 중에서는 기껏해야 1/10, 1/15 또는 1/20만 헌법을 조금이라도 지지할 의무를 질 수 있었을 것이다.

오늘날에는 아마도 기껏해야 전체 인구 중 1/6에게만 투표가 허용되어 있을 것이다. 결국 투표에 관한 한 나머지 5/6는 그들이 헌법을 지지하겠다는 어떤 맹세도 했을 리가 없다.

2. 투표가 허용된 1/6중 아마도 많아야 2/3(전체 인구의 약 1/9)만이 일반적으로 투표했을 것이다. 많은 사람들은 전혀 투표하지 않는다. 많은 사람들은 단지 2년에 한번, 3년에 한번, 5년에 한번, 또는 10년에 한번 크게 흥분한 시기에 투표할 뿐이다.

누구도 그의 투표로 그가 찬성 투표한 것보다 더 오랜 기간을 약속해 주었다고는 말할 수 없다. 예를 들어 내가 딱 1년만 직책을 갖는 어느 관리에게 찬성 투표한다면, 그것으로 내가 그 기한을 넘어서 그 정부를 지지한다고 맹세했다고는 말할 수 없다. 그러므로 실제 투표를 근거로, 전체 인구의 1/9내지 1/8이상이 일반적으로 헌법을 지지할 의무가 있다고는 아마도 말할 수 없을 것이다.

3. 투표 행위가 그 자신의 완전히 자발적인 행위가 아니라면, 그의 투표로 그가 헌법을 지지하기로 맹세했다고 말할 수 없다. 그런데 아무리 많은 수의 사람들이 투표해도, 그것이 정말로 자발적인 투표 행위라고 말할 수는 없다. 투표 행위는 그들 자신이 좋아서 한 행위라기보다는 오히려 다른 사람들이 그들에게 가하는 필요한 조

치이다. 이 점에 대해서 나는 이전에 말한 것을 반복한다.[1] 즉:

"사실 개인들의 경우에 그들이 실제로 투표권 행사하는 것을 **당분간이라**
도 동의의 증거로 받아들여서는 안된다. 반대로, 그에게 결코 동의를 요
구하지는 않았지만, 개인은 그가 저항할 수 없는 정부에 포위되어 있다
는 것을 고려해야 한다. 정부는 그에게 돈을 내놓으라고 강요하고 강제
로 징집하고 그의 자연권들 중 많은 것의 행사를 중지시키며, 이를 어길
경우 무겁게 처벌한다. 그는 또한 다른 사람들이 투표권을 행사해 자신
에게 이러한 횡포를 부린다는 것도 안다. 게다가 그는 다음과 같은 것도
알고 있다. 즉 단지 투표제도를 직접 이용하기만 해도, 그는 다른 사람들
을 지배해 이들의 횡포에서 벗어날 가능성이 약간 있다는 것도 알고 있
다. 요컨대, 그는 동의하지 않았지만 다음과 같은 상황에 처해 있다. 즉
그가 투표제도를 이용한다면, 그는 지배자가 될지도 모른다. 그렇지만
그가 투표제도를 이용하지 못한다면, 그는 노예가 될 수밖에 없다. 그리
고 그는 이 두 가지 이외에 다른 대안이 없다. 자신을 방어할 때는 전자
를 시도한다. 그의 경우는 전투를 피할 수 없게 된 사람의 경우와 비슷하
다. 전투에서는 그가 다른 사람들을 죽여야 하며 그렇지 않으면 자신이
죽을 수밖에 없다. 전투에서는 자신의 생명을 구하기 위해 상대편의 생
명을 빼앗으려고 시도하기 때문에, 전투가 그 자신의 선택 사항 중 하나

---

1 다음을 보라 《반역죄가 아니다》 제2부 103쪽.

라고 추론할 수 없다. 인간은 자신의 유일한 자기보존 기회로 투표제도를 이용하기 때문에, 투표로 — 이것은 단지 총탄을 대신하는 것에 불과하다 — 싸울 때도 그 싸움을 그가 자발적으로 참여한 것이라고 추론할 수 없다. 즉 그가 자발적으로 — 다른 사람들의 자연권과의 내기로서 — 그 자신의 모든 자연권을 걸며 단지 수의 힘만으로 이것을 잃어버리거나 얻는다고 추론할 수 없다. 그렇기는커녕, 다른 사람들에 의해 어쩔 수 없이 떠밀려 들어간 긴급한 경우에는 다른 자기방어 수단이 없기 때문에, 그가 하는 수 없이 자신에게 남아 있는 유일한 수단을 사용했다고 생각할 수 있다.

세상에서 가장 억압적인 정부의 지배를 받는 아주 비참한 사람들에게 투표권이 허용된다면, 그들은 의심할 바 없이 그것을 사용할 것이다. 그들이 그 투표권으로 자신들의 처지를 개선할 가능성을 볼 수 있다면 말이다. 그러므로 그들을 깔아뭉개는 정부 자체가 그들이 자발적으로 세웠거나 동의한 정부였다는 것은 정당한 추론이 아닐 것이다.

따라서 미국 헌법하에서의 투표 행위는 그 헌법에 당분간이라도 자유롭게 동의했다는 증거로 간주될 수 없다. 결국 미국의 실제 투표자들 중에서도 다수가 당분간이라도 헌법에 실제로 또 자발적으로 동의했다는 증거가 없다. 완전히 자유롭게 동의하거나 동의하지 않을 수 있으며 또 동의하지 않는다고 해서 자신의 신체나 자기 재산이 다른 사람들로부터 피해를 입지 않거나 침해당하지 않을 수 있는 상태에 있을 때까지는 그런 증거가 결코 있을 수 없다."

누가 자진해서 투표하는지 또 누구는 자신에게 가해진 강제 때문에 투표하는지에 관해 합법적으로는 알 수 없기 때문에, 우리는 어느 특정한 개인에 대해서 그가 자진해서 투표했는지, 또는 결국 투표로 그가 정부를 지지하는 데 동의하거나 맹세했는지를 합법적으로는 알 수 없다. 그러므로 법률적으로 말하면, 투표한다고 해서 누구나 정부를 지지한다고 맹세하는 것은 전혀 아니다. 투표 행위는 정부가 누구든지 그의 자발적인 지지에 기초하고 있다는 것을 전혀 증명하지 못한다. 법과 이성의 일반적인 원칙에 따라서, 다음과 같이 말할 수 없다. 즉 자발적인 지지자들이 **누구인지**를 분명하게 보여줄 수 있을 때까지는 정부가 자발적인 지지자들을 조금이라도 갖고 있다고 말할 수 없다.

4. 투표하든 안하든 세금은 모든 사람에게 의무이기 때문에, 투표하는 사람들 중 다수는 아마도 자신들의 돈이 자신들의 뜻과는 반대로 쓰이는 것을 막기 위해 투표할 것이다. 그리고 사실 그들은 기꺼이 기권도 했을 것이다. 기권해서 그들이 정부의 그 밖의 모든 강탈과 횡포에서 벗어나는 것은 말할 것도 없고 세금에서만이라도 벗어날 수 있었다면 말이다. 어떤 사람의 재산을 그의 동의 없이 **빼앗은** 다음, (그가 그 재산이 자기에게 불리하게 사용되는 것을 투표로 막으려고 한다는 이유로) 그의 동의를 추론하는 것은 그가 정부를 지지한다는 동의의 아주 불충분한 증거이다. 사실 그것은 결코 증거가 아니다. 그리고 투표권 행사를 위해서 기꺼이 세금을 낼 용의가 있거나 아니면 투

표권이라는 특권보다 과세로부터의 해방을 더 좋아할 특정한 개인들이 누구인지에 대해 우리는 합법적으로는 알 수 없기 때문에, 특정한 개인이 투표권을 위해서 세금 내는 것에 동의하는지 또는 결국 헌법을 지지하는 것에 동의하는지를 우리는 합법적으로는 알 수 없다.

5. 거의 모든 선거에서는 투표가 똑같은 직책에 출마한 여러 후보자에게 주어진다. 떨어진 후보자에게 투표한 사람들은 엄밀한 의미에서 그들이 헌법을 지지하기 위해 투표했다고 말할 수 없다. 그들이 투표한 것은 헌법을 지지하기 위해서가 아니라, 당선된 후보자가 헌법을 구실로 자신들에게 행할 것으로 예상되는 횡포를 특별히 막기 위해서였다고 가정하는 것이 훨씬 더 이치에 맞을 것이다. 그러므로 그들이 헌법 자체에 반대 투표했다고 가정하는 것이 합리적일지도 모른다. 그러한 투표가 그들에게 허용된 유일한 헌법 반대 표현방식인 한, 그러한 가정이 더 합리적이다.

6. 많은 투표가 보통은 당선 가능성이 없는 후보자들에게 주어진다. 그러한 투표를 한 사람들은 헌법을 지지하기 위해서가 아니라 헌법의 집행을 막으려는 특별한 의도를 갖고, 따라서 헌법 자체에 반대하려고 투표했다고 추측하는 것이 합리적일지도 모른다.

7. 모든 여러 투표는 비밀리에(비밀투표로) 행해지기 때문에, 누가 헌법에 찬성 투표하는지 또 누가 헌법에 반대 투표하는지를 투표 자체에서 합법적으로 알아낼 방법은 없다. 그러므로 투표 행위는 어떤 특정한 개인이라도 헌법을 지지한다는 합법적인 증거를 제공하지

않는다. 그리고 어떤 **특정한 개인이라도** 헌법을 지지한다는 합법적인 증거가 있을 수 없는 곳에서는, 누구도 헌법을 지지한다고 합법적으로 말할 수 없다. 사람들 중 어떤 특정한 개인의 의사에 대한 합법적인 증거가 있을 수 없는 곳에서는, 그들 중 다수의 의사에 대한 합법적인 증거도 결코 있을 수 없다.

8. 투표할 때 누구의 의사에 대해서도 합법적인 증거가 없기 때문에, 우리는 그 의사를 추측할 수밖에 없다. 추측하건데, 투표하는 사람들 중 아주 많은 이들은 다음과 같은 원리에 따라 투표할 것 같다. 즉 만일 투표로 그들이 정부를 자신들의 손에(또는 자기 친구들의 손에) 넣어 그 힘을 반대자들에게 대항하는 데 사용할 수 있다면, 그들은 기꺼이 헌법을 지지할 것이다. 그러나 만일 그들의 반대자들이 권력을 가져 그것을 자신들에게 불리하게 사용한다면, 그들은 헌법을 자진해서 지지하지는 **않을** 것이다.

요컨대, 사람들의 자발적인 헌법 지지가 대부분의 경우 헌법에 의해서 그들 자신이 지배자가 되는지 아니면 노예가 되는지라는 문제에 완전히 달려 있다는 것은 의심할 바 없다.

이 같은 불확정 동의contingent consent는 법과 이성에서는 결코 동의가 아니다.

9. 투표로 헌법을 지지하는 모든 사람은 (그런 사람들이 있다면) 비밀리에 (비밀투표로) 헌법을 지지하며 또 그렇게 해서 그 대리인들이나 대표자들의 행위에 대해 모든 개인적인 책임을 피하기 때문에, 투표

로 헌법을 지지하는 사람이 있다고는 법적으로나 이성적으로나 말할 수 없다. 대리인들이 그에게서 위임받은 권한의 한계 안에서 활동하는 동안, 그가 헌법을 공개적으로 지지하며 그 자신이 개인적으로 그 대리인들의 행동에 대해 책임지지 않는다면, 누구도 자신이 헌법에 동의한다거나 헌법을 지지한다고는 법적으로나 이성적으로나 말할 수 없다.

10. 모든 투표가 (비밀투표에 의해서) 비밀이기 때문에, 그리고 모든 비밀정부는 틀림없이 강도들, 폭군들, 살인자들의 비밀무리에 지나지 않기 때문에, 우리 정부가 실제로 그러한 투표로 움직여진다는 일반적인 사실은 다음과 같은 것을 증명할 뿐이다. 즉 우리 중에는 강도들, 폭군들, 살인자들의 비밀무리가 있으며, 이들의 목적은 그 밖의 사람들에게서 강탈하거나 이들을 노예로 삼는 것이고, 또 자신들의 목적을 달성하는 데 필요하다면 그 사람들을 죽이는 것이다. 그러한 무리가 존재한다는 사실만으로도 "연합주의 인민"이나 이들 중 누구든 헌법을 자발적으로 지지한다는 것은 전혀 증명되지 않는다.

지금 제시한 모든 이유 때문에, 투표는 헌법을 자발적으로 지지하는 특정한 개인들이 (그런 사람들이 있다면) 누구인지에 대한 합법적인 증거를 제시하지 못한다. 그러므로 투표는 누구도 헌법을 **자발적**으로 지지한다는 법적인 증거를 제시하지 못한다.

따라서 투표에 관한 한, 헌법은 — 법률적으로 말하면 — 어떤 지지자도 없다.

그리고 사실, 헌법이 나라 전체에서 단 한 명의 진장한 지지자라도 가질 가능성은 조금도 없다. 말하자면, 헌법이 실제로 어떤 것인지를 이해하면서 이와 동시에 **헌법이 실제로 그런 것이기 때문에 진정으로 헌법을 지지하는** 사람이 나라 전체에 단 한 명이라도 있을 가능성은 조금도 없다.

대부분의 다른 정부들을 노골적으로 지지하는 사람들과 마찬가지로, 미국 헌법의 노골적인 지지자들도 세 부류의 사람들로 이루어져 있다. 즉: 1. 악당들. 이 부류의 사람들은 그 수가 많으며 적극적이다. 이들은 정부를 자신들의 세력 강화와 부를 위해 이용할 수 있는 수단으로 본다. 2. 잘 속는 사람들 ― 이 부류의 사람들도 물론 많다. 이들 각자에게는 자신의 신체와 재산으로 무엇을 해도 되는지를 결정할 때 수백만 중의 하나의 발언권[투표권]이 허용되기 때문에, 그리고 다른 사람들이 그에게서 강탈하고 그를 노예로 삼으며 죽이는 것에 대하여 발언권이 있는 것과 마찬가지로 자기에게도 똑같이 다른 사람들에게서 강탈하고 이들을 노예로 삼으며 죽이는 것에 대해 발언권이 있기 때문에, 그는 아주 어리석게도 자기가 "자유인", "주권자"라고 생각한다. 또 이런 정부가 "자유정부", "평등한 권리의 정부", "지상에서 가장 좋은 정부",[2] 또는 터무니없이 이와

---

2 만일 그런 정부가 "지상에서 가장 좋은 정부"라면 이것은 그 정부 자체가 좋다는 것을 증명하는가? 아니면 단지 다른 모든 정부가 나쁘다는 것을 증명하는가?

비슷한 것이라고 생각한다.

3. 마지막 부류는 정부의 해악을 어느 정도 인정하지만, 그것을 없애는 법을 모르는 사람들이거나 또는 자신들의 사적인 이익을 희생하면서까지 변화를 일으키는 일에 진지하게 열심히 헌신하려고는 하지 않는 사람들이다.

3

세금을 내는 것은 강제이기 때문에, 그것은 당연히 누구도 자발적으로 헌법을 지지한다는 증거를 제시하지 않는다.

사실 우리 헌법의 **이론**에 따르면, 모든 세금은 자발적으로 낸다. 그리고 우리 정부는 국민이 서로 자발적으로 가입하는 상호 보험회사이다. 각자는 헌법을 지지하는 다른 모든 사람들과 순전히 자발적인 자유로운 계약을 맺고, (어떤 다른 보험회사와 하는 것처럼) 얼마만큼의 보호를 받기 위해 얼마만큼의 돈을 낸다. 또한 각자는 세금을 내면 보호받을 수 있는 것처럼 보호받지 못하면 세금을 내지 않아도 된다.

그렇지만 우리 정부의 이 이론은 실제의 사실과는 완전히 다르다. 사실 우리 정부는 노상강도처럼 개인에게 **돈을 내놓든가** 아니면 **목숨을 내놓으라**고 말한다. 대부분의 세금은 그렇지 않을지라도, 많은 세금은 그러한 위협에 어쩔 수 없이 내게 된다.

실제로 정부는 인적이 드문 곳에서 개인을 급습하거나 길가에서

덮쳐, 그의 머리에 총을 겨누며 지갑을 강탈하지 않는다. 그래도 역시 강탈은 강탈이다. 그리고 그것이 훨씬 더 비열하고 고약하다.

노상강도는 자신의 행위에 대한 책임, 위험과 죄를 자기 혼자 떠맡는다. 그는 당신의 돈에 대해 어떤 정당한 권리가 있다고 주장하지 않는다. 또는 당신을 위해 그 돈을 사용할 의도가 있다고도 주장하지 않는다. 그는 결코 강도가 아닌 체하지도 않는다. 그는 자신이 단지 "보호자"일 뿐이라고 공언할 만큼 뻔뻔스러움을 지니지 않았다. 즉 그는 그 얼빠진 나그네들의 돈을 그들의 의지에 거슬러서 빼앗는 것이 단지 그들을 "보호하기" 위한 것일 뿐이라고 공언하지 않는다. 그들은 자신들을 스스로 보호할 수 있다고 완전히 믿고 있거나, 그 강도의 고유한 보호체계를 인정하지 않는다. 그리고 그 강도도 아주 똑똑한 사람이기 때문에 그러한 공언을 하지 않는다. 게다가 돈을 빼앗은 다음에는 당신을 떠난다. 그가 떠나기를 당신이 바라는 대로 말이다. 그는 자기가 당신에게 "보호"를 제공한다는 이유로 당신의 정당한 "주권자"인 체하면서, 당신의 의지에 거스르며 길에서 당신을 계속 따라다니지 않는다. 그는 당신을 계속 "보호하지" 않는다. 고개를 숙이고 자기를 섬기라고 당신에게 명령하면서 말이다; 당신에게 이것은 하라고 요구하고 저것은 하지 말라고 요구하면서 말이다; 자기에게 이익이 되거나 즐거움이 된다고 생각할 때마다 당신에게서 더 많은 돈을 강탈하면서 말이다; 당신이 그의 권위에 이의를 제기하거나 그의 요구에 저항한다면, 당신을 반란자, 반역자, 조국의 적으로 낙인찍어 당신을 무자비하게 쏴 죽이면서 말이다. 그는 이런 사기 행위, 모욕적인 언동, 악랄한 짓을 저지르기에는 너무나도 신사 같다. 요컨대, 당신을 강탈하는 것 외에는 당신을 자기의 봉[잘 속아 빼앗아 먹기 좋은 사람]이나 노예로 삼으려고 하지 않는다.

자신들을 '정부''라고 부르는 저 강도들과 살인자들의 소행은 혼자 노상강도짓 하는 자의 소행과는 정반대이다.

첫째, 노상강도와는 달리 그들은 개인으로는 알려져 있지 않다. 그래서 결국 그들은 자신들의 행위에 대한 책임을 직접 지지 않는다. 반대로 그들은 비밀리에 (비밀투표로) 자기들 중 누군가에게 자신들을 위해 강탈하라고 지시한다. 하지만 그들 자신은 거의 완전히 숨어 있다. 그들은 그렇게 지시받은 사람에게 다음과 같이 말한다:

"A, B 등을 찾아가 그에게 '정부'는 그의 신체와 재산을 보호하는 데 드는 비용을 충당하기 위해 돈이 필요하다고 말하라. 만일 그가 자신을 보호하기 위해 우리와 계약을 맺은 적이 결코 없으며 또 우리의 보호도 전혀 원하지 않는다고 감히 말한다면, 그에게 그것은 우리 일이지 그가 관여할 일이 아니라고 말하라. 우리가 그렇게 하는 것을 그가 원하든 원치 않든 간에, 우리는 그를 보호하기를 **결정했다**고 그에게 말하라. 또한 우리가 그를 보호해주기 때문에 돈을 낼 것을 요구하는 것이라고 말하라. '당신들이 누군데 자신들을 '정부'라고 부르고는 나를 보호하겠다고 나서면서 (나는 당신들과 어떤 계약도 맺지 않았는데도) 나에게 돈을 낼 것을 요구하느냐'고 그가 감히 묻는다면, 그것 또한 우리 일이지 그가 관여할 일이 아니라고 그에게 말하라. 우리는 우리 자신이 **개인적으로** 누구인지 그가 알 수 있게 하지 않았다고 그에게 말하라. '우리는 비밀리에 (비밀투표로) 당신에게 우리의 요구를 통지하고 또 — 당신이 우리를 따른다면 — 올해도 [작년과] 비슷한 요구를 하면 당신을 보호해주겠다는 영수증을 우리의 이름으로 당신에게 주는 우리의 대리인으로 나를 임명했다'고 그에게 말하라. 그가 따르기를 거부한다면, 우리의 요구뿐만 아니라 당신 자신의 모든 비용과 수고도 보상하기에 충분할 만큼 그의 재산을 압류해 팔아라. 만일 그가 재산 압류를 거부한다면, 구경꾼들에게 당신을 도와달라고 부탁해라(틀림없이 그들 중 몇몇은 우리 무리의 일원일 것이다). 자기 재산을 지키려고 하다가 만일 그가 당신을 도와주는 우리 무리 중 누군가를 죽인다면, 기필코 그를 사로잡아라. 그에게 (우리의 법정에서) 살인죄를 씌워 유죄를 선고하고 그를 교수형에 처하라. 만일 그가 이웃 사람들을 부르거나 자기처럼 우리 요구에 저항하고 싶어 하는 다른 사람들을 부른다면, 그리고 그를 도우러 다수가 온다면, 그들 모두가 반란자이자 반역자라고 외쳐라. '우리나라'가 위험에 **빠졌다**고 외쳐라. 우리의 고용된 살인자들의 사령관에게 부탁해라. 저항하는 자들이 수십만 명이 되더라도, 그들 모두를 죽이라고 그에게 말하라. 그렇게 해서 비슷한 생각을 하는 다른 모든 사람들을 공포에 몰아넣어라. 살인 작업이 철저하게 이루어지는지 잘 보라. 그래야 나중에 또 이런 종류의 수고를 하지 않을 것이다.

　이렇게 해서 그 반역자들에게 우리의 힘과 단호함을 가르쳐 주었다면, 그들은 오랫동안 충성스러운 훌륭한 시민이 될 것이며 그 이유나 원인을 묻지 않고 세금을 낼 것이다."

　소위 세금을 내는 것은 이처럼 강제로 이루어진다. 세금을 내는 것이 국민이 "정부"를 지지하며 **동의한다**는 증거가 얼마나 많이 되는지는 더 이상 논할 필요가 없다.

　2. 세금 납부가 정부를 지지하는 동의나 맹세를 의미하지 않는다는 또 하나의 이유는 납세자가 "정부"를 구성하는 특정한 개인들이 누구인지 모르며 또 그것을 알 방법이 없다는 것이다. 그에게는 "정부"가 하나의 신화, 추상적인 개념, 무형적인 존재이다. 따라서 그는 그것과 계약할 수 없으며, 그것에 동의할 수도 없고 맹세할 수도 없다. 그는 그 대리인이라고 자칭하는 자들을 통해서만 그것을 안다. "정부" 자체는 결코 보이지 않는다. 일반화되어 있는 소문을 통해 그가 실제로 알고 있는 것은 일정한 나이의 일정한 사람들에게는 투표가 허용되며, 이렇게 해서 그들이 당분간 정부 편이 되거나 아니면 정부의 반대자(이것이 그들의 선택이라면)가 된다는 것이다. 그러나 그들 중 누가 그렇게 투표하는지, 특히 각자가 어떻게 투표하는지(정부를 지원하는지 반대하는지에 대해) 그는 모른다. 투표는 모두 비밀리에 (비밀투표로) 행해지기 때문이다. 그러므로 누가 실제로 "정부"를 한동안 구성하는지 그는 알 방법이 없다. 당연히 그는 그들과 계약

을 맺을 수 없고, 그들에게 동의할 수도 맹세할 수도 없다. 그러므로 필연적으로 다음과 같은 결론이 나온다. 즉 그가 그들에게 세금을 납부하는 것이 반드시 그 사람이 그들을 지지하는 — 달리 말하면 "정부"나 "헌법"을 지지하는 — 계약, 동의, 맹세를 의미하지 않는다는 것이다.

3. 자신들을 "정부"라고 부르는 특정한 개인들이 누구인지 모르기 때문에, 납세자는 자기가 세금을 누구에게 내는지 모른다. 그가 아는 것은 어떤 사람이 그에게 와서는 자신이 "정부"의 대리인 — 즉 자신들을 "정부"라고 부르게 하고는 자신들이 요구하는 돈을 내기를 거부하는 자는 누구나 죽이기로 결정한 강도들과 살인자들의 비밀무리의 대리인 — 이라고 말한다는 것뿐이다. 목숨을 구하기 위해 납세자는 돈을 이 대리인에게 건네준다: 그러나 이 대리인은 납세자에게 자기 우두머리들이 개인이라고는 하지 않기 때문에, 납세자는 돈을 건네준 다음에도 그 전과 마찬가지로 "정부"가 누구인지 — 즉 그 강도들이 누구였는지 — 모른다. 그러므로 돈을 그들의 대리인에게 건네준다고 해서, 납세자가 그들과 자발적인 계약을 맺었으며, 그가 그들에게 복종하고 그들을 지지하며 앞으로도 자신에게 요구하는 돈은 얼마든지 그들에게 주겠다고 맹세하는 것이라고 말한다면, 이는 아주 웃기는 소리다.

4. 소위 모든 정치권력은 실제로 이 돈 문제에 근거를 두고 있다. 어떤 악당 집단이라도 처음부터 돈을 충분히 갖고 있다면, 그들은

"정부"를 세울 수 있다. 왜냐하면 그들은 돈으로 병사들을 고용할 수 있으며, 이 병사들을 이용해 더 많은 돈을 강탈할 수 있기 때문이다. 또한 그들은 일반인들에게 자신들의 뜻에 복종하도록 강요할 수 있기 때문이다. 카이사르Gaius Julius Caesar*는 전쟁 때는 돈과 병사가 서로 도왔다고 말하였다. 돈으로 병사들을 고용할 수 있었으며, 병사들을 이용해 돈을 강탈할 수 있었다고 그는 말하였다. 정부의 경우도 마찬가지다. 따라서 자신들을 정부라고 부르는 이 악당들은 자신들의 권력이 우선적으로 돈에 의지한다는 것을 아주 잘 알고 있다. 그들은 돈으로 병사들을 고용할 수 있고 병사들을 이용해 돈을 강탈할 수 있다. 그리고 자신들의 권위가 부정될 때 그들은 언제나 돈을 사용하는데, 그 첫 번째 용도는 자신들에게 더 많은 돈을 주기를 거부하는 모든 사람을 죽이거나 복종시키기 위해 병사들을 고용하는 것이다.

이런 이유 때문에, 자유를 갈망하는 사람은 누구나 다음과 같은 극히 중대한 사실들을 잘 이해해야 한다. 즉: 1. (소위) 정부의 손에 돈을 쥐어주는 사람은 누구나 자기에게 불리하게 사용될 칼을 그 손에 쥐어주는 것이다. 정부는 그 칼을 이용해 그에게서 더 많은 돈을 강탈하고 따라서 그를 자기들 마음대로 계속 복종시킬 것이다.

---

* 고대 로마의 장군이자 정치가(기원전 100−기원전 44). 로마 공화정이 제정帝政으로 변화하는 데 중요한 역할을 하였다.

2. 처음에 그의 동의 없이 그에게서 돈을 빼앗는 자들은 — 만일 그가 앞으로 그들의 요구에 감히 저항할 것 같으면 — 그에게서 계속 강탈하고 그를 노예로 삼는 데 그 돈을 쓸 것이다. 3. 어느 집단이든 그들이 내세우는 목적(즉 그를 보호한다는 목적)을 위해 어떤 사람의 돈을 그의 동의 없이 빼앗아 간다면, 이는 완전히 불합리한 짓이다. 왜 그들은 그를 보호하고 싶어하는가? 그가 그들이 그렇게 하는 것을 바라지 않는데도 말이다. 만약 그들이 그를 보호하려고 한다면, 이것은 그가 원하지 않았는데 그들이 그에게 음식이나 옷을 사 줄 목적으로 그에게서 동의도 받지 않고 돈을 빼앗아가는 것만큼이나 불합리하다. 4. 만일 어떤 사람이 "보호"를 원한다면, 그는 그것을 위해 그 자신이 흥정할 자격이 있다. 그리고 누구도 그의 의사에 반해 그를 "보호하기" 위해서 그를 강탈할 이유[근거]가 없다. 5. 사람들이 자신들의 정치적 자유에 대해 가질 수 있는 유일한 방위수단은 그들이 자신들의 돈을 자신들의 주머니 속에 간직하는 것이다. 그 돈이 자신들을 해치는 데 쓰이지 않고 자신들이 바라는 대로 자기들에게 유익하게 쓰일 것이라고 스스로 완전히 만족할 정도로 그들이 확신할 때까지 말이다. 6. 소위 정부가 완전히 자발적인 지지에 의지해 있지 않다면, 어떤 정부도 단 한 순간 믿을 수 없다고 생각하거나 정직한 목적을 계획하고 있지 않다고 생각하는 것이 마땅하다.

이런 사실들은 지극히 중요하고 아주 자명하다. 따라서 누구든

"정부"의 보호를 확보할 목적으로 **자발적으로** "정부"에 돈을 준다고 는 당연히 생각할 수 없다. 그가 먼저 그런 목적을 위해 정부와 명백하게 순전히 자발적으로 계약을 맺지 않는 한 말이다.

그러므로 완전히 분명한 것은, 현재 행해지는 바와 같은 그런 투표도 그런 세금 납부도 그 누구든 정부를 지지한다는 동의나 정부를 지지해야 할 의무를 증명하지 않는다는 것이다. 결국 헌법이 누구에게나 구속력이 있다거나, 또는 누구든지 헌법을 지지하는 어떤 계약을 맺었거나 헌법을 지지해야 할 어떤 의무가 있다는 증거를 우리는 결코 갖고 있지 않다. 그러므로 누구도 헌법을 지지해야 할 의무가 없다.

4

헌법은 오늘날 누구에게도 구속력이 없을 뿐만 아니라, 누구에게도 결코 구속력이 없었다. 왜냐하면 법과 이성의 일반적인 원칙에 따라 구속력이 있게 하는 식으로 헌법은 누구에게서도 결코 동의를 얻지 못했기 때문이다.

쓰여진 문서는 그것에 서명할 때까지 누구에게도 구속력이 없다는 것이 법과 이성의 일반적인 원칙이다. 이 원칙은 확고한 것이어서, 어떤 사람이 자기 이름을 쓸 줄 몰라도 그가 "표시해야," 그는 쓰여진 계약에 속박된다. 이 관습은 자기 이름을 쓸 줄 아는 사람들이 거의 없었던 옛날에 확립되었다. 서기 ― 즉 글씨를 쓸 줄 아는 사람

— 가 드물고 소중한 인물이었을 때는, 그가 중죄를 저질렀어도 용서 받을 자격이 있었다. 일반 대중이 그의 서비스를 받을 수 없게 된다는 이유로 말이다. 그때에도 쓰여진 계약에는 서명해야 했다. 그리고 글씨를 쓸 줄 모르는 사람들은 "표시를 했거나" 아니면 그들의 계약이 쓰여진 양피지에 붙인 밀랍에 도장을 찍어서 계약에 서명했다. 오늘날까지 계속되는 도장 찍는 관습은 여기서 나왔다.

법이 주장하고 이성이 선언하는 것은 다음과 같다. 즉 만일 어떤 쓰여진 문서에 서명이 없다면, 이는 그 문서에 구속받는 쪽이 그것에 서명하려고 하지 않았거나 그것에 구속받고 싶어하지 않았다는 것이다. 그리고 법과 이성은 모두 마지막까지 그에게 그 문서에 서명할지 안할지를 결정할 기회를 준다. 법도 이성도 **문서로 작성될 때까지**는 개인에게 그것에 동의할 것을 요구하거나 그가 동의할 것이라고 예상하지 않는다. 왜냐하면 문서로 작성될 때까지는 그가 그것의 정확한 법률적 의미를 알 수 없기 때문이다. 그리고 문서로 작성되어 그가 그것의 정확한 법률적 의미를 납득할 기회를 가졌을 때, 또 그때에만 그가 그것에 동의할지 안할지 결정할 것이라고 법과 이성은 기대한다. 그리고 만일 그가 **그때** 문서에 서명하지 않는다면, 그 이유는 그가 그 계약을 맺고 싶어하지 않기 때문이라고 추측할 수 있다. 그가 **서명하기** 위해서 또는 서명하고 싶은 마음에서 문서를 작성했다는 사실은 아무 소용없다.

만일 한쪽 당사자가 **아무 서명도 없는** 쓰여진 문서를 법정에 가지고 와서 그것을 집행해 달라고 요구한다면, 사기와 소송의 끝은 어디일까? 그 문서가 다른 쪽 사람이 서명하기 위해 쓰여졌다는 이유로 말이다. 이 다른 쪽 사람이 서명하겠다고 약속했다는 이유로 말이다. 그가 서명했어야 했다는 이유로 말이다. 그가 원한다면 서명할 기회가 있었는데, 그는 그렇게 하기를 거부했거나 잊어버렸다는 이유로 말이다. 그런데 이것이 헌법에 대해 말할 수 있는 전부인가?[3] 판사들 자신은 자신들의 모든 권위가 헌법 — 누구도 결코 서명하지 않는 문서 —에서 나온다고 공언하지만, 판결해 달라고 자기들에게 가져온 서명 없는 문서는 모두 퇴짜놓을 것이다.

게다가 쓰여진 문서는 법률적으로나 이성적으로 판단해 보면 서명이 있어야 할 뿐만 아니라, 또한 그 문서가 그것을 만든 당사자에게 구속력이 있기 전에 그 문서로 혜택 받는 당사자에게 (또는 그를 대신하는 누군가에게) 전달되지 않으면 안된다. 문서가 전달되지 않으면, 서명은 무효이다. 그리고 당사자는 쓰여진 문서에 서명한 다음 그것을 전달하기를 마음대로 거부해도 좋다. 그가 쓰여진 문서에 서명하는 것을 마음대로 거부할 수 있는 것처럼, 그것을 전달하는 것도 마음대로 거부할 수 있다. 헌법은 누구도 서명하지 않았을 뿐만 아니라, 그것은 누군가에 의해 누구에게도 또는 그 누구의 대리인이

---

3 헌법을 기초한 바로 그 사람들은 서명하지 않았기 때문에 어쨌든 **계약으로서의** 그것에 구속받지 않았다. 그리고 그들 중 누구도 아마 **계약으로서의** 그것에 구속받는 방식으로는 서명하지 않았을 것이다.

나 변호사에게도 전달되지 않았다. 그러므로 그것은 서명이 없거나 전달되지 않은 다른 문서와 마찬가지로 계약으로서의 효력이 있을 수 없다.

5

모든 사람의 **중요한 계약들**, 특히 영구적인 성질을 지닌 계약들은 서면화되어야 할 뿐만 아니라 서명도 있어야 한다는 실제적인 필요성에 대해서는, 다음과 같은 사실들이 인류의 일반적인 인식의 추가적인 증거로서 적절하다.

　거의 200년 동안 — 즉 1677년[*] 이후 — 영국의 법령집에는 한 법령이 있었다(문자 그대로 똑같지는 않지만 내용상으로는 똑같은 법령이 우리 미국의 거의 모든 주에서 다시 제정되었으며, 현재 시행 중이다). 이 법령의 일반적인 목적은 다음과 같은 것을 선언하는 것이다. 즉 **중요한 종류의 계약들**은 서면화되지 않는다면 또 그 계약으로 구속당하는 당사자들이 서명하지 않는다면, 그 계약을 집행하기 위해 어떤 행동도 취해서는 안된다는 것이다.[4]

---

[*] 사기와 위증을 방지하기 위해, 1677년 사기방지법Statue of frauds이 영국에서 제정되었다.
[4] 나는 다음과 같은 주들의 법령집을 직접 조사하였다: 메인, 뉴햄프셔, 버몬트, 매사추세츠, 로드아일랜드, 코네티컷, 뉴욕, 뉴저지, 펜실베니아, 델라웨어, 버지니아, 노스캐롤라이나, 사우스캐롤라이나, 조지아, 플로리다, 앨라바마, 미시시피, 테네시, 켄터키, 오하이오, 미시간, 인디애나, 일리노이, 위스콘신, 텍사스, 아칸소, 미주리, 미네소타, 네브라스카, 캔자스, 네바다, 캘리포니아, 오레곤. 나는 이 모든 주에서 영국의 법령이 다시 법률로 제정되었으며, 때때로 수정이 있었지만 일반적으로는 그 실시를 확대하였고 지금도 시행되고 있다는 것을 확인하였다.

다음과 같은 것에 유의해야 할 것이다. 이 법령이 표현하는 원리는 서면화된 계약들은 서명이 있어야 한다는 것뿐만 아니라. 또한 특별히 면제된 계약 — 일반적 소액에 대한 계약이나 짧은 시간 동안에만 유효한 계약 — 을 제외하면 모든 계약이 **서면화되어야 하는** 동시에 서명이 있어야 한다는 것이다.

이 점에 대해 이런 법령을 제정하게 된 이유는 다음과 같다. 즉 이제는 사람들이 계약을 서면화해 그것에 서명하는 것이 아주 쉽다는 것이다. 그리고 사람들이 그렇게 하지 않으면 아주 많은 의심, 사기, 소송이 가능해진다는 것이다. 또한 자신들의 계약(상당히 중요한 계약)을 서면화해 서명하게 하는 것을 잊은 사람들은 그 계약을 집행할 수 있는 법원의 승인을 얻어서는 안된다는 것이다. 이 논리는 현명한 것이다. 그리고 그 논리가 현명하고 필요하다는 것을 경험이 확

다음은 매사추세츠 주 법령에 있는 몇 가지 조항이다:
"다음의 경우에는 소송을 제기해서는 아니된다. 즉: 어떤 사람이 다른 사람의 채무, 채무 불이행, 또는 비행에 대해 대답하겠다는 특별한 약속에 대해;
토지, 주택, 상속재산의 판매나 그것들에의 또는 그것들과 관련된 물권物權판매에 관한 계약에 대해; 또는
서면화한 지 1년 안에 실행되지 않은 합의에 대해;
소송이 제기된 약속, 계약, 합의가 또는 그런 어떤 메모나 각서가 서면으로 되어있지 않고또 그렇게 해서 의무를 지니게 되는 당사자가 한 서명이나 이에 관해 그에게서 합법적으로 권한을 부여받은 어떤 사람이 한 서명이 없으면 …
어떤 사람에 대해서도 의무를 지워서는 아니된다.
재화, 물품, 또는 상품의 판매에 대한 계약이나 50달러 이상의 돈에 대한 계약은 소용없거나 효력이 없다. 구매자가 그렇게 팔리는 물품의 일부를 수락해 받아들이지 않으면 또는 거래를 체결하기 위해 본격적으로 믿가를 주지 않으면, 또는 일부를 지불하지 않으면 말이다; 또는 이에 관해 그에게서 합법적으로 권한을 부여받은 어떤 사람에 의해 만들어지고 서명되지 않으면 말이다."

증했다는 것은 다음과 같은 사실로 증명된다. 즉 그 규칙이 영국에서 거의 200년 동안 실행되어 왔고 우리나라에서도 거의 보편적으로 채택되었으며, 누구도 그것을 폐지할 생각을 하지 않는다는 사실로 증명된다.

또한 우리 모두가 알다시피, 이 법령이 그것[서면화와 서명]을 요구하지 않을 때도 대부분의 사람들은 그들의 계약을 서면화해 서명하게 할 만큼 조심스럽다. 예를 들면 대부분의 사람들은 받을 돈이 있다면 — 그것이 5달러나 10달러밖에 안되더라도 — 그것을 노트에 적어 놓을 정도로 신중하다. 적은 액수의 물건을 사도 돈을 지불하고 그 물건을 인수한다면, 그들은 영수증을 받는다. 예금 계좌에 적은 액수를 입금하거나 전에 빚졌던 적은 돈을 갚더라도, 그들은 영수증을 받는다.

더욱이 영국뿐만 아니라 우리나라에서도 (아마도) 어디서나 법은 유언장, 양도증서 등과 같은 종류의 많은 계약에는 서면화해 서명하는 것뿐만 아니라 도장을 찍거나 증인이 있어 정식으로 인정받을 것도 요구하고 있다. 결혼한 여성들이 부동산에 대한 권리를 양도하는 경우, 많은 주에서 법은 그 여성들을 남편과는 따로 떼어놓고 심리할 것을 요구한다. 그리고 법은 그들이 남편에 대한 어떤 두려움이나 강요 없이 계약에 서명했다고 선언한다.

이러한 것들은 법이 요구하고 개인들이 — 법이 요구하지 않는 경우에도 당연히 신중해야 한다는 이유에서 — 취하는 몇 가지 예방

조치이다. 이는 그들의 계약을 서면화하고 서명하게 해서 그 계약의
의미와 효력에 대한 모든 불확실함과 논쟁을 막기 위해서다. 그런데
우리는 계약이라고 일컬어지거나 계약이라고 공언하는 또는 사람
들이 그렇게 주장하는 한 문서 ― 헌법 ― 를 갖고 있다. 이 문서는
지금은 모두 죽은 사람들에 의해 80년 전에 만들어졌다. 그들은 우
리를 구속할 권한이 결코 없었다. 그럼에도 불구하고 그것은 세 세
대에 걸쳐 수백만 명의 사람들을 구속하였으며, 앞으로 태어날 무
수히 많은 사람들 모두를 구속할 것이다(사람들은 그럴 것을 요구한다).
그러나 누구도 그것에 서명하거나 도장을 찍지 않았으며, 누구도 그
것을 배달하지 않았다. 또 누구도 증언하거나 승인하지 않았다. 그
리고 그 계약에 따를 것을 요구받는 사람들의 전체 수에 비하면, 그
계약을 지금까지 읽었거나 본 사람들 또는 앞으로 읽거나 볼 사람들
의 수는 조금밖에 되지 않는다. 또한 그것을 지금까지 읽었거나 앞
으로 읽을 사람들 중에서, 그 계약이 의미하는 것에 대해 지금까지
동의했거나 앞으로 동의할 사람은 겨우 두 명, 어쩌면 두 명도 안될
것이다.

　게다가, 어떤 사람이 다른 사람에게 빚을 진 5달러를 갚아야 한
다는 것을 증명하기 위해 계약이라고 여겨지는 이것[헌법]을 내밀어
도, 그것은 바로 이 계약의 권위로 자리를 차지하고 있는 어떤 법원
에서도 받아들여지지 않을 것이다. 그런데도 계약이라고 여겨지는
바로 그것에 ― **그것을 관리한다고 주장하는 자들에 의해 일반적으로**

해석되는 바와 같이 — 전국 어디서나 언제나 모든 남자와 여자, 아이들은 그들의 재산뿐만 아니라 자유와 심지어는 생명도 (계약이라고 여겨지는 이것[헌법]에 의해) 그것들의 처분에 확실히 전혀 책임지지 않는 그런 사람들의 손에 넘겨준다. 그리고 계약이라고 여겨지는 것을 사람들에게 강제로 이행시키기 위해 싸울 때, 우리는 재산과 생명을 무제한 파괴할 만큼 제정신이 아니거나 사악하다. 법과 이성의 원리 — 다른 계약들과 관련해서는 우리 모두를 지배하는 그런 원리 — 에 따르면, 계약이라고 여겨지는 그것은 결코 아무도 서명하지 않은 한 누구에게도 구속력이 없고 단지 불에나 던지기에 적합한 그야말로 종이 쓰레기에 불과하다. 그렇지 않고 만일 그 계약서를 보존한다면, 그것은 단지 인류의 광기와 사악함을 증언하고 경고하기 위해서만 보존되기에 적합하다.

6

미국 국민 전체의 재산, 자유, 생명이 헌법에 의해서 그것들을 처분하는 것에 대해 결코 "문책 받지 않는" — 이것은 헌법 자체에 의해 규정되어 있다 — 사람들의 손에 — 내가 해석하는 대로가 아니라 헌법을 관리[집행]한다고 주장하는 사람들이 해석하는 대로라면 — 전적으로 넘어갔다고 말하는 것은 결코 과장이 아니다. 그것은 문자 그대로 진실이다. 이같이 헌법(제1조 제6절)은 "그들[상원의원과 하원의원]은 원내에서 한 발언이나 토론에 관하여 원외에서 문책 받지 아니한다"고 규정하고 있다.

입법권 전체가 이들 상원의원과 하원의원에게 주어져 있다[2/3의 투표로 결정하면][5]. 그리고 이 조항은 그들을 자신들이 만드는 법에 대한 모든 책임에서 보호한다.

헌법은 또한 그들에게 그들의 모든 법을 확실하게 집행할 수 있게 해준다. 헌법은 법의 집행을 거부하는 모든 사법 공무원과 행정 공무원의 봉급을 보류하고 이들을 고소해 면직할 수 있는 권한을 그들[상원의원과 하원의원]에게 주기 때문이다.

따라서 정부의 권력 전체가 그들의 손에 있다. 그런데도 그들은 정부의 권력을 사용하는 방식에 대해 전혀 책임지지 않는다. 이것이 절대적이며 책임지지 않는 권력이 아니라면 무엇인가?

이 사람들이 권력을 일정한 한계 안에서만 사용할 것을 맹세했다고 말하는 것은 그러한 주장에 대한 대답이 못 된다. 사실 그들이 맹세를 어기거나 그 한계를 넘어도 결코 "문책 받지" 않는다고 헌법 자체가 명백하게 규정할 때, 그들이 맹세나 한계에 대해서 무엇을 염려하고 있거나 염려하겠는가?

또한 이러한 권력을 갖는 특정한 개인들이 2년마다 또는 6년마다 한 번 바뀔 수 있다고 말하는 것도 그러한 주장에 대한 대답이 못

---

5 그리고 이 2/3 투표는 전체의 2/3가 아니라 그저 [의결에 필요한] 정족수의 2/3― 즉 과반수의 2/3― 일지도 모른다.

된다. 왜냐하면 각각의 일련의 사람들이 갖는 권력은 그 권력을 갖는 기간 동안 절대적이기 때문이다. 그리고 그들이 그 권력을 더 이상 가질 수 없을 때도, 그 뒤를 잇는 사람들의 권력 역시 마찬가지로 절대적이며 책임지지 않을 뿐이다.

또한 이 절대적이며 책임지지 않는 권력을 갖는 사람들은 당연히 국민(또는 이들의 일부)이 그것을 가지라고 선택한 사람들이라고 말하는 것 역시 그러한 주장에 대한 대답이 못 된다. 개인에게 수년마다 한 번 새로운 주인을 선출하는 것을 허용해도 그는 역시 노예이다. 국민에게 새로운 주인의 선출을 정기적으로 허용해도, 그들은 역시 노예이다. 그들이 노예가 되는 것은 다음과 같은 사실 때문이다. 즉 그들은 권력을 장악한 사람들의 수중에 지금도 앞으로도 계속 있기 때문이다. 이들의 권력은 지금도 그렇지만 언제나 절대적이며 책임지지 않는다.[6]

절대적이면서 책임지지 않는 지배권은 재산권[소유권]이며, 재산권은 절대적이면서 책임지지 않는 지배권이다. 이 둘은 똑같은 것이다. 한쪽은 반드시 다른 쪽을 수반한다. 어느 쪽도 다른 쪽 없이는 존재할 수 없다. 그러므로 의회가 저 절대적이며 책임지지 않는 입법권을 가지고 있고 헌법이 ― 이것에 대한 그들의 해석에 따르면 ―

---

6 이 공적인 주인들을 뽑을 때 자기에게 하나의 발언권[투표권]이 허용된다는 것이 개인으로서의 인간에게 어떤 분명한 가치가 있는가? 그의 발언권은 수백만 중의 하나에 불과하다

이 입법권을 그들에게 준다면, 이럴 수 있는 것은 오로지 그들이 우리를 소유물로 생각하기 때문이다. 만일 그들이 우리를 소유물로 생각한다면, 그들은 우리의 주인이며, 그들의 의지가 우리의 법이다. 만일 그들이 우리를 소유물로 생각하지 않는다면, 그들은 우리의 주인이 아니며, 그들의 의지 그 자체는 우리에게 아무런 권위가 없다.

그런데 이 사람들은 이 절대적이며 책임지지 않는 지배력을 요구하면서도 또 우리에게 그런 권력을 행사하면서도 일관성이 없다. 그러면서 그들은 우리의 주인이라고 주장하거나 우리를 소유물로 생각한다. 그들은 자신들이 우리의 하인, 대리인, 변호인, 대표자에 지나지 않는다고 말한다. 그러나 이러한 선언에는 불합리함, 모순이 들어 있다. 누구도 나의 하인, 대리인, 변호인 또는 대표자이면서, 동시에 나의 통제를 받지 않고 자신의 행위에 대해 나에게 책임지지 않는 존재가 될 수 없다. 내가 그를 지명해 모든 권력을 그의 손에 주었다는 것은 중요하지 않다. 그가 나의 통제를 받지 않으며 나에게 책임지지 않는다면, 그는 더 이상 나의 하인, 대리인, 변호인 또는 대표자가 아니다. 내가 그에게 내 재산에 대한 절대적이며 책임지지 않는 권한을 주었다면, 나는 그에게 내 재산을 준 것이다. 내가 그에게 나 자신에 대한 절대적이며 책임지지 않는 권한을 주었다면, 나는 그를 나의 주인으로 만든 것이며 그에게 나 자신을 노예로서 준 것이었다. 그리고 내가 그를 주인이라고 부르는지 하인이라고 부르는지, 대리인이라고 부르는지 소유자라고 부르는지는 중요하지 않다.

단 하나의 질문은 다음과 같은 것이다. 내가 그의 손에 어떤 권한을 주었는가? 그것은 절대적이며 책임지지 않는 것인가? 아니면 제한되고 책임이 있는 것인가?

또 하나의 이유 때문에 그들은 우리의 하인, 대리인, 변호인, 대표자가 아니다. 그 이유는 우리 자신이 그들의 행위에 책임지지 않는다는 것이다. 어떤 사람이 나의 하인, 대리인 또는 변호인이라면, 내가 그에게 위임한 권한의 한계 안에서 이루어진 그의 모든 행위에 대해 나는 반드시 책임이 있다. 내가 나의 대리인인 그에게 나 아닌 다른 사람들의 신체나 재산에 대한 절대적인 권한이나 어떤 권한을 조금이라도 위임했다면, (내가 준 권한의 한계 안에서 그가 행동하는 동안) 그가 그 다른 사람들에게 입힐 수 있는 피해에 대해서 나는 반드시 책임이 있다. 그러나 의회의 법령으로 자신의 신체나 재산에 피해를 보는 개인은 개개의 유권자[선거인]들에게 가서 그들의 소위 대리인이나 대표자들의 행위에 대해 책임지게 할 수 없다. 이러한 사실은 국민 또는 모든 사람의 대리인이라고 자칭하는 이들이 실제로는 누구의 대리인도 아니라는 것을 증명한다.

그런데 누구도 의회의 법령에 개인적으로 책임이 없다면, 의회의 의원들은 누구의 대리인도 아니다. 그들이 누구의 대리인도 아니라면, 그들 자신이 자신들의 행위에 대해서 또 그들이 고용하는 모든 사람의 행위에 대해서 개인적으로 책임이 있다. 그러므로 그들이 행사하는 권한은 단지 그들 자신의 개인적인 권한일 뿐이다. 그리고 그들의 법령으로 피해를 입었거나 그들 때문에 재산이나 자유를 빼앗긴 사람은 누구나 자연법 — 모든 법 중에서 최고의 법 — 에 따라 그들에게 개인적으로 책임지게 할 권리가 있다. 그가 어떤 다른 침해자들에게도 개인적으로 책임지게 할 권리가 있는 것과 마찬가지로 말이다. 그가 어떤 다른 침해자들에게 저항할 권리가 있는 것과 마찬가지로, 그는 의회의 의원들과 그 대리인들에게 저항할 권리가 있다.

7

그렇다면 명백한 것은 법과 이성의 일반적인 원리 — 우리 모두가 법정과 일상생활에서 따르는 원리 — 에 따라서 헌법이 사회계약이 아니라는 것이다. 그것은 누구에게도 구속력이 없으며, 결코 누구에게도 구속력이 없었다. 그리고 헌법의 권위에 따라 행동한다고 주장하는 사람들은 모두 실제로는 어떤 정당한 권위도 없이 행동하고 있는 것이다. 법과 이성의 일반적인 원리에 따르면, 그들은 단지 강탈자일 뿐이다. 모든 사람은 그들을 그렇게 취급할 권리뿐만 아니라 도덕적인 의무도 있다.

이 나라의 국민이 헌법이 말하는 그런 정부를 유지하고 싶다면, 그들이 문서 자체에 서명하지 않을 이유가 전혀 없으며, 따라서 그들이 바라는 바를 공개적이며 믿을 만한 방식(인류의 상식과 경험이 그러한 경우에 합리적이며 필요하다고 증명한 것과 일치하는 방식)으로 알리지 않을 이유가 없다. 그리고 그들 자신이 (마땅히) 정부의 법령에 대해 개인적으로 책임지지 않을 이유도 없다. 그러나 국민은 문서에 서명하라는 요구를 받은 적이 전혀 없다. 국민에게 문서에 서명하라고 요구하지 않은 이유는 단 하나였다. 즉 잘 알려져 있었던 대로, 그들이 그것에 결코 서명하지 않으리라는 것이었다. 어리석게도 그 문서에 기꺼이 서명하겠다고 나설 만큼 국민은 바보도 악당도 아니었다. (적어도 실제로 그렇게 해석되어 온 바와 같이) 그 문서는 분별 있는 정직한 사람이라면 누구도 스스로 원하는 것이 아니다. 또한 그는 다른 사람들에게 그것을 강요할 권리도 없다. 도덕적인 의도나 목적에 비하면, 그 문서는 강도들, 도둑들, 해적들이 서로 맺지만 결코 서명하지 않는 협약처럼 구속력이 없다.

국민의 상당수가 헌법이 훌륭하다고 생각한다면, 그들은 왜 그것에 직접 서명하지 않는가? 그들은 왜 (자신들에게 간섭하지 않는) 다른 사람들을 편안히 내버려두고는 자기들끼리 법을 만들어 그것을 서로에게 집행하지 않는가? 자신들에게 실험해 보지도 않고서, 그들은 어떻게 헌법을 다른 사람들에게 강요하거나 권하는 뻔뻔스러움을 지닐 수 있는가? 분명히 그처럼 불합리하게 일관성 없이 행동하는 이유는 다음과 같다. 즉 그들이 헌법을 원하는 것은 단지 헌법이 자신들에게나 다른 사람들에게나 정직하게 또는 정당하게 사용될 수 있기 때문만이 아니라, 헌법이 그들에게 다른 사람들의 신체와 재산에 대해 부정직한 불법적인 권한을 주기 때문이기도 하다는 것이다. 이 나중의 이유가 없었다면, 헌법에 대한 그들의 모든 찬양,

그들의 모든 권고[훈계], 헌법을 유지하기 위한 그들의 모든 돈의 지출과 생명의 희생은 없었을 것이다.

8

그렇다면 헌법 자체가 아무 권위도 없는데, 우리 정부는 실제로 어떤 권위에 기대고 있는가? 정부를 관리하겠다고 나서는 자들은 어떤 근거로 개인들의 재산을 빼앗거나 활동, 산업 및 상업에 대한 개인들의 자연적인[당연한] 자유를 제한하는 권리를 요구할 수 있는가? 또한 어떤 근거로 그들은 개인들의 재산, 자유, 생명을 그들 마음대로 처분하는 권한을 거부하는 자는 모두 죽여버리는 권리를 요구할 수 있는가?

이 질문에 대한 대답으로 그들이 말할 수 있는 것은 기껏해야 다음과 같다. 즉 이 나라의 성인 남자들 중 약 절반, 2/3 또는 3/4은 그들[정부를 관리하겠다고 나서는 자들]이 정부를 헌법에 따라 유지하는 것에 **암묵적인 양해**a tacit understanding를 하고 있다는 것이다; 이들은 정부를 관리하는 사람들을 투표로 선출하고 싶어한다는 것이다; 그리고 투표에서 과반수 또는 최고 득표수를 받는 사람들이 대표자 역할을 하면서 헌법을 그들[이 나라의 성인 남자들]의 이름으로 또 그들의 권위로 관리해야 한다는 것이다.

그러나 이 암묵적인 양해는 (이것이 존재한다고 인정해도) 거기서 이끌어낸 결론을 결코 정당화하지 못한다. A, B, C가 나에게서 재산, 자유나 생명을 **빼앗기** 위해 그들 간의 암묵적인 양해하에 선거로 D를 그들의 대리인으로 뽑아도, 이것은 결코 D에게 그렇게 할 권한을 부여할 수 없다. 그가 그들의 대리인으로 행동한다고 주장해도 역시 그는 강도, 폭군, 살인자이다. 그가 자신의 행동은 자기만의 책임이라고 인정했을 때와 마찬가지로 말이다.

나는 그를 그들의 대리인으로 인정할 의무가 없으며, 그도 그들의 대리인이라고 주장할 정당한 권리가 없다. 그가 자신을 그렇게 인정하는 **서면으로 된** 근거를 그들에게서 받아오지 않을 때는 말이다. 그를 대리인으로 삼은 당사자들이 누구인지에 대해, 또는 그에게 그런 사람들이 있는지에 대해 그가 말하는 것을 나는 받아들일 의무가 없다. 그가 신임장을 가져오지 못한다면, 나는 그가 자기에게 있다고 주장할 만한 어떤 권위도 없다고 말할 권리가 있다. 따라서 나는 그가 그 자신을 위해서 나에게서 강탈하려고 하거나 나를 노예로 삼으려고 하거나 죽이려고 한다고 말할 권리가 있다.

그러므로 이 나라 투표자들 간의 이 암묵적인 양해는 그들의 대리인들에게 어떤 권위도 제공하지 못한다. 그들이 자신들의 대리자를 선출하는 투표도 그들의 암묵적인 양해와 마찬가지로 소용이 없다. 왜냐하면 그들의 투표는 비밀리에, 따라서 그 대리인들의 행위에 대해 개인적인 책임을 피하는 방식으로 행해지기 때문이다.

그들이 그의 행위에 개인적으로 책임진다고 공개적으로 솔직하게 말하지 않는 한, 어떤 집단도 제3자를 해치기 위해 어떤 사람에게 자신들의 대리인으로 행동할 권한을 부여할 수 있다고는 말할 수 없다. 이 나라의 투표자들 중 누구도 그들의 정치적 대리인들을 공개적이며 믿을 만한 방식으로, 또는 이들의 행위에 책임지는 방식으로 지명하지 않는다. 그러므로 대리인임을 자칭하는 이 사람들이 진짜 대리인이라고 주장하는 것은 정당할 수 없다. 자칭 대리인이라고 주장하는 이 사람들의 행위에 대해 누군가는 책임져야 한다. 그리고 그들이 그 위임자들에게서 받은 공식적인 믿을 만한 위임장을 보여줄 수 없다면, 그들에게 어떤 위임자가 있다고는 법적으로나 이성적으로나 말할 수 없다. 여기서 적용되는 원칙은 보이지 않는 것은 존재하지 않는다는 것이다. 그들이 위임자들을 보여줄 수 없다면, 그들에게는 위임자가 아무도 없다.

그런데 자칭 대리인이라고 주장하는 이들 자신도 누가 그들이 말하는 소위 위임자인지 모른다. 소위 이 위임자들은 비밀리에 행동한다. 왜냐하면 비밀투표로 행동하는 것은 마치 그들이 밤의 어둠 속에서 만나 비밀회의를 하는 것만큼이나 비밀리에 행동하는 것이기 때문이다. 그리고 그들이 다른 사람들을 잘 알지 못하는 것만큼이나, 그들은 자신들이 선출하는 대리인들에 대해서도 개인적으로 잘 알지 못한다. 따라서 자칭 대리인이라고 주장하는 자도 자신이 누구의 투표로 선출되었는지, 또는 결국 누가 자신의 진짜 위임자인지 알 수 없다. 누가 자신의 위임자인지 모르기 때문에, 그는 위임자가 있다고 말할 권리가 없다. 그가 기껏 말할 수 있는 것은 자기가 강도들과 살인자들의 비밀무리의 대리인이라는 것뿐이다. 이 강도들과 살인자들은 범죄 공모자들 사이에 퍼져 있는 그러한 신의 때문에 그를 지지하지 않을 수 없다. 그들의 이름으로 그가 하는 행동이 저항을 받더라도 말이다.

이 세상에 정의를 확립하려고 시도하는 일에 정직하게 참여한 사람들은 이처럼 비밀리에 행동할 이유가 없다. 또는 자신들(위임자들)이 책임지고 싶어하지 않는 행동을 하기 위해 대리인을 지명할 이유가 없다.

비밀투표는 비밀정부를 만든다. 그렇지만 비밀정부는 강도들과 살인자들의 비밀무리이다. 공개적으로 밝힌 전제정치가 이것보다 낫다. 독재자가 모든 사람 앞에 혼자 나와 말한다: "내가 국가이다. 나의 의지가 법이다. 내가 너희들의 지배자다. 나의 행동에 대해서는 내가 책임진다. 내가 인정하는 단 하나의 조정자[중재인]는 칼이다. 누구든 나의 권리를 부정한다면, 그에게 나와 결전을 치르게 해 주겠다."

그러나 비밀정부는 암살자들의 정부나 다름없다. 비밀정부하에서는 그들이 자기를 칠 때까지 자신의 폭군들이 누구인지 모른다. 어쩌면 그때에도 모를지 모른다. 그는 바로 자기 이웃들 중 몇몇 사람에 대해 미리 짐작할지도 모른다. 그러나 그는 실제로는 아무 것도 모른다. 보호를 받기 위해 그가 아주 자연스럽게 부른 사람이 시련의 시기가 올 때는 적이라는 것이 드러날지도 모른다.

이것이 바로 우리가 갖고 있는 정부이다. 그리고 그것이 우리가 가질 수 있는 유일한 정부이다. 사람들이 다음과 같이 말할 준비가 되어 있을 때까지는 말이다: "우리가 서명하는 것을 부끄러워하지도 두려워하지도 않는 헌법 외에는, 우리는 어떤 헌법에도 동의하지 않을 것이다. 그리고 우리는 정부에게 우리가 개인적으로 책임지려고 하지 않는 것을 우리의 이름으로 하는 권한을 부여하지 않을 것이다."

9

비밀투표를 하는 동기는 무엇인가? 이것이며, 이것뿐이다: 다른 범죄 공모자들처럼, 투표를 이용하는 자들이 친구가 아니라 적이다. 그리고 그들은 서로에게조차 알려지는 것(즉 그들이 개별적으로 하는 행동이 서로에게조차 알려지는 것)을 두려워한다. 그들은 서로 협력해서 다른 사람들을 해치기에 충분할 만큼의 양해에는 어떻게든 도달할 수 있다. 그러나 이 이상으로는 그들 사이에 신뢰도 없고 우정도 없다. 사실 그들은 자기 무리에 속하지 않은 사람들에게서 강탈하는 음모를 꾸미는 만큼이나 서로 약탈하는 음모도 꾸민다. 그리고 그들 사이에 양해가 아주 잘 되는 것은 일정한 상황에서는 그들 중 가장 강한 쪽이 상반된 목적을 수행하기 위해(그들이 최근에 한 것처럼*) 다른 쪽을 무수히 죽이겠다는 것이다. 따라서 그들은 서로에게조차 알려

---

* 남북전쟁(1861–1865).

지는 것(즉 그들의 개인적인 행위가 알려지는 것)을 두려워한다. 그리고 이것이 그들이 공공연히 인정하는 것처럼 [비밀]투표를, 즉 비밀정부(즉 강도들과 살인자들의 비밀무리에 의한 정부)를 찬성하는 단 하나의 이유이다. 그리고 이것을 자유라고 부르니 우리는 제정신이 아니다! 강도들과 살인자들의 이 비밀무리의 일원이 되는 것이 특권과 명예로 여겨지고 있다! 이러한 특권이 없는 사람은 노예로 간주되고 있다. 그런데 그러한 특권이 있는 사람은 자유인으로 간주되고 있다! 그런 특권을 지닌 사람이 자유인으로 간주되는 이유는 다른 사람이 비밀리에 (비밀투표로) 그에게서 강탈하고 그를 노예로 만들며 죽일 수 있는 힘, 바로 이 힘을 그도 역시 다른 사람에 대해서 갖기 때문이다! 그리고 이것을 그들은 평등한 권리라고 부른다!

많든 적든 간에 상당수의 사람들이 이 나라의 국민을 통치할 권리를 요구한다면, 그들에게 그렇게 하겠다는 계약을 서로 공개적으로 맺어 서명하도록 해라. 따라서 그들 자신을 그들이 통치하고 싶어하는 사람들에게 개별적으로 알려지게 해라. 그리고 그렇게 해서 그들에게 자신들의 행위에 대해 정당한 책임을 공개적으로 지게 해라. 지금 헌법을 지지하는 자들 중 과연 얼마나 많은 사람들이 이렇게 하겠는가? 과연 얼마나 많은 사람들이 자신들의 통치할 권리를 감히 공개적으로 선언하겠는가? 또는 자신들의 행위에 대해 정당한 책임을 지겠는가? 한 사람도 없다!

법과 이성의 일반적인 원리에 따르면, "연합주의 인민" 서로 간의 동의, 협약, 합의에 의해 만들어졌거나 그런 것에 기초한 정부 같은 것이 존재하지 않는다는 것은 분명하다. 존재하는 정부, 즉 볼 수 있고 만질 수 있으며 책임져야 하는 단 하나의 정부는 함께 행동하는 소수의 개인들만의 정부이다. 이들의 이름은 상원의원, 하원의원, 대통령, 판사, 연방법원의 집행관, 재무부 출납국장, 징수관, 장군, 연대장, 지휘관 등 다양하다.

법과 이성의 일반적인 원리에 따르면, 이 소수의 개인들이 "연합주의 인민"의 대리인이자 대표자라고 공언하는 것은 결코 중요하지 않다. 왜냐하면 그들은 인민[국민]으로부터 직접 받은 신임장을 보여줄 수 없기 때문이다. 그들은 결코 공개적인 믿을 만한 방식으로 대리인이나 대표자로 임명되지 않았다. 그들 자신은 (그들이 그렇게 부르는 것처럼) 그들의 위임자들이 개별적으로 누구인지 알지 못하며, 알 방법도 없고 증명할 수도 없다. 그러므로 그들은 ─ 법과 이성에 따르면 ─ 위임자가 있다고 결코 말할 수 없다.

또한 분명한 것은 이른바 이 위임자들이 자칭 대리인 또는 대표자라고 주장하는 이들을 임명했다 하더라도, 위임자들은 이들을 비밀리에(비밀투표로) 즉 이들의 행동에 대해 모든 개인적인 책임을 피하는 방식으로 임명했다는 것이다. 게다가 이른바 이 위임자들이 기껏 한 것은 자칭 대리인이라고 주장하는 이들로 하여금 아주 범죄적인 목적을 추구하게 한 것이다. 즉 국민에게서 재산을 약탈하고 그들의 자유를 제한하는 것이다. 그리고 이른바 이 위임자들에게 그렇게 할 수 있게 하는 단 하나의 권위는 단지 그들 간의 **암묵적인 양해**밖에 없다. 이 암묵적인 양해에 따라 그들은 그 대리인들이나 대표자들이 부과하는 강제 징수나 금지[속박]에 저항하는 모든 사람을 감옥에 넣거나 총살하거나 아니면 이들의 공민권을 박탈할 것이다.

따라서 분명한 것은 우리가 갖고 있는 정부, 즉 볼 수 있고 만질 수 있는 단 하나의 정부가 강도들과 살인자들의 비밀무리라는 자칭 이 대리인들이나 대표자들로 이루어져 있다는 것이다. 이들은 자신들의 강탈과 살인을 은폐하거나 그럴듯하게 얼버무리기 위해서 "연합주의 인민"이라는 명칭을 자신들에게 갖다 붙였다. 그리고 이들은 "연합주의 인민"이라는 미명하에, 미국에 있는 모든 재산과 모든 사람을 자신들의 지배력에 복종시키고 자기들 마음대로 통제하고 처리할 수 있는 권리를 주장한다.

11

자칭 국민의 대리인이라고 주장하는 이들이 "헌법을 지지하는" 선서는 법과 이성의 원리에 따라서 효력이나 구속력이 없다. 왜 그런가? 다른 이유 때문이 아니라 이것 때문이다. 즉 그들은 누구에게도 서약하지 않기 때문이다. 그 선서를 하는 사람들과 다른 사람들

162

사이에 (법률가들이 말하는) 당사자 관계_{privity} — 즉 상호적인 인정이나 동의 또는 상호적인 합의 — 가 없다.

만일 보스턴 코먼_{Boston Common}*에 가서 그 주제에 대해 나와 아무런 계약을 맺지 않은 남자들, 여자들, 아이들 등 수많은 사람들 앞에서 내가 모세의 율법, 리쿠르고스_{Lycurgus}**의 법, 솔론_{Solon}***의 법, 유스티니아누스_{Justinian}****의 법, 또는 앨프레드_{Alfred}*****의 법을 그들에게 집행하겠다고 선서한다면, 이 선서는 법과 이성의 일반적인 원리에 따라서 구속력이 없다. 그것이 구속력이 없는 이유는 그것이 본질적으로 죄가 되는 것이기 때문만이 아니다. 그 선서는 누구에게도 한 것이 아니기 때문이기도 하다. 결국 나는 누구에게도 서약하지 않았다. 그것은 단지 바람에게 한 서약일 뿐이다.

다음과 같이 말한다고 해서 사정이 변하는 것은 결코 아닐 것이다. 즉 수십만 명 앞에서 선서를 했는데, 그 수십만 명 중에는 비밀

---

* 메사추세츠 주 보스턴에 있는 공원. 1634년 문을 연 이래로 미국에서 가장 오래된 공원으로 항상 방문객들로 붐빈다.
** 고대 그리스 시대 스파르타의 입법자. 생몰연대를 알 수 없는 전설적인 인물. 그는 델포이의 아폴로 신전에서 신탁信託을 받고 법률을 만들어 민회, 장로회, 민선관 등을 설치하고, 공동식사, 금화나 은화의 사용 금지, 소년 교육, 가족제도를 정했다고 전해진다.
*** 아테네의 정치가이자 시인(기원전 640? - 기원전 560?). 집정관 겸 조정자로 선정되어 정권을 위임받은 후, "솔론의 개혁"이라고 불리는 여러 개혁을 단행하였다.
**** 비잔틴 제국의 황제(483-565. 재위기간:527-565). 국가 행정의 원활한 운영을 위해 로마법을 정비하고, 《로마법 대전》을 완성하였다. 이것은 중세 여러 나라의 법률에 큰 영향을 주었다.
***** 앵글로색슨계의 잉글랜드 왕(849-899. 재위기간:871-899). 앨프레드대왕이라고도 한다. 6세기 말 이후 계속해서 만들어진 앵글로색슨 왕들의 법을 집대성하여 법전을 편집하였다.

리에 ― 비밀투표로 즉 나에게나 다른 수십만 명에게 자신들이 개별적으로 알려지는 것을 피하는 방식으로 ― 이 수십만 명의 사람들을 지배하고 통제하고 강탈하고 또 필요하면 죽이는 자신들의 대리인으로 나를 지명한 사람들이 2000명, 3000명, 또는 5000명의 성인 남성들이 있다고 말이다. 그들이 나를 비밀리에 (즉 내가 그들을 개별적으로 아는 것을 막는 방식으로) 지명했다는 사실은 그들과 나 사이의 모든 당사자 관계privity를 막는다. 결국 이러한 사실은 내가 그들과 어떤 계약을 맺거나 그들에게 서약하는 것을 불가능하게 한다. 왜냐하면 내가 모르거나 개별적으로 알 방법이 없는 사람에게 법률적인 의미에서 서약하는 것은 있을 수 없기 때문이다.

그러므로 내가 보기에 이 2000명, 3000명 또는 5000명은 강도들과 살인자들의 비밀무리이다. 이들은 비밀리에, 즉 나의 행동에 대한 모든 책임에서 벗어나는 방식으로 나를 그들의 대리인으로 지명했기 때문이다. 그리고 그들은 어떤 다른 대리인이나 자칭 대리인이라고 주장하는 사람을 통해 자신들이 바라는 바를 나에게 알게 해주었기 때문이다. 그럼에도 불구하고 그들은 개별적으로 나에게 알려지지 않았기 때문에 또 나와 공개적인 진정한 계약을 맺지 않았기 때문에, 법과 이성의 일반적인 원리에 따라서 나의 선서는 그들에 대한 서약으로서의 효력이 없다. 그리고 그들에 대한 서약이 아니기 때문에, 그것은 누구에 대한 서약도 아니다. 그것은 단지 효력없는[지나가는] 바람에 지나지 않는다. 기껏해야 그것은 강도들과 살인자들의 알려지지 않은 무리에 대한 선서에 불과하다. 그리고 이 선서에 의해서 나는 나 자신이 다른 사람들을 강탈하고 죽이기 위한 그들의 수단이라는 것을 공개적으로 인정한다. 그러므로 그것은 어떤 알려지지 않은 무리의 해적들, 강도들, 살인자들에게 한 비슷한 종류의 선서와 마찬가지로 구속력이 없다.

이런 이유들 때문에, 연방의회 의원들이 "헌법을 지지한다"는 선서는 법과 이성의 일반적인 원리에 따라서 효력이 없다. 그 선서는 그 자체가 죄가 되며 따라서 무효이다. 그뿐만 아니라 그 선서는 그것이 누구에게도 한 것이 아니라는 보충적인 이유 때문에도 무효이다.

정당한 의미로나 법적인 의미로나, 그 선서가 "연합주의 인민"에게 한 것이라고 말할 수 없다. 왜냐하면 연합주의 인민 전체도 그 전체 중 다수도 공개적으로든 비밀리에든 그 사람들을 헌법을 집행하는 자신들의 대리인으로 임명하거나 지명하지 않았기 때문이다. 대다수의 국민 — 즉 남자, 여자, 아이들 — 은 그 주제에 대한 그들의 선택이나 그들이 바라는 바를 공개적으로든 비밀리에든 **공식적인** [형식을 갖춘] 방식으로 표명하라고 요구받지 못했거나 심지어는 그들에게 그렇게 하는 것이 허용되지도 않았다. 이 연방의회 의원들이 자신들의 임명에 대해 말할 수 있는 최대한의 것은 단지 이것뿐이다: 각자는 자신을 변명할 수 있다.

서로 간에 암묵적인 양해가 있으며 자신들을 "연합주의 인민"이라고 부르는 한 무리의 사람들이 전국에 흩어져 있다는 증거를 나는 충분히 갖고 있다. 그들의 일반적인 목적은 서로를 통제하고 강탈하는 것 외에 이 나라에 있는 다른 모든 사람들뿐만 아니라 ― 그들이 할 수 있는 한 ― 이웃 나라에 있는 다른 사람들도 통제하고 강탈하는 것이며, 또한 그들의 강탈과 지배 음모에서 자신의 신체와 재산을 지키려고 하는 사람은 모두 죽이는 것이다. 그들이 개별적으로 누구인지 나는 확실하게 알 방법이 없다. 왜냐하면 그들은 서류에 서명하지 않기 때문이다. 그들은 자신들의 **개인적인 소속권** membership에 대해 공개적인 믿을 만한 증거를 제시하지 않기 때문이다. 그들은 자기들끼리도 개인으로는 알려져 있지 않다. 분명히 그들은 다른 사람들에게 알려지는 것을 두려워하는 만큼이나 서로에게 알려지는 것도 두려워한다. 따라서 **보통** 그들이 자신들의 개인적인 소속권을 행사하거나 알게 하는 단 하나의 방법은 그들의 의지를 수행하는 특정한 대리인들에게 **비밀리에 투표**하는 것이다. 그러나 이 사람들이 서로에게나 다른 사람들에게나 개인으로는 알려져 있지 않더라도, 이 나라에서 일반적으로 알려져 있는 것은 21세 이상의 성인 남자들만이 이 무리에 속할 수 있는 권리가 있다는 것이다. 또한 일반적으로 인정되는 사실은, 이 나라에서 태어난 **모든** 남자는 일정한 피부색과 (몇몇 지역에서는) 일정한 양의 재산을 갖고 있다면 그 무리의 일원이 **될 수 있으며** 또한 (특정한 경우에는) 외국에서 태어난 사람들도 그 집단의 일원이 되는 것이 **허용된다**는 것이다. 그렇지만 보통 이렇게 해서 이 무리의 일원이 되는 것이 **허용된** 모든 사람 중 1/2, 2/3 또는 (어떤 경우에는) 3/4만이 그 일원으로서의 실제적인 소속권을 행사하거나 결국 증명하는 것 같다. 그들이 대개 그것을 행사하거나 증명할 수 있는 단 하나의 방식으로, 즉 그 무리의 관리들이나 대리인들에게 **비밀리에** 투표함으로써 말이다. 우리가 아는 한에서는, 이 비밀투표의 수가 매년 크게 변한다. 따라서 이 비밀투표의 수는 그 무리가 영속적인 조직이 아니라, 당분간 그들이 자신들과 함께 행동하기로 결정한 사람들과 나누는 일시적인 정사情事일 뿐이라는 것을 증명하는 경향이 있다. 이 비밀투표의 총수 또는 사람들이 그 총수라고 주장하는 것이 여러 지역에서는 때때로 공개된다. 이런 보고들이 정확한지 아닌지 우리는 알 방법이 없다. 일반적으로 추측하는 것은 투표 때 종종 많은 부정을 저지른다는 것이다. 투표한 용지를 받거나 투표수를 계산하는 사람들이 그럴 목적으로 임명되었다는 것은 말할 것도 없다. 그 무리의 다른 모든 관리나 대리인을 선출하는 것과 똑같은 비밀과정을 통해서 말이다. 투표한 용지를 받는 사람들의 보고에 따르면(그렇지만 나는 이들의 보고가 정확하거나 정직하다는 것을 보증할 수 없다), 그리고 (추측하건대) 투표가 허용된 "내 선거구의" 남자 총수에 대해 내가 아주 잘 아는 바에 따르면, 실제로 투표한 사람들은 1/2, 2/3 또는 3/4인 것 같다. 투표한 이 사람들이 **개별적으로** 누구인지는 나는 모른다. 왜냐하면 모든 것이 비밀리에 행해졌기 때문이다. 그런데 소위 "연방의회 의원"이라는 것에 대해 이같이 행해진 비밀투표에 대해, 후보자들은 자기가 과반수를 얻었다거나 다른 사람보다 많은 표수를 얻었다고 보고하였다. 그리고 이 나라의 다른 곳에서 똑같은 방식으로 선출된 다른 사람들과 협력하기 위해 자기가 지금 여기에 있는 것은 오로지 그러한 임명 덕분이다. 물론 나를 여기에 보낸 사람들이 잘 알고 있는 바와 같이, 그렇게 해서 선출된 사람들은 모두 워싱턴 시에 모여 서로의 면전에서 "미국 헌법을 지지한다"고 선서한다. 이 헌법은 80년 전에 작성된 특정한 문서를 뜻한다. 이 문서는 결코 아무도 서명하지 않았다. 분명히 그것은 계약으로서의 구속력이 없으며, 결코 없었다. 사실 그것을 읽은 사람들은 거의 없었다. 나와 다른 사람에게 투표한 자들 중 대다수는 확실히 그것을 결코 보지 않았으며, 또는 그것이 의미하는 바를 안다고 주장하지 않는다. 그럼에도 불구하고 이 나라에서는 종종 그것을 "미국 헌법"이라고 말한다. 그리고 어떤 이유로든 나를 여기에 보낸 사람들은 나 그리고 나와 함께 행동하는 모든 이가 이 헌법을 집행한다는 선서를 할 것이라고 기대하는 것 같다. 따라서 나는 이같이 선서할 준비가 되어 있으며, 또 똑같은 방식으로 선출된 다른 모든 사람들과 협력할 준비도 되어 있다. 이들 역시 똑같은 선서를 할 준비가 되어 있다.

이것이 연방의회 의원이 다음과 같은 것들을 증거로 내세우며 말할 수 있는 전부이다. 그 증거란 그가 많은 선거권자[지지자]가 있다는 것, 그가 누군가를 대표한다는 것, "헌법을 지지한다"는 그의 선서가 **누군가에게** 한 것이거나 그가 **누군가에게** 맹세한 것 등이다. 그에게는 자신이 누군가의 대리인이나 대표자로 임명되었다는 공식적인 증거, 서면화된 증거, 또는 다른 모든 경우에서 요구되는 것과 같은 그 밖의 믿을 만한 증거가 없다. 그는 단 한 명의 개인으로부터도 받은 위임장이 없다. 그는 다른 모든 경우에서 요구되는 것과 같은 법적 보증이 없기 때문에, 그는 자기를 그들의 대표자로 임명했다고 주장하는 사람들 중 단 한 사람도 확인할 수 없다.

물론 그는 "헌법을 지지한다"는 선서를 그들에게 했다고 주장하지만 법과 이성의 일반적인 원리에 따르면 그의 선서는 아무에게도 하지 않은 선서이다. 그는 누구에게도 서약한 것이 아니다. 선서한 것을 그가 안 지켜도, 단 한 사람도 나서서 그에게 "당신은 나를 배신했다" 또는 "당신은 나에 대한 서약을 깨뜨렸다"고 말할 수 없다.

누구도 나서서 그에게 말할 수 없다: "나는 당신을 나를 대신해서 행동하는 나의 대리인으로 임명하였다. 나는 나의 대리인으로서 당신이 헌법을 지지한다고 맹세할 것을 요구하였다. 당신은 **나에게** 그렇게 하겠다고 약속했다. 그런데 지금 당신은 **나에게** 한 그 선서를 어겼다." 단 한 사람도 이렇게 말할 수 없다.

어떤 단체나 집단도 ── 그것이 공식적인 것이든 공공연히 인정받는 것이든 또는 책임이 있는 것이든 간에 ── 그에게 그렇게 말할 수 없다: 그런 단체나 집단이 존재하지 않기 때문이다. 누구든 그런 단체가 존재한다고 주장한다면, 누가 그것을 구성했는지 그에게 증명하게 하라(그가 할 수 있다면 말이다). 그에게 ─ 그가 할 수 있다면 ─ 그들이 서명했거나 동의한 계약(서면으로 된 공식적인 것이든 다른 식으로 인증된 것이든 간에)을 제시하게 하라. 그들 자신이 단체를 만들었으며 세상에 그러한 것으로 알려진 계약을 말이다. 그를 그들의 대리인으로 임명한 계약을 말이다. 그들의 권위로 행해진 그의 행동에 대해 개별적으로든 단체로서든 그들이 책임진다는 계약을 말이다. 이 모든 것이 증명될 수 있을 때까지는, 누구도 정당한 의미에서 그러한 단체가 존재한다고, 그가 그들의 대리인이라고, 그가 **그들**에게 선서했다고, 또는 그가 **그들**에게 서약했다고 말할 수 없다.

법과 이성의 일반적인 원리에 따라서, 그는 자기들을 배반했다고 비난하는 모든 개인이나 소위 모든 단체에게 다음과 같이 대답하는 것으로 충분할 것이다:

"나는 당신들을 전혀 모른다. **당신들**이 개별적으로든 집단적으로든 나를 **당신들**의 대리인으로 임명했다는 증거가 어디에 있는가? **당신들**의 대리인으로서 헌법을 지지하겠다고 맹세할 것을 **당신들**이 나에게 요구했다는 증거가 어디에 있는가? 또는 언젠가 당신들에게 맹세한 약속을 내가 지금 깼다는 증거가 어디에 있는가? 당신들이 강도들과 살인자들의 비밀무리의 일원이든 아니든, 그들은 비밀리에 행동하고 자신들의 대리인들을 비밀투표로 임명하기 때문에, 그들이 임명한 대리인들에게조차 자신들은 **개인으로서는** 알려져 있지 않다. 따라서 그들은 대리인이 있다고 주장할 수 없으며, 또는 자칭 그들의 대리인이라고 주장하는 어느 누구도 그들에게 선서나 서약을 했다고 주장할 수 없다. 나는 당신들을 전혀 인정하지 않는다. 나의 선서는 당신들과는 아무 관계없는 다른 사람들에게 한 것이다. 아니 나의 선서는 효력없는[지나가는] 바람이며, 지나가는 바람에 한 것일 뿐이다. 썩 물러가시오."

12

똑같은 이유 때문에, 이 강도들과 살인자들의 비밀무리의 자칭 대리인이라고 주장하는 모든 이들의 선서는 법과 이성의 일반적인 원리에 따라 마찬가지로 구속력이 없다. 그 선서는 누구에게도 한 것이 아니다. 그것은 단지 바람에 한 것일 뿐이다.

그 무리의 세금 징수원들과 회계원들이 한 선서는 법과 이성의 일반적인 원리에 따라서 효력이 없다. 예를 들어 세금 징수원이 받은 돈을 자기 주머니 속에 넣고 내놓기를 거부해도, 이 무리의 일원들은 그에게 다음과 같이 말할 수 없을 것이다: "당신이 그 돈을 징수한 것은 우리의 대리인 자격으로였으며, 우리가 사용하기 위해서였다. 그리고 당신은 그 돈을 우리에게 또는 우리가 그것을 받으라고 임명한 사람들에게 납부하겠다고 맹세했다. 당신은 우리를 배반했으며 우리와의 약속을 깼다."

그는 그들에게 다음과 같이 대답하는 것으로 충분할 것이다:

"나는 당신들을 모른다. 당신들은 당신 자신들이 개별적으로 누구인지 나에게 알리지 않았다. 나는 개인에게 하는 것처럼 결코 당신들에게 선서하지 않았다. 당신들은 다른 사람들을 강탈하고 죽이기 위해 대리인을 임명하는 저 비밀무리의 일원일 수도 있고 아닐 수도 있다. 그러나 저들은 그런 대리인에게나 이 대리인에게 강탈할 권한을 주는 자들에게나 자신들이 개별적으로 누구인지 알지 못하게 하려고 조심한다. 당신들이 그 무리의 일원이라 하더라도, 당신들은 나에게 그 증거를 제시하지 않았다. 당신들이 나에게 당신들의 이익을 위해 다른 사람들에게서 강탈할 권한을 주었다는 증거가 당신들은 없다. 나는 당신들을 개인으로서는 알지 못한다. 물론 나는 당신들에게 내가 강탈한 것을 넘겨주겠다고 약속하지 않았다. 나는 나 자신의 책임으로 나 자신의 이익을 위해 강탈했다. 만일 당신들이 계속 숨어서 나를 다른 사람들에게서 강탈하는 도구로 사용하는 것을 내버려둘 정도로 내가 바보라고 생각했다면, 또는 그 강탈의 개인적인 위험은 내가 모두 지고 그 과실果實은 당신들에게 넘겨준다고 생각했다면, 당신들은 진짜 아주 순진하다. 강탈의 모든 위험은 내가 졌기 때문에 내가 그 모든 이익을 가질 작정이다. 썩 물러가시오! 당신들은 악당일 뿐만 아니라 바보이기도 하다. 만일 내가 누군가에게 선서했다면, 당신들이 아닌 다른 사람들에게 한 것이다. 그러나 실제로는 아무에게도 선서하지 않았다. 나는 단지 바람에게 선서한 것이다. 그때 바람은 나의 목적에 도움을 주었다. 그것은 내가 탐낸 돈을 얻을 수 있게 해주어서, 나는 지금 그 돈을 가질 작정이다. 만일 당신들에게 내가 그 돈을 넘겨줄 것으로 기대했다면, 당신들은 도둑놈들 사이에 보편화되어 있다고 하는 그런 명예를 믿은 것에 불과하다. 그런 것은 의지하기에는 보잘것없다는 것을 당신들은 이제 이해할 것이다. 당신들이 다시는 결코 그런 것에 의지하지 않을 만큼 현명해질 것이라고 나는 생각한다. 만일 내가 그 문제에서 어떤 의무가 있다면, 그것은 내가 돈을 빼앗은 사람들에게 그 돈을 돌려주는 것이지, 당신들 같은 악당들에게 그 돈을 넘겨주는 것이 아니다."

13

법과 이성의 일반적인 원칙에 따라서, 외국인들이 이 나라에 와 (소위) "귀화"할 때 하는 선서는 효력이 없다. 당연히 그 선서는 누구에게도 한 것이 아니다. 왜냐하면 그들이 가입할 수 있는, 또는 개인으로서 그들이 서약할 수 있는 공식적인 진정한 단체가 없기 때문이다. "연합주의 인민"이라는 단체나 조직은 공식적이고 서면화된 진정한 또는 자발적인 계약에 의해 형성된 적이 결코 없었다. 그렇기 때문에 법과 이성의 일반적인 원리에 따라서 그런 단체나 조직은 존재하지 않는다. 그러므로 그런 단체에게 하는 모든 선서는 당연히 바람에 하는 것에 불과하다. 그 선서를 개인으로서의 어떤 사람이나 집단에게 한 것이라고 말할 수 없다. 왜냐하면 누구도 또는 어떤 집단도 그 선서를 개인으로서의 자신들에게 또는 자신들이 그 일원인 단체에게 했다는 증거를 내놓으며 나설 수 없기 때문이다. 이 나라의 성인 남자들 중 일부에게는 자신들을 "연합주의 인민"이라고 부르는 것에 대해서 암묵적인 양해가 있다고 말하는 것으로는, 그리고 그들이 미국의 나머지 국민을 자신들의 지배력에 복종시키는 데는 협력하지만 그 행동을 모두 비밀리에 하면서 자신들이 개인적으로 누구인지 계속 숨기고 싶어한다고 말하는 것으로는 — 법과 이성의 일반적인 원리에 따라서 — "연합주의 인민"이라는 단체나 조직이 존재한다는 것을 증명하기에 충분하지 않으며, 결국 외국인들의 선서가 그런 단체에게 행해졌다는 것을 증명하기에도 결코 충분하지 않다.

14

남북전쟁 이후 남부사람들이 한 모든 선서, 즉 연방의회의 법을 따르고 연방을 지지하겠다는 등등의 선서는 법과 이성의 일반적인 원리에 따라서 효력이 없다. 그 선서가 효력 없는 이유는 군사력과 몰수 위협에 의해 강요되었기 때문만도 아니며, 또 정부를 지지하는 것에 대해 자기가 원하는 대로 할 인간의 자연권을 위반하기 때문만도 아니다. 그 선서가 효력 없는 이유는 누구에게도 선서를 한 것이 아니기 때문이기도 하다. 그 선서는 명목상으로는 "미국the United States" 에 했다. 그러나 명목상으로 "미국"에 했기 때문에, 그 선서는 당연히 누구에게도 한 것이 아니었다. 왜냐하면 법과 이성의 일반적인 원리에 따라서, 그 선서를 받을 수 있는 "미국"은 없었기 때문이다. 말하자면, "미국"이나 "연합주의 인민"으로 알려져 있는 공식적이고 믿을 만하며 스스로 인정한 정당한 단체, 법인이나 집단이 없었다. 그런 것이 있었다면, 선서는 거기에다 대고 할 수 있었을 텐데 말이다. 누군가가 그런 법인이 있었다고 말한다면, 그것을 구성한 개인들이 누구였는지, 그들이 어떻게 또 언제 법인이 되었는지 그에게 말하게 하라. A씨, B씨, C씨가 그 일원이었는가? 그렇다면, 그들의 서명은 어디에 있는가? 그들이 일원이라는 증거는 어디에 있는가? 그 기록은 어디에 있는가? 공식적인 믿을 만한 증거는 어디에 있는가? 전혀 없다. 그러므로 법과 이성에 따라서 그런 법인은 없었다.

적법한 법인 존재와 적법한 법인권을 가진 모든 법인, 단체 또는 조직화된 집단은 — 법과 이성의 일반적인 원리에 따르면 — **적법하면서도 정당한 증거로 자신들이 그 일원이라는 것을 증명할 수 있는 알려진 일정한 개인들로 구성되어야 한다.** 그렇지만 자신들을 "미국"이라고 부르는 법인이나 집단에 관해서는 이런 종류의 것이 증명될 수 없다. 북부의 모든 주에 있는 사람들 중 한 사람도 적법한 증거(다른 합법적 법인에서 그 일원임을 증명하는 데 요구되는 것과 같은 증거)를 통해, 그 자신이나 그가 거명할 수 있는 다른 사람이 "미국"이라 불리는 법인이나 단체의 일원이라는 것을 또는 "연합주의 인민"이라는 것을 증명할 수 없다. 그리고 그러한 법인이 존재한다는 것을 증명할 수 없기 때문에, 남부사람들의 선서가 그런 법인에다 대고 행해졌다는 것도 당연히 증명될 수 없다. 그들이 주장할 수 있는 최대한의 것은 자신들을 "미국"이라고 부르고 그 선서를 강요한 강도들과 살인자들의 비밀무리에게 그 선서를 했다는 것이다. 그러나 이것으로는 그 선서가 구속력이 있다는 것을 증명하기에 충분하지 못하다.

15

병사들의 선서, 즉 몇 년간 복무할 것이고, 상관의 명령에 복종할 것이며 정부에 대해 진정한 충성심을 갖겠다는 등등의 선서는 법과 이성의 일반적인 원리에 따라서 구속력이 없다. 수년 동안 ─ 그러한 살인의 정당성이나 필요성에 대해 그 자신의 판단이나 양심을 행사하지 않으면서 ─ 죽이라는 명령을 받으면 누구든지 죽이겠다는 선서의 범죄성과 상관없이, 병사의 선서가 구속력이 없는 이유가 또하나 있다. 즉 그것은 지금까지 언급한 다른 모든 선서처럼 그 선서가 누구에게도 한 것이 아니라는 것이다. 적법한 의미에서 "미국"이라는 그런 법인이나 국가가 없기 때문에, 결국 적법한 의미에서 "미국정부"라는 그런 정부는 없기 때문에, 그런 국가나 정부에게 한 병사의 선서나 그런 국가나 정부와 맺은 병사의 계약은 당연히 아무에게도 하지 않은 선서이거나 또는 누구와도 맺은 계약이 아니다. 결국 그런 선서나 계약은 구속력이 있을 수 없다.

16

자신들을 미국의 대사, 장관, 대통령, 상원의원이라고 부르는 어떤 사람들이 "연합주의 인민"이라는 이름으로 "연합주의 인민"을 위해 다른 나라들과 체결한다고 하는 소위 조약은 법과 이성의 일반적인 원리에 따라서 효력이 없다. 이 조약을 맺을 때 "연합주의 인민"의 대리인이라고 주장하는 소위 이 대사, 장관, 대통령, 상원의원은 다음과 같은 증거를 보여줄 수 없다. 즉 "연합주의 인민" 전체나 자신들을 그렇게 부르는 사람들의 집단 (공식적이고 그렇게 인정받으며 책임이 있는 집단)이 자칭 대사라고 하는 사람들과 그 밖의 사람들에게 "연합주의 인민"이라는 이름으로 조약을 맺거나, "연합주의 인민"이면 누구에게나 구속력이 있는 조약을 맺는 권한을 주었다는 공식적이고 서면화된 또는 그 밖의 믿을 만한 증거를 보여줄 수 없다. 또한 그들은 다음과 같은 증거도 보여줄 수 없다. 즉 "연합주의 인민" 전체나 자신들을 그렇게 부르는 사람들의 집단 (공식적이고 그렇게 인정받으며 책임이 있는 집단)이 자칭 대사, 상원의원이라고 주장하는 사람들과 그 밖의 사람들에게 이런 권리 (즉 "연합주의 인민"이라는 이름으로 "연합주의 인민"을 위해, 자신들을 황제, 왕, 여왕이라고 부르는 어떤 다른 사람들이 정당한 통치자, 주권자[원수元首], 지배자 또는 대표자로서 여러 국민을 통치하고 대표하며 구속하겠다고 나서는 것을 인정할 권리)를 주었다는 공식적이고 서면화되었거나 그 밖의 믿을 만한 증거도 보여줄 수 없다.

자칭 대사, 장관, 대통령, 상원의원이라고 하는 우리나라 사람들과 조약을 맺는 소위 "국가들"도 우리의 국가만큼이나 신화이다. 법과 이성의 일반적인 원리에 따라서 그런 "국가들"은 없다. 즉 예를 들면 영국의 국민 전체도 자신들을 그렇게 부르는 사람들의 집단(공식적이고 그렇게 인정받으며 책임이 있는 집단)도 결코 공식적이고 서면화된 또는 그 밖의 믿을 만한 서로간의 계약에 따라 자신들을 진정한 즉 정당한 단체나 조직으로 만들지 않았다. 다시 말하면 그들은 어떤 왕, 여왕이나 그 밖의 대표자에게 국민의 이름으로 조약을 맺거나, 국민을 개별적으로든 하나의 단체로든 그 조약으로 구속할 권한을 주지 않았다.

그러므로 소위 우리의 계약은 정당한 또는 진정한 국가나 국가의 대표자와 맺어진 것이 아니기 때문에, 그리고 우리 쪽에서는 우리를 대신해서 행동할 정당한 권한이 없는 사람들에 의해 맺어졌기 때문에, 그 계약은 본질적으로 효력이 없다. 달에 있는 사람이 플레이아데스성단Pleiades*의 왕과 맺은 소위 계약처럼 말이다.

17

"미국" 또는 "연합주의 인민"이라는 이름으로 진 빚은 법과 이성의

---

* 황소자리에 있는 산개성단散開星團. 태양으로부터 408광년의 거리에 있다. 연령은 5000만 년으로 추정되며, 최근의 연구로 2000개 이상의 별들이 120광년에 퍼져 있는 대성단이라는것이 밝혀졌다. 성단 중 특히 밝은 7개의 별에는 그리스 신화에 등장하는 거인 아틀라스의 딸들 7명의 이름이 붙어 있으며, 육안으로도 식별할 수 있다.

일반적인 원리에 따라서 효력이 없다. 그들 중 어느 누구에게 내보일 수 있는 정당한 증거 ─ 개인의 빚을 증명하는 데 요구되는 것과 같은 증거 ─ 즉 그들 중의 어느 누가 또는 정식으로 권한을 부여받은 그의 대리인이 동전 한 닢이라도 갚겠다고 계약한 정당한 증거가 조금도 없는데, 3500만 명 내지 4000만 명의 사람들에게 25억 달러의 빚이 있다고 주장하는 것은 완전히 불합리하다.

미국 국민 전체도 그들 중 일부도 제각기든 개별적으로든 그 빚 중 한푼이라도 갚겠다고 계약한 적이 없었다는 것은 확실하다.

마찬가지로 확실한 것은 미국 국민 전체도 그들 중 일부도 공식적이고 서면화된 또는 그 밖의 믿을 만한 자발적인 계약을 통해 "미국"이나 "연합주의 인민"이라는 이름으로 회사, 법인 또는 단체로 결합하지 않았을 뿐만 아니라, 자신들의 이름으로 채무를 질 권한을 그 대리인에게 부여하지도 않았다는 것이다.

또 확실한 것은 공식적이고 서면화된 또는 그 밖의 믿을 만한 자발적인 계약에 따라 형성되었으며 아울러 그 빚을 갚을 법인 재산이 있는 "미국"이나 "연합주의 인민" 같은 회사, 법인이나 단체가 존재하지 않는다는 것이다.

그러므로 개별적으로는 누구에게도 구속력이 없는 빚이 4000만 명에게 집단적으로 구속력이 있을 수 있다는 것은 법이나 이성의 일반적인 원리에 따라서 어떻게 가능한가? 법과 이성의 일반적인 정당한 원리에 따르면, 이 4000만 명은 법인 재산을 갖고 있지 않으며 또 가진 적도 없었는데 말이다. 법인으로나 개별적으로나 계약을 맺은 적도 전혀 없었는데 말이다. 그리고 법인 존재를 갖고 있지 않으며 가진 적도 없었는데 말이다.

그렇다면 누가 "미국"의 이름으로 이 빚을 졌는가? 그야 물론, 자신들을 "연방의회 의원" 등이라고 부르는 불과 소수의 사람들이다. 이들은 "연합주의 인민"을 대표한다고 주장했지만, 실제로는 강도들과 살인자들의 비밀무리만을 대표했을 뿐이다. 그들은 자신들이 관여한 강탈과 살인을 수행하기 위해 돈을 원했다. 그리고 그들은 미국의 미래의 국민으로부터 강탈과 살인 위협(필요하다면, 실제 살인)을 통해 그 빚을 갚을 자금을 탈취할 작정이었다.

이 빚을 지는 데 실제적인 당사자들이었던 이 강도들과 살인자들의 무리는 비밀무리이다. 왜냐하면 그 일원들은 공식적이고 서면화되고 공공연히 인정받거나 믿을 만한 계약을 맺지 않았기 때문이다. 그런 계약을 하면 그들은 세상에(심지어는 서로에게조차) 개인으로 알려질지도 모르지만 말이다. 실제로든 자칭이든 그들의 대표자들이 그들의 이름으로 이 빚을 졌지만, 이 대표자들은 그 때문에 (이왕 선출되었다면) 비밀리에 (비밀투표로) 그리고 그 위임자들 중 누구에게도 **개인적으로** 불리한 증거를 제공하지 않는 방식으로 선출되었다. 그리고 이 위임자들은 자신들을 위해 빚을 진 소위 그 대표자들에게도, 돈을 빌려준 사람들에게도 실제로 **개인으로는** 알려지지 않았다. 그러므로 그 돈은 모두 어둠 속에서 빌리고 빌려준 것이었다. 말하자면, 서로의 얼굴을 보지 못했거나 서로의 이름을 모르는 사람들이 돈을 빌리고 빌려준 것이었다. 이들은 그때도 그랬지만 지금도 서로를 거래의 당사자로 확인할 수 없다. 결국 이들은 서로의 계약을 증명할 수 없다.

게다가 그 돈은 모두 범죄 목적에서, 즉 강탈과 살인 목적을 위해 빌려주고 빌렸다. 이런 이유 때문에 그 계약들은 본질적으로 무효이다. 그리고 실제 당사자들, 즉 빌리는 사람들과 빌려주는 사람들이 얼굴을 맞대고 그 계약들을 공개적으로 그들 자신의 이름으로 맺었어도, 그 계약들은 무효였을 것이다.

더욱이 이 돈을 실제로 빌린 사람들인 이 강도들과 살인자들의 비밀무리는 정당한 법인 존재를 갖고 있지 않기 때문에 이 빚을 갚을 법인 재산이 없다. 물론 그들은 대서양과 태평양 사이에, 멕시코만과 북극 사이에 광대한 넓이의 황무지를 소유하고 있다고 주장한다. 그러나 법과 이성의 일반적인 원리에 따라서, 그들은 차라리 대서양과 태평양 자체를, 또는 공기와 햇빛을 소유하고 있다고 주장하는 편이 낫다. 그리고 그들은 그것들을 차지하고 있으니 그것들을 처분해서 빚을 갚겠다고 주장하는 편이 낫다.

그들의 법인 빚_{corporate debts}이라고 하는 것을 갚을 법인 재산이 없기 때문에, 이 강도들과 살인자들의 비밀무리는 실제로는 파산이다. 그들은 갚을 재산이 없다. 사실 그들은 앞으로 강탈과 살인을 해 얻는 수입으로 그 빚을 갚을 생각밖에 하지 않는다. 이 수입이 그들이 자인하는 것처럼 유일하게 의지하는 것이다. 그리고 돈을 빌려준 사람들도 돈을 빌려주었을 때 그것을 잘 알고 있었다. 그러므로 이 앞으로의 강탈과 살인으로 얻는 수입으로만 그 돈을 갚게 된다는 사실이 사실상 그 계약의 일부였다. 다른 이유가 없어도, 이 이유 때문에 그 계약들은 처음부터 무효였다.

사실 겉보기에는 두 부류인 이 빌리는 사람들과 빌려주는 사람들은 실제로는 하나의 같은 부류였다. 그들은 서로 돈을 빌리고 빌려주었다. 그들은 돈을 빌려서 쓴 이 강도들과 살인자들의 비밀무리의 중요한 일부였을 뿐만 아니라, 그 비밀무리의 중심인물들이기도 하였다. 개별적으로는 그들이 공공사업에 필요한 돈을 공급하였다. 그 대신에 그들은 소위 법인의 약속으로 이루어진 것을 개인적인 대부로 간주하였다. 그들이 소위 이 법인의 약속을 개인적인 대부로 간주한 단 하나의 이유는 다음과 같은 것이었다. 즉 그들이 (즉 법인의 빚을 갚기 위해) 그 무리가 앞으로 강탈하는 것에 대해 어떤 명백한 핑계거리를 가질 수 있다는 것이었다. 또한 그렇게 하면 그들은 앞으로 강탈해 얻는 수입에서 각자에게 돌아올 몫이 얼마인지도 알 수 있을 것이다.

마지막으로 이 빚이 전혀 악의 없는 정직한 목적을 위해 또 가장 공개적이고 정직한 방식으로 그 계약의 실제 당사자들에 의해 생겨났다면, 그 당사자들은 그들 자신 이외에는 누구도 그리고 그들 자신의 재산 이외에는 어떤 재산도 구속할 수 없었을 것이다. 그들은 자기들 다음에 오는 누구도 구속할 수 없었을 것이며, 나중에 다른 사람들에 의해 생겨난 재산이나 이들이 소유한 재산을 구속할 수 없었을 것이다.

18

헌법은 아무도 서명하지 않았기 때문에; 소위 미국 정부를 유지하는 공식적이고 서면화된 또는 믿을 만한 계약이 어떤 당사자들 사이에도 없기 때문에; 21세 이상의 성인 남자들에게만 정부에의 투표권이 허용된다는 것이 잘 알려져 있기 때문에; 또한 이 성인 남자들 다수는 거의 또는 전혀 투표하지 않는다는 것도 잘 알려져 있기 때문에; 그리고 투표하는 자들은 **모두** 비밀리에(비밀투표로) 또한 세상 사람들에게든 서로에게든 그들의 개별적인 투표가 알려지지 않게 하는 방식으로 투표하기 때문에; 결국 투표하는 사람들은 누구도 그들의 대리인이나 대표자의 행위에 대해 공개적으로 책임지지 않는 방식으로 투표하기 때문에 ─ 이 모든 것들은 잘 알려져 있기 때문에, 다음과 같은 질문이 생겨난다: 누가 이 나라의 실제적인 통치 권력을 구성하는가? 우리에게서 재산을 **빼앗고** 자유를 제한하며, 우리를 자신들의 자의적인 지배력에 복종시키는 사람들, 즉 책임자들은 누구인가? 그리고 우리가 저항한다면, 우리들의 집을 철저하게 파괴하고 우리를 수십만 명이나 **쏴** 죽이는 사람들은 누구인가? 우리는 이 사람들을 어떻게 찾아낼 것인가? 우리는 그들을 다른 사람들과 어떻게 구별할 것인가? 우리는 우리 자신과 우리의 재산을 그들에게서 어떻게 보호할 것인가? 우리 이웃 중에서 누가 이 강도들과 살인자들의 비밀무리의 일원인가? 우리가 태워버리거나 망가뜨려도 되는 그들의 집이 어느 것인지 우리는 어떻게 알 수 있는가? 우리가 파괴해도 되는 그들의 재산은 어느 것인가? 세상과 우리 자신을 구하려면, 우리가 죽여도 되는 그들의 몸은 어느 것인가?

이것들은 반드시 대답해야 할 질문이다. 그래야 사람들이 자유로워질 수 있다. 그래야 그들은 지금 자신들에게서 강탈하고 자신들을 노예로 만들며 파괴하는 이 강도들과 살인자들의 비밀무리에게서 자신들을 지킬 수 있다.

이 질문들에 대한 대답은 다음과 같다. 즉 같은 인간을 쏴 죽일 의지와 힘을 지닌 자들만이 다른 모든 (소위) 문명국가에서처럼 우리나라에서도 실제적인 통치자라는 것이다. 왜냐하면 다른 방법으로는 문명인들에게서 강탈하고 이들을 노예로 만들 수 없기 때문이다.

야만인들의 경우 한 사람이 육체적인 힘만 세도 다른 사람에게서 강탈하고 그를 노예로 만들거나 죽일 수 있다. 미개인들의 경우 잘 훈련되고 일치단결해서 행동하는 집단은 육체적인 힘만 세고 돈이나 다른 부는 거의 없어도 어떤 상황에서는 자신들보다 그 수가 많거나 어쩌면 훨씬 더 많은 다른 집단에게서 강탈하고 그들을 노예로 만들거나 죽일 수 있다. 야만인들과 미개인들의 경우 단지 필요하다는 이유에서 자신을 다른 사람에게 노예로 파는 사람도 때로는 있을 수 있다. 그러나 (소위) 문명화된 사람들 사이에는 지식, 부, 일치단결해 행동하는 방법이 널리 퍼졌으며, 이들은 또한 단순한 육체적인 힘을 덜 중요하게 만드는 그런 무기들과 그 밖의 방어수단을 발명하였다. 그리고 그들은 필요한 수만큼의 병사들과 필요한 양만큼의 그 밖의 수단들을 돈으로 언제든 가질 수 있다. 따라서 그들의 경우 전쟁의 문제, 결국 권력의 문제는 단지 돈의 문제일 뿐이다. 이에 따른 필연적인 결과로서, 이 돈을 기꺼이 대는 자들이 실제적인 통치자들이다. 유럽에서도 그렇고 우리나라에서도 그렇다.

유럽의 경우 명목상의 통치자들, 즉 황제, 왕과 의회는 결코 그들 나라의 실제적인 통치자가 아니다. 이들은 단지 부자들이 부유하지 않은 자들이나 완전히 가난한 자들에게서 강탈하고 이들을 노예로 만들며 (필요하다면) 죽이기 위해 사용하는 수단에 불과하다.

로스차일드가家,Rothschilds* 그리고 이들이 그 대표자이자 대리인인 금융업자 계급 ─ 아주 충분한 담보와 아주 높은 이자율이 있지 않는 한, 정직하게 열심히 일하는 이웃 사람들에게는 한 푼도 빌려줄 생각을 전혀 하지 않는 사람들 ─ 은 자신들을 정부라고 부르는 저 강도들과 살인자들에게는 언제든지 돈을 무제한 빌려주려고 한

---

* 독일─유대계 혈통의 국제적인 금융 가문. 오스트리아와 영국 정부로부터 귀족 작위를 받았다.

다. 강탈당하고 노예가 되는 것에 조용히 복종하지 않는 자들을 쏴 죽이는 데 쓰일 돈을 말이다.

그들은 돈을 이런 식으로 빌려준다. 그들은 같은 인간들이 단지 자신들의 자유와 권리를 찾는다는 이유만으로 이들을 죽이는 데 그 돈이 쓰인다는 것을 안다. 그들은 또한 돈을 빌려간 사람들에게 도 죽여버리겠다고 여러 차례 위협하면서 강제로 빼앗지 않고서는 이자는 물론 원금도 받지 못한다는 것을 안다.

이 금융업자들, 예를 들면 로스차일드가家는 다음과 같이 속으로 말한다: 만일 우리가 영국의 여왕과 의회에 1억 파운드를 빌려준다면, 그 돈은 그들에게 영국, 아일랜드나 인도에서 2만 명, 5만 명, 또는 10만 명을 죽이게 할 수 있을 것이다. 그리고 그러한 대대적인 살인이 불러일으키는 공포는 그들에게 그 나라들의 국민 전체를 앞으로 20년 동안, 어쩌면 50년 동안 복종시킬 수 있을 것이다. 그 국민들의 모든 상업과 산업을 통제할 수 있을 것이다. 그 국민들에게서 막대한 양의 돈을 세금이라는 이름으로 강탈할 수 있을 것이다. 이렇게 그 국민들에게서 강탈한 부富로 그들(여왕과 의회)은 우리가 다른 방식으로 얻을 수 있는 것보다 더 높은 이율의 이자를 우리 돈에 대해 지불할 수 있다. 또는 만일 우리가 그 정도의 돈을 오스트리아 황제에게 빌려준다면, 그 돈은 그에게 자기 나라의 많은 국민을 죽이고 나머지 국민을 공포에 몰아넣게 할 수 있을 것이다. 이렇게 해서 그는 국민을 복종시키고 이들에게서 앞으로 20년 또는 50년 동안 돈을 강탈할 수 있을 것이다. 그리고 그들은 러시아 황제, 프러시아 왕, 프랑스 황제 또는 소위 그 밖의 어떤 통치자에 대해서도 똑같이 말한다. 통치자가 상당한 수의 자기 국민을 죽이면 나머지 국민을 복종시키고 이들에게서 앞으로 오랫동안 돈을 강탈해 빌린 돈의 이자와 원금을 갚을 수 있을 것이라고 그들은 판단한다.

그런데 왜 이 사람들은 같은 인간들을 죽이는 데 그처럼 기꺼이 돈을 빌려주려고 하는가? 단지 이런 이유 때문이다. 즉 그러한 대부貸付가 정직한 산업을 목적으로 한 대부보다 더 나은 투자라고 생각하기 때문이다. 그러한 대부가 더 높은 이율의 이자를 받으며, 이자받기도 더 쉽다. 이것이 문제의 전부이다.

이 고리대금업자들에게는 이처럼 대부하는 것은 단지 금전상의 이익 문제에 불과하다. 그들은 같은 인간들에게서 강탈하고 이들을 노예로 만들며 죽이는 데 쓰이는 돈을 빌려준다. 그 이유는 단하나, 즉 전체적으로 그러한 대부가 다른 대부보다 수익이 더 좋기 때문이다. 그들은 사람을 존중하는 자들이 아니며, 또 군주들을 맹목적으로 존경하는 바보들도 아니다. 그들은 거지를 좋아하지 않는 만큼이나 왕이나 황제도 좋아하지 않는다. 이 왕이나 황제가 훌륭한 고객으로서 그들의 돈에 대해 더 높은 이자를 지불할 수 있는 경우를 제외하고는 말이다. 만일 그들이 그의 능력에 의심을 품는다면, 즉 권력을 유지해서 앞으로 국민에게서 돈을 강탈하기 위해 살인을 잘 하는 그의 능력에 의심을 품는다면, 그들은 그를 가차 없이 내쫓아버린다. 공개적인 파산 상태에서 벗어나기 위해 돈을 빌리고 싶어 하는 어떤 다른 절망적인 파산자를 내쫓아버리는 것처럼 말이다.

로스차일드가家 같은 이 피 묻은 돈의 거대한 고리대금업자들이 막대한 금액을 이런 식으로 살인 목적을 위해 황제나 왕에게 빌려주었을 때, 그들은 자신들이 받은 채권을 누구에게나 조금씩 판다. 그들은 그 채권을 만족할 만한 가격에 사 투자로서 보유하고 싶어 하는 모든 사람에게 판다. 그들(로스차일드가)은 이렇게 해 곧 자신들의 돈을 회수하며 큰 이익을 본다. 지금도 그들은 황제나 왕이라고 불리는 어떤 다른 강도와 살인자에게 또다시 같은 방법으로 돈을 빌려주려고 한다. 왜냐하면 황제나 왕이 강탈과 살인을 잘 할 것이며, 그렇게 하는 데 필요한 돈에 대해서는 넉넉하게 갚을 수 있을 것이라고 그들은 생각하기 때문이다.

피 묻은 돈을 빌려 주는 이 사업은 여태까지 인간들 사이에서 상당한 정도로 행해진 가장 철저하게 더럽고 피도 눈물도 없으며 죄를 범하는 것 중 하나이다. 그것은 노예상인들에게 또는 보통의 강도들과 해적들에게 돈을 빌려 주고 약탈해서 갚으라고 하는 것과 같다. 소위 정부들에 돈을 빌려 주어 그들의 국민에게서 강탈하고 그 국민을 노예로 만들거나 죽일 수 있게 해주는 사람들은 세상 사람들이 여태까지 본 가장 나쁜 악당들 중 하나이다. 그리고 여태까지 존재한 노예상인들, 강도들 또는 해적들과 마찬가지로, 그들도 추적

해 죽일 만하다(이들을 다른 방법으로 제거할 수 없다면 말이다).

　소위 이 황제들과 왕들이 이 대부금을 얻었을 때, 그들은 병사라고 불리는 엄청난 수의 전문적인 살인자들을 고용해 훈련시키기 시작한다. 그리고 그들은 이 병사들을 사용해 자신들의 돈 요구에 저항하는 모든 사람들을 쏴 죽인다. 사실 그들 대부분은 강탈을 집행하는 유일한 수단으로, 이 병사들의 거대한 집단을 끊임없이 운영한다. 내 생각에, 현재 소위 유럽의 군주들이 끊임없이 사용하는 이 전문적인 살인자들이 400만 명 내지 500만 명이 있다. 물론 노예가 된 국민들은 이 모든 살인자들을 먹여 살리고 돈도 주어야 할 뿐만 아니라, 이 고용된 살인자들이 집행하는 그 밖의 모든 강탈을 감수할 수밖에 없다.

　유럽의 소위 정부들 대부분은 이런 방식으로만 유지된다. 소위 이 정부들은 실제로는 조직화되고 잘 통솔되며 끊임없이 경계하는 강도들과 살인자들의 큰 무리에 불과하다. 그리고 이 여러 정부들의 소위 원수元首들은 단지 강도들과 살인자들로 이루어진 여러 무리의 우두머리나 대장일 뿐이다. 그리고 이들 우두머리나 대장은 강탈과 살인을 행하기 위한 자금에 대해서는 피 묻은 돈을 빌려 주는 사람들에게 의지한다. 이 피 묻은 돈의 대부업자들이 그들에게 빌려 주는 돈이 없다면, 그들은 한 순간도 자신들을 유지할 수 없을 것이다. 그리고 그들의 첫 번째 걱정거리는 이 대부업자들에게서 신용을 유지하는 것이다. 왜냐하면 이 대부업자들에게서 신용이 끝나는 순간, 자신들의 끝이 왔다는 것을 그들은 알기 때문이다. 결국 그들이 강탈해 얻는 첫 번째 수입은 철저하게 그들이 빌린 돈의 이자를 갚는 데 쓰인다.

채권의 이자를 갚는 것 이외에도, 그들은 어쩌면 그 채권 보유자들에게 잉글랜드 은행, 프랑스 은행, 빈 은행 같은 은행업에서 큰 독점권을 줄지도 모른다. 물론, 갑작스런 비상사태에 그들의 국민을 더 많이 쏴 죽일 필요가 있을 때마다 이 은행들은 돈을 대야 할 것이다. 어쩌면 또한, 경쟁적으로 수입하는 물품에 대해서는 관세를 부과함으로써 그들은 이 피 묻은 돈을 빌려 주는 사람들이 관여하는 몇몇 산업 부문에 큰 독점권을 줄지도 모른다. 그들은 또한 불평등한 과세로 이 대부업자들의 재산은 완전히 또는 부분적으로 세금에서 면제해 주고, 아주 가난하고 힘이 없어 저항할 수 없는 자들에게는 그만큼의 부담을 지게 한다.

따라서 분명한 것은 다음과 같은 사실이다. 즉 자신들을 황제, 왕, 원수, 군주, 프랑스 국왕, 스페인 국왕, 각하, 가장 고귀하고 강력한 왕자 등이라고 부르면서 "신의 은총으로", "신이 준 권리"로 ― 말하자면 하늘로부터 받은 특별한 권위로 ― 통치한다고 주장하는 이 모든 사람들은 본질적으로 아주 사악한 철면피로서, 같은 인간들에게서 강탈하고 이들을 노예로 만들거나 죽이는 데에만 몰두하고 있다. 그뿐만이 아니다. 그들은 또한 이 피 묻은 돈의 대부업자들에게 매달리는 자이며, 이 대부업자들에게 비굴하게 고분고분하고 아첨하는 종이면서 이들의 도구이기도 하다. 그들은 범죄를 행하는 데 필요한 재원을 이들에게 의지하기 때문이다. 로스차일드가家 같은 이 대부업자들은 숨어서 웃으면서 속으로 말한다: "이 더러운 인간들은 자신들을 황제, 왕, 폐하, 가장 고귀하고 강력한 왕자라고 부르며, 왕관을 쓰고 왕좌에 앉는다고 공언한다. 그들은 몸을 리본, 깃털, 보석으로 꾸민다. 그리고 고용된 아첨꾼들과 알랑거리는 자들로 둘러싸여 있다. 그들은 전능한 신에 의해 특별히 임명된 군주 및 입법자로서 바보들과 노예들을 거느리고 거들먹거리며 걸으면서 우리와 악수한다. 그들은 자신들이 명예, 위엄, 부, 권력의 유일한 원천이라고 생각하면서 손을 내민다. 이 모든 사악한 사기꾼들은 우리가 자기들을 만들고 자기들을 이용한다는 것을 안다. 그들은 우리 때문에 자신들이 살아 움직이며 존재한다는 것을 안다. 우리가 그들에게 (그들의 자리의 대가로서) 우리의 이익을 위해 저지르는 모든 범죄의 모든 수고, 모든 위험, 모든 비난을 떠맡으라고 요구한다는 것을 그들은 안다. 그리고 그들이 우리가 요구하는 범죄를 저지르기를 거부하는 순간, 또는 그들이 강탈해서 얻는 수입 중 우리가 요구하기에 적절하다고 보는 몫을 우리에게 넘겨주기를 거부하는 순간, 우리가 그들을 망하게 해 번지르르한 껍데기를 벗겨서 세상에 내팽개쳐 거지가 되게 하거나, 아니면 그들이 노예로 만든 국민의 복수에 넘겨버릴 것이라는 사실을 그들은 안다."

19

그런데 유럽에서 사실인 것은 대체로 우리나라에서도 사실이다. 차이점은 하찮은 것이다. 즉 우리나라에는, 자신들을 "정부"라고 부르는 이 강도들과 살인자들의 명백한[눈에 보이는] 영속적인 우두머리 내지 대장이 없다는 것이다. 말하자면, 자신을 국가, 심지어는 황제, 왕 또는 주권자라고 부르는 사람이 없다. 자신과 자기 아이들이 "신의 은총으로", "신에게서 받은 권리로" 또는 하늘로부터 특별한 지명을 받아 통치한다고 주장하는 사람이 없다. 자신들을 대통령, 상원의원, 하원의원이라고 부르며, "연합주의 인민" **전체**의 대리인으로서 당분간 또는 일정한 짧은 기간 동안 권한을 부여받았다고 주장하는 몇몇 사람들이 있을 뿐이다. 그러나 그들은 자신들이 그렇다는 신임장이나 대리 위임장, 또는 그 밖의 공식적인 믿을 만한 증거를 보여줄 수 없다. 그리고 주지하다시피, 그들은 그렇지 않다. 그들은 실제로는 그들 자신도 모르고 또 개별적으로 알 방법도 없는 강도들과 살인자들의 비밀무리의 대리인일 뿐이다. 그렇지만 위기가 오면, 이 강도들과 살인자들이 공개적으로든 비밀리에든 온갖 강탈과 범죄를 행하며 자신들을 떠받칠 것이라고 그들은 확신한다.

반드시 알아차려야 할 것은 소위 이 대통령, 상원의원, 하원의원, 자칭 "연합주의 인민" **전체**의 대리인이라고 주장하는 이 사람들이 ― 그들의 강제 징수가 이 "인민"의 일부로부터의 만만찮은 저항에 직면하는 순간 ― 유럽에 있는 그들의 동료 강도들과 살인자들처럼 그들의 권력을 유지하는 데 필요한 재원을 얻으러 피 묻은 돈의 고리대금업자들에게 즉시 날아가지 않을 수 없다는 것이다. 그들은 똑같은 원리에 따라 똑같은 목적을 위해 돈을 빌린다. 즉 돈을 빌리는 이들이 실행하고 있는 강탈과 노예화에 저항하는 "연합주의 인민" — 그들이 공공연히 부르는 것처럼 그들 자신의 선거권자이자 위임자 — 모두를 쏴 죽이는 데 쓰기 위해서 돈을 빌린다. (갚는다면) 앞으로의 강탈에서 얻는 수입으로만 갚을 생각을 한다. **지금** 수십만 명을 쏴 죽여서 나머지 사람들을 공포에 몰아넣을 수 있다면, 그들 자신과 후계자들이 오랫동안 힘들이지 않고 그들의 소위 위임자[선거권자]들에게서 강탈할 수 있을 것으로 그들은 예상한다.

어쩌면 다음과 같은 사실들이 지구상의 어떤 나라에서도 우리나라보다 더 분명하게 나타나지는 않았을 것이다: 이 냉혹한 피 묻은 돈의 대부업자들이 실제적인 통치자이다; 그들은 가장 비열한 금전상의 동기에서 통치한다; 표면상의 정부, 소위 대통령, 상원의원, 하원의원은 단지 그들의 도구에 불과하다; 그리고 그 대부업자들은 전쟁에 필요한 돈을 빌려줄 때 정의나 자유에 대해 생각해보거나 그런 것을 전혀 고려하지 않았다.

거의 한 세기 전에 우리는 유럽의 한 비굴하고 부패한 성직자*가

---

* 자크 베니뉴 보쉬에Jacques Bénigne Bossuet(1627-1704). 프랑스의 주교로 왕권신수설을 주장하였다.

심어준 종교적 미신을 모두 없애버렸다고 공언하였다. 그 종교적 미신이란 소위 통치자들은 자신들의 권위를 직접 신으로부터 받았기 때문에, 결국 자신들에게 복종하는 것이 국민의 종교적 의무라는 것이었다. 우리가 배웠다고 오래 전에 공언한 것은 정부란 그 정부를 떠받치기로 마음먹은 사람들의 자유의지와 자발적인 지지에 의해서만 올바르게 존재할 수 있다는 것이다. 정부의 단 하나의 정당한 목적은 모두에게 평등하게 자유와 정의를 지켜주는 것이라는 사실을 우리 모두는 오래 전부터 알았다고 공언하였다. 이 모든 것을 우리는 거의 100년 동안 공언하였다. 그리고 우리는 저 무지하고 미신적이며 노예가 된 유럽 인민들을 볼 때 불쌍함과 경멸감을 느낀다고 공언하였다. 유럽의 인민들이 사제들과 왕들의 사기와 폭력에 아주 쉽게 굴복하고 있었기 때문이다.

우리가 거의 한 세기 동안 배웠고 알았으며 공언한 이 모든 것에도 불구하고, 이 피 묻은 돈의 고리대금업자들은 남북전쟁 이전의 오랜 기간 동안 노예소유자들의 열성적인 공범자로서 정부를 자유와 정의를 지키는 데 쓰지 않고 최대한 범죄를 저지르게 하는 데 썼다. 그들은 순전히 금전만을 고려하는 공범자, 즉 남부 시장을 지배하고 싶어한 공범자였다. 달리 말하면, 노예소유자들을 북부의 제조업자들과 상인들에게 산업적으로뿐만 아니라 상업적으로도 예속시키는 특권을 확보하고 싶어한 공범자였다(북부의 제조업자들과 상인들은 그 후에 전쟁에 필요한 돈을 댔다). 그리고 똑같은 금전상의 고려 때문에, 이 북부의 상인들과 제조업자들, 이 피 묻은 돈의 고리대금업자들은 앞으로도 계속해서 노예소유자들의 공범자가 되려고 하였다. 그러나 자신들의 북부 동맹자들의 신용을 의심했기 때문이든 아니면 북부의 도움 없이도 노예들을 복종시킬 만큼 자신들이 충분히 강하다고 생각했기 때문이든 노예소유자들은 이 북부 사람들이 요구하는 대가를 더 이상 지불하려고 하지 않았다. 그리고 이 북부의 제조업자들과 상인들이 전부터 지닌 독점권이 가져다 준 이익의 일부를 전쟁을 위해 빌려준 것은 미래에 이 대가를 강요하기 위해서였다 (즉 남부 시장을 독점해 남부에 대한 그들의 산업적 및 상업적 지배력을 유지하기 위해서였다). 말하자면 똑같은 독점권 아니 더 큰 독점권을 앞으로도 확보하기 위해서였다. 이런 것들이 (자유나 정의에 대한 사랑이 아니라) 북부가 전쟁 비용을 제공한 동기였다. 요컨대 북부는 노예소유자들에게 다음과 같이 말하였다: "만일 우리가 당신들의 노예들을 반대하며 도와준 것에 대해서 당신들이 대가를 지불하지 않는다면 (당신들의 시장에 대한 지배력을 우리에게 주지 않는다면), 우리는 당신들을 반대하고 당신들의 노예들을 도와줄 것이다. 그렇게 해서 우리는 그들을 당신들에 대한 지배력을 유지하기 위한 우리의 도구로 이용해 바로 그 대가를 확보할 것이다(당신들의 시장을 계속 지배할 것이다). 왜냐하면 우리가 그 목적을 위해서 사용하는 수단이 흑인이든 백인이든, 피와 돈의 희생이 얼마가 되든, 우리는 당신들의 시장에 대한 지배력을 갖고 싶기 때문이다."

이런 원리에 따라서 그리고 (자유나 정의에 대한 사랑에서가 아니라) 이런 동기에서 엄청난 액수의 돈이 엄청난 이자율로 제공되었다. 전쟁 목적이 달성된 것은 단지 이 대부금에 의해서였다.

이제는 이 피 묻은 돈의 고리대금업자들이 갚을 것을 요구한다. 따라서 소위 정부는 그들의 도구(즉 그들의 노예처럼 비굴하고 사악한 도구)가 되어, 북부와 남부 모두의 예속된 국민의 노동에서 나온 돈을 강제로 탈취한다. 직접세든 간접세든, 갖가지 형태의 불평등한 과세로 돈을 강제로 탈취한다. 명목상의 빚과 이자(이 이자만해도 엄청나다)는 모두 갚아야 한다. 그뿐만이 아니라 이 채권 보유자들에게 그 이상으로 ─ 어쩌면 두 배, 세 배 또는 네 배로 ─ 갚아야 한다. 그래서 정부는 이 나라의 제조업자들이 그들의 상품을 엄청난 가격으로 팔 수 있게끔 수입품에 관세를 부과하기도 하고, 또한 그들에게 은행업의 독점권을 주어 북부 국민 대부분의 산업이나 상업을 지배하고 장악해서 이들을 노예로 만들거나 강탈할 수 있게 해준다.

요컨대, 북부와 남부, 흑인과 백인, 이 나라의 국민 대부분을 산업적으로나 상업적으로 노예로 만드는 것이 이 피 묻은 돈의 고리대금업자들이 요구하는 대가이다. 이들은 전쟁 비용을 빌려준 것에 대한 보답으로 그런 대가를 강요하고 있으며, 그런 대가를 얻을 생각이 강했다.

이런 계획이 잘 마련되어 꾸며지면, 그들은 전쟁의 최고 살인자의 손에 칼을 쥐어 주고 그에게 그들의 계획을 실행할 부담을 준다. 이

제 그들은 전쟁의 최고 살인자의 손에 칼을 쥐어 주고 그에게 그들의 계획을 실행할 부담을 준다. 이제는 그들을 대변해서 그가 말한다: "화해합시다Let us have peace."*

이 말의 의미는 다음과 같다: "우리가 당신들에게 준비한 모든 강탈과 굴종에 조용히 복종하라. 그러면 당신들은 '평화'를 가질 것이다. 그러나 당신들이 저항할 경우, 남부를 진압하는 재원을 제공한 바로 그 피 묻은 돈의 고리대금업자들이 당신들을 진압하는 재원을 또 다시 제공할 것이다."

이런 것들을 조건으로 해서만 우리의 정부, 또는 거의 예외 없이 모든 정부가 그 국민들에게 "평화"를 준다.

돈을 제공한 자들 쪽에서는 문제 전체가 강탈과 살인의 계획적인 음모였으며 지금도 그렇다. 즉 남부 시장을 독점하기 위해서만이 아니라, 통화通貨도 독점해 산업과 상업을 지배하고 이렇게 해서 북부와 남부 모두의 노동자들에게서 강탈하고 이들을 노예상태로 만들기 위한 계획적인 음모였으며 지금도 그렇다. 연방의회와 대통령은 오늘날 이 목적을 위한 도구일 뿐이다. 그들은 어쩔 수 없다. 왜냐

---

* 율리시스 심슨 그랜트Ulysses Simpson Grant(1822–1885)는 북군 총사령관을 지낸 남북전쟁 승리의 상징적인 인물이었다. 전쟁이 끝난 후 1868년 5월 21일 공화당은 그를 대통령 후보에 지명하였는데, 5월 29일 그랜트는 대통령 후보 지명을 수락하는 편지를 이 "화해합시다"라는 말로 끝냈다. 이 말은 선거 때 슬로건으로 사용되어 유명해졌다. 그랜트는 제18대 대통령에 당선되었다.

하면 피 묻은 돈의 대부업자들에게 신용이 떨어지는 순간, 그들은 소위 통치자로서의 자신들의 권력이 끝난다는 것을 알기 때문이다. 그들은 강탈하는 자의 수중에 있는 파산자나 같다. 그들은 자신들에게 주어지는 어떤 요구에 대해서도 감히 아니오라고 말하지 못한다. 그리고 자신들의 비굴함과 범죄를 — 가능하다면 — 동시에 숨기기 위해서, 그들은 자신들이 "노예제도를 폐지했다!", "나라를 구했다!", "우리의 영광스러운 연방을 보존했다"고 외치면서 일반 대중의 관심을 돌리려고 시도한다. 지금은 (마치 국민들 자신, 즉 빚을 갚기 위해 세금을 내야 하는 그들 모두가 그 빚을 지는 데 실제로 또 자발적으로 참가한 것처럼) 소위 "국가의 빚"을 갚으면서 자신들은 단지 "국가의 명예를 유지하고 있을" 뿐이라고 그들은 외친다.

"국가의 명예를 유지한다"는 그들의 말은 단지 다음과 같은 것들을 의미할 뿐이다. 즉 공공연한 강도들과 살인자들인 그들 자신이 국가라고 생각하고 있다는 것이다; 그들이 자신들한테 대다수의 국민을 짓밟는 데 필요한 돈을 빌려주는 자들에게 약속을 지키겠다는 것이다; 그리고 그들이 앞으로의 강탈과 살인에서 얻는 수입으로 원금과 이자를 포함한 모든 빚을 충실하게 갚겠다는 것이다.

"노예제도 폐지"가 전쟁의 동기였다는 주장이나 전쟁의 정당성을 증명한다는 주장은 "국가의 명예를 유지한다"는 주장과 똑같은 성격을 지닌 거짓말이다. 그들과 같은 강탈자, 강도, 살인자 외에 누가 노예제도를 확립했겠는가? 또는 오늘날 우리가 갖고 있는 정부처럼

198

칼에 의지하는 정부 이외에, 어떤 정부가 노예제도를 유지할 수 있었겠는가? 그리고 이 사람들이 왜 노예제도를 폐지했는가? 일반적인 자유에 대한 사랑 때문이 아니다. 흑인 자신에 대한 정의의 행위로서가 아니라, 단지 "전쟁의 조치로서as a war measure" 노예제도를 폐지하였다. 그들은 전쟁을 수행하는 데 흑인의 도움과 그의 친구들의 도움이 필요했기 때문이다. 그렇지만 그들은 대다수의 국민(즉 백인과 흑인 모두)에게 부과한 저 정치적, 상업적 및 산업적인 노예상태를 유지하고 강화하려고 전쟁에 착수하였다. 그런데도 이 사기꾼들은 지금 자신들이 동산動産으로서의 흑인 노예제도를 폐지했다고 (이것이 전쟁의 동기가 아니었음에도 불구하고) 소리친다. 그들은 마치 그렇게 하면 전쟁 때문에 영속되고 전보다 더 엄하고 냉혹해진 그 다른 노예상태를 숨길 수 있거나, 또는 이런 상태의 죄를 속죄하며 정당화할 수 있는 것처럼 말이다. 그들이 폐지했다고 자랑하는 노예제도와 그들의 전쟁이 보존하려고 한 노예상태 사이에는 원리의 차이가 없다(단지 정도의 차이만 있을 뿐이다). 왜냐하면 인간의 자연적[당연한] 자유에 대한 모든 제한은 — 단지 정의를 유지하는 데 필요하지 않을 때는 — 노예제도의 성질을 지니고 있기 때문이다. 그 모든 제한은 정도에서만 서로 다를 뿐이다.

그들의 목적이 실제로 노예제도를 폐지하는 것 또는 일반적으로 자유나 정의를 지키는 것이었다면, 그들은 다음과 같이 말하는 것으로 충분했다: "백인이든 흑인이든 이 정부의 보호를 원하는 사람들은 모두 보호를 받을 것이다. 그렇지만 이 정부의 보호를 원하지 않는 모든 사람은 편안히 내버려 둘 것이다. 그들이 우리를 편안히 내버려두는 한 말이다." 그들이 이렇게 말했다면, 노예제도는 틀림없이 즉시 폐지되었을 것이다. 전쟁을 안했을 것이다. 우리가 여태까지 가졌던 것보다 천 배나 고상한 연방이 생겨났을 것이다. 그것은 자유로운 사람들의 자발적인 연방이었을 것이다. 그런 연방이 전세계의 모든 사람들 사이에 언젠가는 존재할 것이다. 말하자면, 여러 국민이 오늘날 자신들에게서 강탈하고 자신들을 노예로 만들며 파괴하는 강탈자들, 강도들, 살인자들(정부라고 불리는 이들)을 없애버린다면 말이다.

이 사람들이 하는 또 하나의 거짓말은 자기들이 지금 "동의의 정부"를 확립하고 있으며 전쟁의 목적도 "동의의 정부"를 확립하는 것이었다고 말하는 것이다. 동의의 정부가 어떤 것인지에 대해 그들이 여태까지 표명한 단 하나의 생각은 다음과 같은 것이다: 동의의 정부란 모든 사람이 동의해야 하는 정부이며, 그렇지 않으면 총살당할 것이다. 이 생각은 전쟁이 행해질 때의 지배적인 생각이었으며, 우리가 소위 "평화"라는 것을 얻은 지금도 지배적인 생각이다.

자신들이 "나라를 구했다" 또 "우리의 영광스러운 연방을 보존했다"는 그들의 주장은 그들의 다른 모든 주장처럼 거짓말이다. 그러한 주장은 단지 자신들이 말을 잘 듣지 않는 국민을 복종시켰으며 이들에 대한 지배력을 유지했다는 것을 의미할 뿐이다. 그들은 이것을 "나라를 구하는 것"이라고 부른다. 마치 노예가 되어 속박된 국민 — 또는 칼에 굴복한 국민(우리 모두를 앞으로도 그렇게 만들고 싶어한 의도 대로) — 에게 나라가 있다고 말할 수 있는 것처럼 말이다. 이것 또한 그들은 "우리의 영광스러운 연방을 보존하는 것"이라고 부른다. 영 광스럽든 영광스럽지 않든 간에, 연방이라고 말할 수 있는 것처럼 말 이다. 그렇지만 그것은 자발적인 것이 아니었다. 또는 주인과 노예, 정복자와 정복된 자 사이에 연방이 있을 수 있는 것처럼 말이다.

그들이 "노예제도를 폐지했다", "나라를 구했다", "연방을 보존했 다", "동의의 정부를 세웠다", "국가의 명예를 유지했다"고 외칠 때, 이 모든 것은 뻔뻔스럽고 빤히 들여다보이는 — 누구도 속지 않을 만큼 빤히 들여다보이는 — 지독한 거짓말이다. 그들이 전쟁을 정당 화하기 위해서나 전쟁 뒤에 온 정부를 정당화하기 위해서, 또는 지 금 국민에게 전쟁 비용을 내라고 강요하는 것을 정당화하기 위해서, 아니면 누구에게나 그가 원치 않는 정부를 지지하라고 강요하는 것 을 정당화하기 위해서 그런 발언을 할 때는 말이다.

이 모든 사실들이 가르쳐 주는 교훈은 이러한 것이다: 인류가 소 위 "국가의 빚"을 계속 갚는 한 — 즉 사기당하고 강탈당하고 노예가 되고 죽임을 당하는 것에 대해 돈을 낼 만큼 잘 속는 사람들 또는 겁쟁이들이 있는 한 — 그런 목적을 위해 빌려 주는 돈도 꽤 있을 것 이다. 이런 돈이 있으면 병사라고 불리는 많은 도구를 고용해 그들 을 계속 복종시킬 수 있다. 그렇지만 그들이 그처럼 사기당하고 강탈당하고 노예가 되고 죽임을 당하는 것에 대해 이제 더 이상 돈을 내려고 하지 않는다면, 그들은 사기꾼, 강탈자, 강도, 살인자, 그리고 그들의 지배자에게 피 묻은 돈을 빌려 주는 업자를 더 이상 갖지 않을 것이다.

부록

헌법은 누구도 서명하지 않았고 누구도 계약으로 받아들이지 않았기 때문에, 따라서 헌법은 누구에게도 결코 구속력이 없었고 지금도 구속력이 없다. 게다가 총칼을 들이대며 강요하는 경우를 제외하면, 누구도 앞으로도 동의할 만한 것이 못되는 헌법이기 때문에, 계약으로서의 그것의 진정한 법률적 의미가 어떤 것인지는 아마도 중요하지 않을 것이다. 그럼에도 불구하고 내 생각에는, 헌법이 일반적으로 추측해 온 것과 같은 그런 문서가 아니라고 말하는 것이 적절하다. 그런데 잘못된 해석과 노골적인 강탈에 의해, 정부는 사실상 헌법 자체가 허용하려고 한 것과는 아주 크게, 거의 전혀 다른 것이 되었다. 이것이 사실이라는 것을 증명하기 위해 나는 지금까지 많은 글을 썼으며, 더 많은 글을 쓸 수 있었다. 그러나 헌법이 실제로 이런 것이든 다른 것이든 간에, 이것만큼은 확실하다: 헌법은 우리가 가진 그런 정부를 정당하다고 인정했거나, 아니면 헌법은 그런 정부를 막기에는 무력했었다. 어느 경우든 그런 정부는 존재하기에 부적당하다.

라이샌더 스푸너의 사회계약 비판[*]

• • •

스티브 J. 숀

미국의 아나키스트이자 노예제도 폐지론자인 라이샌더 스푸너 (1808–1887)의 저작은 배심원 무효판결jury nullification 개념에 대한 그의 관심 때문에 최근 수년 동안 새로운 관심을 받았다.[1] 다른 점에 서는 그는 본질적으로 잊힌 상태에 있었다. 이러한 사실로 인해 많은 학자들은 생기 넘치는 독창적인 사상가를 알 기회가 없었다. 이 논문에서 나는 정치적 의무, 즉 정부에의 복종의 정당화에 대한 스

---

* Steve J. Shone: "Lysander Spooner's Critique of the Social Contract", 《Anarchist Studies》, No. 15, 2007년 7월. pp. 157–178. 스티브 J. 숀은 미국 위노나Winona주립 대학교 정치학 교수이다.
1 배심원 무효판결이란 배심원들이 지침을 따르려고 하지 않은 경우를 말하는 용어이다. 심슨 O. J. Simpson의 석방 뒤에, 그 주제에 대해서 대략 500편의 학술논문들이 법률 잡지에 나왔다. 소수의 저자들은 그 실행과 그것의 법적 유효성 인정의 유래를 스푸너로까지 더듬어 올라갔는데, 이는 놀라운 일이 아니다. 예를 들면 다음을 보라. Conrad 1998, Ostrowski 2001, Shone 2004.

푸너의 글을 다룰 것이다. 이 문제는 정치이론의 역사 내내 자유주의자들이나 특히 아나키스트들과 관계가 있었다.[2] 나는 사회계약론에 대한 스푸너의 불만족, 이 점에서 스푸너와 데이빗 흄David Hume간의 유사점과 차이점, 그리고 미국 정부를 승인할 수 없다는 스푸너의 최종적인 결론을 설명할 것이다.

스푸너의 출판물들은 한정된 단일분야를 테마로 삼는 연구논문monograph으로 나왔다. 그 중 몇 개는 상당히 길다. 예를 들면《노예제도의 위헌성》은 294쪽이다.《지적 재산권 법》은 240쪽이며,《배심재판》은 224쪽이다. 그러나 다른 것들은 비교적 짧다. 오늘날, 스푸너가 쓴 사실상 모든 것은 6권으로 된 편집물《라이샌더 스푸너의 저작 모음집The Collected Works of Lysander Spooner》(찰스 쉬블리 편집)(Spooner 1971)에서 볼 수 있다. 가장 눈에 띄는 예외는《악덕은 범죄가 아니다》이다. 스미스(1992, xvii)가 지적한 대로, 이 글은 1977년에 재출간될 때까지 널리 알려지지 않았다. 이 논문에서는《악덕은 범죄가 아니다》를 제외하고는《저작 모음집》에 들어있는 판版들을 참고하였다.《악덕은 범죄가 아니다》를 이용할 경우《라이샌더 스푸너 독본The Lysander Spooner Reader》(Spooner 1992)에 의지하였다.

노예제도를 강력하게 반대한 스푸너는 존 브라운John Brown의 동

---

2 내가 이 논문에서 나중에 언급하는 것처럼, 자유주의자들은 정부가 정당화 될 수 있다고 결론짓는 경향이 있는 반면에, 아나키스트들은 여전히 회의적이다.

맹자이자 막역한 벗이었다. 그는 하퍼스 페리Harper's Ferry에 있는 연방정부 무기고에 대한 브라운의 실패한 1859년의 습격을 사전에 알았을지도 모른다. 그는 브라운의 목숨을 구하기 위해 버지니아 주의 주지사 헨리 와이즈Henry A. Wise에게 청원하기도 했다.[3] 그럼에도 불구하고 미국의 남북전쟁에 관해 스푸너는 북부가 자신들의 의지를 남부에 부당하게 강요했다고 믿었다. 아무리 줄잡아 말하더라도, 그의 관점은 특이하다. 시간이 흐르면서, 그는 미국 정부의 정당성과 가치에 대해 점점 더 회의적이 되었다. 《노예제도의 위헌성》같은 초기 글들에서 스푸너는 미국의 연방대법원이 노예제도를 당장 금지하든가 아니면 연방의회가 그것을 불법화해야 한다고 주장하였다. 그는 미국 헌법의 지지자가 아니었지만, 수정되거나 대체될 때까지는 그것에 복종해야 한다고 생각했다. 점차 그의 견해가 변했다. 노예제도가 끝난 다음 쓰여진 《반역죄가 아니다》시리즈와 같은 후기 저작에서는, 자신이 생각하기에 국민의 동의 없이 강요되어 온 정부를 계속해서 맹렬히 비난하였다. 그는 미국의 정치제도를 바꿀 필요성에 훨씬 더 집중하였다. 그는 정치와 동의가 양립할 수 없으며, 미국 정부는 정당화될 수 없고 미국 헌법은 엉터리라고 설득력

---

3 브라운의 공적은 《존 브라운의 몸John Brown's Body》이라는 노래에서 기리고 있다. 청원에 대해서는 다음을 보라. Spooner('회람장의 저자The Author of the Circular'라는 익명으로 썼다), 《letter to Henry A. Wise, Governor of Virginia》, 1859년 11월 2일 Lysander Spooner manuscripts collection, Department of Rare Books and Manuscripts, Boston Public Library.

있게 주장하였다.

알렉산더Alexander(1950, 212, 각주52)는 《반역죄가 아니다》의 사본은 제1부, 제2부, 제6부만 찾아낼 수 있다고 보고한다. 그것들의 이상한 순서에도 불구하고, 그 밖의 부部들은 존재하지 않는 것 같다. 1871년의 한 편지에서 스푸너는 "이제까지 출판된 사본"[4]은 그 세 개밖에 없다고 썼다. 처음의 두 부는 1867년에 출판되었으며, 제6부는 1870년에 나왔다. 이 세 개의 글에서 스푸너는 동의에 의한 정부의 의미를 탐구하는데, 이것이 본 논문의 주제이다.

스푸너가 《반역죄가 아니다》 제1부에서 처리하려고 한 첫 번째 쟁점들 중 하나는 다수결 원칙이다. 그는 이것을 다수파의 횡포로 이해한다. 대중의 의지를 이해하는 한 가지 방법은 힘이라는 점에 있을지도 모른다. 그러나 동의에 의한 정부가 바로 "가장 강한 당파의 동의"를 의미할 수 없다고 그는 말한다(Spooner 1867a, 6). 세계 도처에 있는 폭군들은 그 시험에 합격할 수 있을 것이다. 이것은 잘 알려져 있는 출발점이다: 예를 들면, "모든 국가는 폭력에 기초해 있다"는 트로츠키Trotsky의 결론을 거부한 독일의 위대한 사회학자 막스 베버(1970, 78)는 정부를 "물리적인 힘의 정당한 사용의 독점권"을 소유한 단체로 정의하고 있다. 정당성의 요건을 더하면 이 정의를 상

---

4 라이샌더 스푸너가 페리B. F. Perry에게 보낸 1871년 5월 5일자 편지. Lysander Spooner manuscripts collection, Department of Rare Books and Manuscripts, Boston Public Library.

당히 튼튼하게 하는 것 같다. 그렇다면 정당성은 어떻게 얻어지는 가? 아마도 지금 이 시대에는 선거에서 이기는 것으로 정당성을 얻을 것이다. 이렇게 해서 우리는 스푸너가 목표로 삼은 것, 즉 동의에 의한 정부를 고찰하는 것에 가까이 왔다. 그러나 그로서는 동의에 의한 정부가 "그 수가 가장 많은 당파의 동의"를 의미하지 않는다는 것을 지적하려고 애쓴다(Spooner 1867a, 7). 물론 많은 사람들에게는, 다수결 원칙이 ― 힘보다는 수로 이해되기 때문에 ― 전적으로 민주주의라는 것이다. 그러나 소수파도 자격이 있다고 스푸너는 주장한다. 남자든 여자든 인간은 어떤 사람이나 어떤 집단이 (이들이 마침 선거에서 이겼다는 이유만으로) 빼앗을 수 없는 "자연권"을 갖고 있다. 이것은 적절하다. 강탈이 "자신을 강도라고 부르는 어느 한 사람에 의해 저질러지든 … 자신들을 정부라고 부르는 다수에 의해 저질러지든"(7) 상관없이 말이다. 미국 독립혁명도 결국은 다수파(대영제국)의 통제에서 권력을 되찾은 소수파(식민지 주민들)의 한 사례였다. 대부분의 미국인들이 믿는 것처럼 미국 독립혁명이 그때 정당했다면, 소수파의 자유도 마찬가지로 오늘날 정당화된다(8).

이제는 정치적 의무라는 중심 쟁점에 초점을 맞추면서, 스푸너는 미국 정부가 어떤 권위에 근거해서 지배하는가를 묻는다. 그의 판단에 따르면, 한 국가가 지배할 권리는 오로지 동의를 기초로 해서만 확립될 수 있다. 정부가 정당화되는 것은 힘에 의한 것도 아니고 다수결주의(다수파의 동의)에 의한 것도 아니다. 정부는 모두의 동의에 의해 정당화된다(9-10). 따라서 정당한 정부는 "과세로든 개인적인 병역으로든 정부를 유지하는 데 기여할 것을 요구받는 모든 사람의 개별적인 개개의 동의를 요구한다. 이 전부 아니면 전무가 필연적으로 함축되어 있다. 왜냐하면 한 사람의 동의는 어떤 다른 사람의 동의와 마찬가지로 필요하기 때문이다"(11). 동의는 보편적이어야 할 뿐만 아니라 결코 강탈되어서도 안된다: "왜냐하면 어떤 사람이 정부를 지지하는 것에 결코 동의하지 않았거나 찬성하지 않았다면, 그는 정부를 지지하기를 거부한다고 해서 약속을 깨는 것이 아니다"(11). 동의의 의미에 대한 이러한 이해는 독립선언에 의해 암시되어 있다. 여기서 스푸너는 오늘날의 저술가 로버트 폴 울프Robert Paul Wolff와 유사하다. 울프는 그의 책《아나키즘을 변호하며In Defense of Anarchism》(Wolff 1976)에서 다음과 같이 주장한다. 즉 어떤 정체polity도 만장일치의 직접민주주의에 기초하지 않는 한 ― 즉 모든 사람이 통과된 모든 법에 개별적으로 동의하지 않는 한 ― 결함이 있다:

"만장일치는 분명히 가장 명백하게 정당한 결정을 하는 방법이라고 생각된다. 그 밖의 형태들은 이 이상理想과의 타협책으로 제시되는 것이다. 그 형태들의 찬성론이 보여주려고 애쓰는 것은 만장일치 민주주의의 권위가 대의제도나 다수결 원칙을 사용할 필요성에 의해 치명적으로 약해지지 않는다는 것이다."(Wolff 1976, 27)

그러나 스푸너가 생각하기에, 직접적이지 않은 형태들의 민주주의는 "치명적으로 약하다." 울프의 학술서의 목적이 이상적인 민주주의란 무엇을 의미할 수 있는지를 성찰하는 것이기 때문에 그의 주장은 발견에 도움을 주는 것heuristic이지만, 스푸너의 시각은 결코 철학적이지 않다. 울프와 마찬가지로 스푸너도 각 개인이 모든 법에 동의하는 것은 불가능하다고 인정하지만(Spooner 1852, 132), 그럼에도 불구하고 그는 정부에의 동의가 만장일치여야 하며 직접적이어야 한다고 주장한다.

모든 사람이 정부에 찬성 투표한다고 해도, 스푸너는 여전히 동의의 가능성에 관해 여러 가지 비판을 한다. 첫째, 한 개인이 정부에 동의한다 하더라도 그 복종은 영원한 약속이 아니라고 스푸너는 주장한다. 둘째, 미래의 세대들은 그 조상들의 동의에 얽매이지 않는다. 미국 헌법은 기껏해야 그 시대에 산 사람들에게 의무를 지웠다. 셋째, 투표한다는 것이 정부에 동의한다는 것을 의미하지 않기 때문이다. 마지막으로, 모든 사람이 그 문서에 서명하지 않았다면 통치자와 피통치자 간의 사회계약이라는 자유주의 사상은 유효[타당]하지 않다.

스푸너가 (반복적으로 하듯이) 자연권 행사에 대해 말할 때, 이 표현은 자연상태의 기능을 다른 이론들로 수행하는 것 같다. 이것은 다음과 같은 이유 때문이다. 즉 스푸너에게는 동의의 기초가 자연정의에 있지 결코 사회계약에 있지 않기 때문이다. 그는 다음과 같이 말

한다: "재산, 자유, 생명의 자연권"(Spooner 1882, 7), "모든 인간의 권리는 불변적으로 확정되어 있다"(Spooner 1886, 22). "신이나 자연이 모든 인간에게 주었다고 일반적으로 가정되어 온 저 자연적이고 타고났으며 양도할 수 없는 개인적인 권리"(1886, 30), 그리고 "자연권은 … 신이나 자연이 개인으로서의 그에게 그 자신을 위해, 그 자신의 행복을 위해 사용하라고 준 선물이다"(1886, 30). 게다가 "이 개인적인 자유의 권리는 양도할 수 없다. 누구도 그것을 팔거나 다른 사람에게 넘겨줄 수 없다. 또는 누구도 다른 사람에게 자신에 대한 자의적인 지배의 권리를 줄 수 없다"(1886, 32). 그렇지만 "정부는 자신의 생명에 대한 한 인간의 자연권을 인정조차 하지 않는다"(1886, 31). 또 "정부는 개인들에게 재산의 자연권 같은 것이 있다는 것을 인정하지 않는다"(1886, 32). 실제로 미국 정부를 포함해 모든 정부는 정당성이 결여되어 있으며, 모든 정부는 자연법을 위반한다.

이 비관적인 결론으로 인해 스푸너는 정부의 주권[통치권]을 거부한다. 국가주권 사상은 정부가 국민의 자연권을 짓밟았다는 것을 암시하기 때문이다. 미국 독립혁명 당시 유럽의 정부들은 자신들의 통치를 정당화하기 위해 헌법으로 인정받는 것에 의지하지 않고, 왕권신수설에 의지하였다. 미국 헌법에 대한 사법부의 해석은 저 부도덕한 합리화를 다시 가지고 와 그것을 외관상으로는 공화제적인 미국 정부에 적용하였다. 그 결과 사이비 입헌정부가 이제는 신수권神授權에 의지한다고 그는 주장한다. 이 연방대법원 판사들은 독립선언서를 본 적도 없는 것 같고, 그 선언의 결론(즉 미국인들이 자유로운 국민이라는 것)을 간파하지도 못한 것 같다고 스푸너는 슬퍼한다 (Spooner 1886, 81, 84).

스푸너에게는 주권이라는 자연권이 있다. 그런데 이것은 자유롭게 자신들의 삶을 영위하고 자신들의 재산을 관리하는 개인들의 자유를 가리킨다. 이때 그들은 다른 사람들의 자연적인[타고난] 주권을 존중한다는 제약만은 받아들여야 한다. 주요한 노예제도 폐지론자로서 그는 노예제도를 이런저런 근거에서 거부한다. 그렇지만 정부들은 ― 스푸너의 시대에 몇몇 정부는 노예제도를 계속 허용하였다 ― 또한 일반적으로 시민들에게 생존 기회(예를 들면 땅을 얻어 일해서 생존할 수 있는 권리)를 주지 않는다. 미국 정부는 배분되지 않은 토지를 소유할 권리를 주장하고는, 그 땅을 이용해 생계를 도모하려는 사람들을 기소한다. 우리는 결국 우리의 자연권을 부정할 뿐만 아니라 우리의 재산을 강탈하는 정체polity에 살고 있다(Shively 1971a, 8; Spooner 1882, 4-5; Spooner 1886, 33, 86).

사실 스푸너는 많은 주변적인 개인들의 곤경을 예상한 것 같다. 이러한 상태는 그가 글을 쓰고 있었던 19세기보다 오늘날 더 일반화되어 있다. 오늘날 미국에는 이전의 범죄 행위, 비동조주의적 행동이나 평판이 좋지 못한 개인적 습관 때문에 복지나 공영주택을 받을 자격이 없고(없거나) 일자리를 구할 수 없는 것으로 여겨지는 사람들이 수십만 명이나 있다. 그런데도 이 사람들은 생존할 자연권을 행사할 수 없다. 도시의 거리에서 그들은 경찰에 시달리고 있다. 부랑죄 법, 그리고 공공장소에서 천막을 치는 것, 자는 것, 앉아 있는 것, 소변보는 것, 길거리에서 구걸하는 것 등을 금지하는 법령들이 겹쳐져서 그들은 공적인 생활을 유지할 수 없다. 그런데도 그들은 개인 집으로 도망칠 방법이 없다. 그들은 일종의 지옥에서만 합법적으로 살 수 있다. 이런 사람들에게 열려 있는 것은 범죄, 의무의 위반뿐이다. 모든 사람은 이웃 사람들에게 자연정의의 범위 안에서 그들을 공정하게 대우해야 할 의무가 있다고 스푸너는 주장한다:

> "인간의 삶을 유지하는 데 없어서는 안되는 저 자연자원에 대한 자의적인 지배권을 주장하면서, 정부는 그것에 의지해 사는 사람들에게 그 자원을 주지 않을 권리를 주장한다. 이런 식으로 정부는 사람들이 이 행성에 살 자연권을 부정한다. 정부는 자신들이 이 행성을 소유하고 있기 때문에, 먼저 정부에게서 허가를 받지 않고서는 사람들이 거기서 살 권리가 없다고 주장한다." (Spooner 1886, 34)

로크, 마르크스, 크로포트킨과 마찬가지로 스푸너도 자본주의 발전의 반反사회적인 결과를 기술한다. 왜냐하면 지금 우리에게는 정부가 아무 쓸데없거나 정부의 보호를 받지 못하며 사는 사람들의 부류가 있기 때문이다. 그들은 부랑자들이다. 그들은 이른바 민주정부들에 의해 제한당하는 삶을 살고 있다. 이 민주정부들은 그들이 생산적인 시민으로 활동할 수 없다고 보증한다. 현대의 정부가 모든 사람들에게 안전망을 제공할 것이며 가장 혜택받지 못한 사회 구성원들을 도울 것이라는 자유주의자들의 희망은 공허한 맹세임이 증명되었다. 실제로 현대 산업사회에서 많은 사람들은 여태까지 누린 중요한 보호를 잃어버렸다. 스푸너가 보기에는, 그들도 자연법에 따라 한 가지는 보호받을 자격이 있다. 그것은 생존권이다. 이 요구는 개발도상 국가들에서 더 잘 용인되고 있다. 미국이나 그 밖의 현대정부들은 세계화 규범을 지지하며 그 요구를 포기할 것을 주장하지만 말이다.

스푸너가 보기에, 그런 정부들은 "무지하고 이기적이고 야심을 품고 있고, 탐욕스럽고 파렴치한 사람들의 패거리에 불과하다. 이들은 다른 사람들의 권리를 짓밟고 다른 사람들에게서 노동의 과실을 빼앗아, 유명해지고 권력을 얻고 돈 버는 방법을 제외하면 아는 것이 거의 없거나 알고 싶어 하는 것이 거의 없다"(Spooner 1886, 24). 그들은 자신들의 권력의 한계를 모른다. 예를 들면 매사추세츠 주 상원의 한 출판물에서 주장한 논의에서 스푸너는 친구 토마스 드류 Thomas Drew를 변호하려고 한다. 토마스 드류는 매사추세츠 주 주의회의 합동위원회에서 증언하기를 거부했기 때문이다(Shively 1971d, 4). 그 잡지에서 스푸너는 입법부의 청문회들을 대체로 공격한다. 그는 그 청문회들이 자연정의를 위반하는 것으로 보기 때문이다. 입법부가 개인들에게 "그들이 이웃 사람들이나 동료 시민들에 대해 알지도 모르는 모든 것을 말하라"고 요구할 권한을 어떤 근거에서 얻는지 그는 묻는다(Spooner 1869, 18). 관례에 대한 어떤 종류의 동의도 없을 때 그런 이야기를 하라고 강요하는 정부는 "완전히 악랄하고 가증스러운 정부"일 수밖에 없다(18).

자유는 양도할 수 없으며, 사람들은 그것을 누릴 권리를 자발적으로라도 결코 포기할 수 없다고 스푸너는 《그로버 클리블랜드에게 보내는 편지》의 독자들에게 말한다. 그러므로 사회계약 같은 것은 있을 수 없다. 자유는 개인의 것이어서 양도할 수 없고 또 어떤 상황에서도 결코 포기할 수 없기 때문이다.

따라서 자유가 어떻게 해서든지 정부에 위임되었다는 다른 사람들의 주장은 거짓말에 불과하다(Spooner 1886, 27). 스푸너에 따르면, 사회계약은 불가능하다. 왜냐하면 그것은 자연법을 위반할 것이기 때문이다:

"법을 만드는 모든 정부는 그것이 무엇이든 — 군주제라 불리든, 귀족제라 불리든 공화제라 불리든 민주제라 불리든 또는 다른 어떤 이름으로 불리든 간에 — 인간의 자연적인 정당한 자유를 똑같이 침해한다." (Spooner 1886, 28)

실제로 그러한 계약은 불가피하게 사기 계약이 될 것이다:

"우리 정부의 옹호자들이 말하는 것처럼, 인간은 그의 자연권 중 일부를 정부에 양도해야 그 나머지 자연권을 보호받을 수 있다고 — 그러는 동안 내내 정부는 그가 포기할 권리가 어떤 것이고 그가 간직할 권리가 어떤 것이며 어떤 권리가 보호될 수 있는지에 대해 책임지지 않는 단 하나의 재판관이다 — 말하는 것은 인간은 정부가 선택하는 권리는 모두 언제든지 포기한다고 말하는 것, 즉 그가 포기했다고 가정하는 것이다. 그러면 정부가 언제나 보호하기에 적당한 권리나 그가 가져도 괜찮은 권리를 제외하면, 그가 간직한 것은 아무것도 없으며 아무것도 보호받을 수 없다. 이것은 정부에 대항해서 그가 언제든지 자기 것이라고 주장할 수 있는 권리를 전혀 갖지 못했다고 가정하는 것이다. 그것은 그가 실제로 모든 권리를 포기했고 그에게 남은 것은 아무것도 없다고 말하는 것이다."(Spooner 1886, 13)

제임스 마틴James J. Martin은 그의 미국 아나키즘의 역사에서 스푸너의 사회계약론 거부에 대해 말한다:

"스푸너는 토마스 홉스와 사회계약론에 대한 비판가들의 입장을 부활시키는 데 두드러지게 관여했다. 그의 주장에 따르면, 합의를 지킬 의무가 있는 사람들은 통치자에게 복종하겠다는 계약에 실제로 참가한 사람들밖에 없다."(Martin 1970, 194)

스푸너는 홉스나 로크를 언급하지 않지만, 현대의 독자는 그들을 사회계약론과 관련시키지 않을 수 없다. 마틴이 인정한 듯이 보이는 것처럼, 스푸너의 비판은 홉스를 심하게 비난한다. 그러나 스푸너의 비판이 로크에게 전적으로 적용되는지는 — 로크는 미국 독립혁명의 기초를 이루는 사상에 홉스보다 훨씬 더 큰 영향을 미쳤기 때문에 — 다른 문제이다.

홉스([1651] 1981, 185-86)가 생각하기에, 자연상태란 다른 사람들과 끊임없이 전쟁하는 상태이다. 전쟁이 문자 그대로 일어나지 않을 때라도 말이다. 이 갈등을 끝내려면, 사람들이 불확실함과 갈등을 없애기 위해 일부 권리를 희생하기로 합의해야 한다고 그는 주장한다. 이렇게 해서 정부는 끊임없이 계속되는 의심, 불안, 전쟁의 자극제가 된다. 홉스는 정부의 발전을 자연상태에서 사회계약을 거쳐 보다 더 질서정연한 형태의 문명으로의 이행으로 설명한다.

자연상태로 대표되는 단순한 사회에서는 사람들이 스스로 책임을 진다. 음식과 옷을 필요로 한다면, 사람들은 밖으로 나가 이런 목적에 도움이 될 수 있는 적절한 것을 찾으려고 애쓴다. 아마도 사슴을 죽이는 것, 사과를 모으는 것, 수원水源을 발견하는 것이 이에 포함될 것이다. 어쩌면 이웃 사람에게서 어떤 것을 빼앗는 것도 그것에 포함될지 모른다. 홉스의 계약을 따르게 되면, 사람들은 이처럼 자유롭게 살 권리, 바로 밖으로 나가 자신들이 차지할 수 있는 것이면 무엇이든 차지하는 권리를 내려놓는다. 계약에 서명하자마자 사람들은 주권자의 백성이 된다. 사회계약은 그것이 강요되지 않는 한 작용하지 않을 것이다. 따라서 서명자들은 리바이어던Leviathan이라는 무서운 짐승, 즉 국가에 그들의 권한을 넘겨준다. 이것은 시민들을 위협해 복종하게 할 것이다. 홉스는 군주제를 믿었지만, 그 이론은 오히려 어떤 다른 유형의 정부와 함께 일한다. 게다가 주권자는 모든 권력을 소유하려고 하지만, 그 이론은 시민들을 위해 안전과 평화를 확립하고 유지하는 데 쓰이게 된다. 주권자가 폭군임이 드러난다면 문제가 있을 것이라고 홉스는 인정한다. 그러나 그가 마찬가지로 확신한 것은 자신이 겪고 지냈던 잉글랜드 내전English Civil War* 동안의 삶보다 전제정치의 결과가 더 나으리라는 것이다 (Hobbes [1651] 1981, 238).

존 로크는 그렇지 않았다. 그는 《통치론Two Treatises of Government》에서 홉스의 치료법을 그것이 치료하려고 하는 질병보다 더 나쁘다고 말한다:

"이것은 다음과 같이 생각하는 것이다. 즉 긴털족제비나 여우가 끼치는 해악은 피하려고 신경 쓰지만 사자에게 먹히는 것에는 만족할 만큼, 아니 그것을 안전이라고 여길 만큼 인간이 아주 어리석다고 생각하는 것이

---

* 잉글랜드 왕국의 왕당파와 의회파 간에 있었던 내전(1642~1651)으로 청교도 혁명이라고도 불린다.

다."(Locke 1965, 372)

몇몇 저술가들에게는 홉스의 자연상태가 "가설로 세워진 것" (Macpherson 1962, 18-20) 또는 "방법론적 장치"(Lemos 1978, 3)이다. 홉 스와 로크 둘 다 모두 차례로, 그들이 그것을 마음속에 떠올릴 때 진짜 아메리카 인디언 사회를 생각하고 있을지도 모른다. 로크(1965, 397)도 홉스와 마찬가지로 "나쁜 상태"를 떠나고 싶어한다. 그러나 그는 자연상태가 반드시 전쟁상태라고는 생각하지 않는다. 그는 한 층 더 낙관적이기 때문에, 은행이나 그 밖의 경제제도조차 계약 이 전에 생겨날 수 있다고 확신한다. 로크도 홉스와 마찬가지로, 우리 가 조직화된 사회에 들어가면 자유를 포기하는 것을 받아들일 수 있다고 생각한다. 홉스와 마찬가지로 로크에게서도 그 과정은 두 개 의 계약을 수반하는 것으로 이해될 수 있다. 첫 번째 계약은 결합해 서 자연상태를 떠나는 것이다. 두 번째 계약은 정부와 그 새로운 체 제에 동의하는 시민들 간의 합의이다. 골드스미스Goldsmith(1966, 140) 는 이것이 로크뿐만 아니라 푸펜도르프Pufendorf와 루소Rousseau를 포함한 사회계약론자들에게도 공통된 구조라고 지적한다. 그러나 그들이 홉스의 이론에는 아주 잘 들어맞지 않는다고 주장할 수 있 다. 왜냐하면 그의 모델에서는 주권자가 실제로 두 번째 계약의 당 사자가 아니기 때문이다.

위에서 지적한 바와 같이, 로크는 홉스와는 달리 해결책을 단 한 사람의 주권자의 지배라고 보지 않는다. 로크(1965, 369)에게는, 폭군이 존재한다는 것은 사람들이 아직도 자연상태에서 살고 있다는 것을 의미했을 것이다. 왜냐하면 홉스와는 달리 로크는 사람들이 안전을 바랄 뿐만 아니라 재산[소유권]과 지복至福, 또한 이런 목적들을 장려하는 계약도 바라는 것으로 보기 때문이다. 홉스와는 달리 로크는 동의를 모든 정당한 정부의 기초로 강조하려고 한다.[5]

최근에는 정치이론가들이 스코틀랜드의 철학자 데이빗 흄David Hume의 정치사상에 예전보다 많은 주의를 기울이고 있다. 그 정치사상 중 중심적인 것은 흄의 사회계약론 거부이다. 흥미롭게도, 최근 다시 강조되고 있는 흄의 사상은 스푸너의 그것과 약간 비슷하다. 그렇지만 스푸너의 사상은 잘 알려져 있지 않다.

《원초적인 계약에 대하여Of the Original Contract》라고 불리는 논문에서 흄은 사회계약론이 정부가 동의에 기초한다는 사상을 과장하고 있다고 주장한다. 최근의 정부들은 동의로 생겨났을지도 모르지만, 그 의견의 일치는 확실히 제한되어 있다. 그는 로크와 다른 사람들이 일으키려고 했던 1689년의 명예혁명에 대해 말한다. 그는 그 당시 영국의 인구 천만 명 중 대부분이 윌리엄William과 메리Mary를 새로운 군주로 받아들이는 결정에 참여하지 않았다고 지적한다. 그러

---

5 물론 로크가 말하는 동의의 정확한 의미는 격렬한 논의의 주제이다. 예를 들면, 이 잡지에서 벌어진 콜Call(1998)과 모어랜드Morland 및 홉톤Hopton(1999) 간의 논쟁을 보라.

나 다른 정부들은 동의하라는 요구조차 하지 않는다:

"정치 결합체들이 전적으로 자발적인 동의나 상호적인 약속에 기초해서 세워졌다고 당신이 세계 대부분의 지역에서 설교한다면, 치안판사는 곧 당신을 선동죄로 감옥에 넣을 것이다"(Hume 1994, 189)

사실, 과거에는 많은 정부들이 아마도 외부의 적에 저항하기 위해 전쟁 때 세워졌을 것이라고 흄은 말한다. 게다가 1689년의 영국 군주제가 마침 동의에 기초했다 하더라도, 그것은 당시의 어떤 정부라도 동의에 기초한다는 것을 의미하지 않는다. "복종 또는 종속이 매우 흔히 있는 것이기 때문에, 대부분의 사람들은 그 기원이나 원인에 대해 결코 탐구하지 않는다."(Hume 1994, 189) 이것은 특히 그 당시의 페르시아, 중국, 프랑스, 스페인에서 사실이라고 흄은 말한다. 어쩌면 영국이나 네덜란드 같은 좀 더 자유로운 국가들에서도 그것이 또한 사실일지도 모른다. 다수의 예들은 동의가 정부의 중요한 기초가 아닐 수 있다는 것을 보여준다(189).

오히려 흄은 민주주의가 이상주의적인 틀이라고 말한다. 그것은 모든 사람들이 자신들에게 가장 좋은 것이 무엇인지, 무엇이 자신들에게 이익이 되는지를 결정한 능력이 있다고 가정한다. 그러나 그것은 적절하지 않을지도 모른다. 왜냐하면 대부분의 시민들은 정치 의사 결정에 관여하는 것을 원하지 않을지도 모르기 때문이다:

220

"우리가 모든 합법적인 정부는 국민의 동의에서 생겨난다고 주장한다면, 우리는 확실히 그들이 받을 가치가 있거나 심지어는 우리에게서 기대하고 바라는 것보다 훨씬 더 많은 명예를 그들에게 주는 것이다."(Hume 1994, 194)

따라서 흄은 다음과 같이 결론짓는다. 즉 만일 우리가 정부의 기초를 동의에 둔다면, 그 당시의 체제들을 정당화할 수 있으려면 매우 낮은 빗장bar으로도 충분해야 할 것이라고 그는 결론짓는다. 예를 들어 어떤 사람이 망명하지 않는 한, 어쨌든 그로서는 그 나라의 법과 통치자들을 받아들이지 않을 수 없다고 우리는 주장해야 할지도 모른다. 흄이 지적하는 것처럼, 실제로 정치권력의 실제 성질은 굉장히 크기 때문에 누구도 정부로부터의 문서(달리 말하면, 여권으로 알려진 문서) 없이는 떠날 수 없다(193).

결국 정치적 의무 문제에 대한 흄의 해법은 다음과 같다. 즉 국민은 권위에 복종해야 한다. 만일 그들이 복종하지 않는다면, 사회가 지장이 있거나, 아니면 정부가 무너질지도 모르기 때문이다. 어니스트 바커 경Sir Ernest Barker(1960, xlii)이 말한 것처럼, 그것은 "전혀 만족스러운 대답이 아니다. 적어도 많은 정치이론가들에게는 말이다."

코데이토Cordato와 게이블Gable(1984, 282)은 흄이 사회계약론에 행한 비판을 스푸너가 부활시킨다고 지적한다. 사실 스푸너의 주장은 흄의 주장과 비슷한 동시에 다르다. 스푸너는 사회계약론을 미국의 역사적 상황에 적용하면서 다음과 같이 주장한다. 즉 미국의 독립 혁명과 미국 헌법이 동의에 기초했다 하더라도, 미국의 남북전쟁은 우리에게 다른 것 — 북부가 남부를 정복했기 때문에, 미국 정부는 이제 더 이상 그러한 국민의 동의를 누리지 못한다는 것 — 을 가르쳐 주었다고 주장한다. 그 당시 국가들에게 동의가 없다는 흄의 역사적 예들과 흡사하게, 스푸너(1882b, 7)는 연방의회가 자신들이 통과시킨 많은 모든 법령집을 국민에게 읽어볼 것을 요구하지 않고 오로지 "총칼을 들이대면서, 복종할 것"을 요구한다고 지적한다.

그럼에도 불구하고 흄과는 달리 스푸너의 생각에는 사회가 붕괴되는 것을 막기 위해 정부에 복종하는 것은 잘못이다. 오히려 모든 사람은 자연정의에 따라서 행동해야 한다. 그리고 이것은 다른 사람들이 적절하다고 보는 대로 삶을 살 수 있는 그들의 자연권을 존중하는 것을 포함한다. 자연법에 복종하지 않는 정부는 정당성이 없다. 그리고 미국 정부를 포함해 오늘날의 정부들은 자연정의에 따라서 통치하지 않기 때문에, 그들에게 복종해서는 안된다. 게다가 스푸너에게는 주권이 집단의 속성이 아니라 개인들의 속성이기 때문에, 사회가 붕괴한다는 것은 엉뚱한 말이 된다. 중요한 것은 개인들이 자유를 계속 가질 수 있어야 한다는 것이다.

만일 당신이 정부를 지지하는 것에 동의하지 않았다면, 당신이 정부를 지원하려고 하지 않는다고 해서 잘못을 저지르는 것은 아니라고 스푸너는 주장한다. 그는 독립선언서가 이 견해의 정당함[이치에 맞음]을 확증한다고 주장한다. 왜냐하면 자유주의자들과 보수주의자들조차도 그 문서의 유효성을 받아들이기 때문이다. 여기서 우리는 흄과의 한층 더한 차이를 본다. 로크와 마찬가지로 그리고 흄과는 달리 스푸너는 정부가 동의에 기초해야 한다고 주장한다. 그러나 흄과 마찬가지로 스푸너도 실제로는 전혀 그렇지 않다고 지적한다.

스푸너의 저작에서 비판받는 사회계약론자의 이름은 홉스나 로크가 아니라 존 마셜John Marshall*이다. 스푸너는 미국 헌법 제1조 제10절에 있는 계약 조항의 옹호자였다. 그것은 다음과 같이 쓰여 있다: "어느 주라도 … 계약상의 채무에 해를 주는 … 법률을 제정해서는 안된다." 그는 옥덴 대 손더스Ogden v. Saunders 소송사건[6]에서 마셜의 견해에 비판적이다. 이 소송사건에서 연방대법원장[존 마셜]은 뉴욕 주의 파산법이 합헌적이므로, 돈을 빌려준 자들에게 갚겠다고 계약에서 동의한 채무자들에게 구제금을 주었을 때 그 법은 헌법상의 계약 보호를 위반하지 않았다고 주장하였기 때문이다.

이 의견에서 우리는 마셜이 사회계약을 어떻게 이해하는지를 볼 수 있다. 자연상태에서는 동물의 고기를 나누기 위해서나 음식물을 옷과 교환하기 위해 합의를 강요할 필요가 있는데, 이것은 힘의 사

---

* 미국의 법학자(1755-1835). 1801년부터 1835년까지 제4대 연방대법원장을 역임하였다. 마셜은 연방대법원장으로 재임하는 동안 많은 판결을 통해 체계적으로 통일된 헌법학설을 수립하였으며, 나아가서는 연방정부의 조직에 확고한 형식과 정의를 부여하였다.
6 Ogden v. Saunders, 1827, 12 Wheaton 213.

용을 필요로 한다고 그는 주장한다. 그러므로 계약들을 튼튼하게 해주는 정당화가 사회가 조직화되기 전 고대에 있었다. 계약이 존재하기 위한 의무(위반하면 힘을 사용하는 것이 허용된 의무)가 있는 것과 마찬가지로 말이다. 마셜이 언급한 것처럼 "강제의 정당성은 강제로 시키는 것을 해야 할 의무가 그보다 먼저 존재하는가에 달려 있다." 사회협정social compact 후에 사회에서 살기 때문에, 사람들은 계약을 맺을 "내재적인" 권리는 보유하고 있지만, 동의한 것을 시행해도 좋다는 수반적인 허가[승인]는 그들이 지금 정부나 법원에게 넘겨 준 것이라고 마셜은 주장한다. 이와 비슷하게 주州도 또한 지금 계약들을 규제하거나 금지하는 권한을 누리고 있다. 왜냐하면 법이 주에 의해 제정되기 때문이다. 그러므로 미국 헌법을 위반하지 않는 한, 주는 주권sovereignty을 누린다.

사회가 생겨나기 전에 개인들은 당사자로서 맺은 계약이 깨졌을 때 그 계약 조항을 강제할 권리를 지닌 "자유 행위자"이었지만, 조직화된 사회의 구성원들은 이제 더 이상 이 권리를 보유할 수 없다고 마셜은 주장한다. 그렇게 하면, 사회계약이 만들어낸 평화가 훼손될 것이기 때문이다. "의무와 구제책은 동일하지 않다. 앞의 것은 당사자들의 행위에 의해 만들어지지만, 뒤의 것은 정부에 의해 제공되기" 때문이라고 마셜은 말한다. 제1조 제10절은 계약을 맺을 개인들의 권리를 보호하는 것이지 그것을 강제할 권리를 보호하는 것이 아니며, 이 권리는 오늘날 정부의 문제라고 그는 주장한다.

예상할 수 있는 바와 같이, 스푸너는 손더스 소송사건에서 표현된 마셜의 사회계약론을 거부한다. 그가 생각하기에(Spooner 1886, 64), 계약 강제를 주와 주법州法에 맡기는 것은 사람들 간의 합의가 '자연적인 의무'를 수반한다는 것을 부정하는 것이다. 만일 그것이 옳다면 그래서 사람들이 하기로 약속한 것을 할 필요가 없다면, 마셜의 명제가 자기모순적이라고 그는 주장한다. 그렇다면 주가 간섭할 수 있는 근거가 무엇인가라고 물을 수 있기 때문이다. 이에 덧붙여서, 마셜이 계약 조항의 본래 목적(즉 정부 간섭으로부터 사유재산을 보호할 권리)을 궁극적으로 손상시키는 문을 열었다고 스푸너는 주장한다. 그 권리는 결코 빼앗길 수 없는 "개인들의 자연권"이기 때문이다(Spooner 1875, 30). 헌법제정회의의 버지니아 주 대표단의 일원으로서 마셜은 의견 차이를 잘 알고 있었다. 이 의견 차이로 인해 결국 권리장전Bill of Rights*이 미국 헌법에 추가되어 추인되었다. 그렇지만 수십 년 동안 연방대법원의 지도자로서 막강한 영향력을 가진 대법원장이 미국 헌법의 처음 8개의 수정조항에 언급되어 있는 바로 그 자연권들을 무시하고 침해했다고 스푸너는 주장한다.[7] 실제로 마셜

---

* 미국 헌법 수정 제1조부터 제10조까지를 말한다. 연방정부의 권력을 제한하여 시민의 권리를 보호하자는 취지에서 제임스 매디슨이 주도하여 1791년 12월 15일에 발효되었다.

7 미국 헌법의 처음 8개 수정조항은 언론, 집회, 종교의 자유를 규정할 뿐만 아니라 개인의 집에 군대를 숙영시키는 것의 금지, 일사부재리의 원칙, 자기부재自己負罪 금지원칙[자기부죄:증인이 범죄에 대한 형벌을 받게 될 수도 있는 증거를 제공하는 것], 불합리한 수색 및 압수의 금지, 보상 없이 재산을 압류하는 것의 금지, 잔혹하거나 통상적이지 않은 처벌의 금지, 또는 과도한 보석금이나 벌금의 금지를 규정하고 있다. 이 수정조항들은 또한 정부에 청원할 수 있는 권리, 신속하게

이 대법원장으로 있었던 34년 동안[1801-1835] 나온 판례들 중 수정조항 9조를 언급한 것은 하나도 없었다.[8]

스푸너(1886, 93)가 생각하기에, 마셜의 이론이란 사회계약에 의해 약속된 안전이 재산권의 양도[포기]를 강요한다는 것을 뜻한다. 따라서 그 입장은 다음과 같은 것이 되었다: "이 정부들이 당신 자신의 동의에 의해서 당신의 모든 자연권을 소유한 이상, 그들은 당신에게 그 자연권들을 영원히 주지 않을 '의심할 나위 없는 권리'를 갖고 있다"(95). 이것은 미국 정부가 국민의 자연권을 침해했다는 것을 의미한다. 사실 스푸너(58)는 손더스 소송사건에 참여한 7명의 연방대법원 판사들 중 누구나 계약 조항에서 눈으로 볼 수 있는 것, 즉 속박받지 않고 계약할 수 있는 자연권을 지지하지 않았다고 지적한다. 'A'가 사회를 의미하고 'B'가 사회계약에 서명하는 사람을 의미하는 다음 문구에서, 그는 다음과 같이 결론짓는다:

"이것은 다음과 같이 말하는 것과 같다. 즉 B 자신이 할 수 있는 것보다 자기(A)가 더 안전하게 확실히 보존할 것이라고 맹세하면서, A가 보관을 위해 그(B)의 재산을 자기(A)에게 맡길 것을 B에게 권유라도 할 수 있다면, 그렇게 해서 A는 그 재산을 영원히 보유할 수 있는 '의심할 바 없는' 권리를 획득하므로, B는 그 재산을 단념하라는 것이다!"(Spooner 1886, 94–95)

이것은 사회계약이 어떤 상황에서 해소될 수 있는가라는 문제를 제기한다. 홉스([1651] 1981, 230)에게는, 그것은 스푸너가 위에서 기술하는 A와 B의 상황과 같은 것이다 — 주권자가 그의 백성들을 위해 통치할 의무를 어긴다 하더라도, 자연상태로 돌아갈 방법이 없다(Hinnant 1977, 66; McNeilly 1968, 231, 234). 그러나 로크에게는 — 미국 독립선언서에서는 그의 영향이 보다 뚜렷하게 느껴진다 — 이것이 바로 사회가 자연상태로 되돌아갈 수 있는 그런 종류의 상황이다. 헌법에 따라 개인들을 보호한다는 자구字句는 무시하고 국가 정부의 이익을 조장할 때는 말이다. 그러므로 우리는 다음과 같이 묻지 않을 수 없다. 즉 로크보다는 홉스가 미국 독립혁명에 아무 영향이든 미쳤기 때문에, 겉모습은 마셜이지만 여기서 공격받고 있는 것은 홉스주의의 앞잡이인가? 로크에게는, 이제 더 이상 동의에 기초해 통치하지 않는 정부는 타도될 수 있다. 이것이 결국 미국 독립혁명의 철학적 기초이다. 사실 미국 독립혁명을 보며 논의할 때, 스푸너 자신은 이 이론에 의지해서 결코 폐지될 수 없는 혁명에의 자연권을 주장한다. 《반역죄가 아니다》 제1부의 다음 문구에서 스푸너는 미국 독립혁명을 홉스적인 수단으로가 아니라 로크적인 수단으

로 해석한다:

"이렇게 해서 독립혁명 전체가 시작되었다. 이 독립혁명은 각자 모든 사람이 자신을 지배해 온 정부를 지지하는 것에서 자기 마음대로 벗어날 수 있는 권리를 주장하였으며 또 이론상으로도 그런 권리를 확립하였다. 그리고 이 원리가 주장한 것은, 그 권리가 자신들에게나 그 시대에 특유한 권리가 아니며, 또는 그 당시에 존재한 정부에만 적용할 수 있는 것이 아니라, 모든 시대에 또 모든 환경에 있는 모든 사람의 보편적인 권리라는 것이었다."(Spooner 1867a, 13)

그럼에도 불구하고 옥덴 대 손더스 소송사건에서 마셜이 설명한 사회계약론은 확실히 홉스의 견해이지, 로크의 견해가 아니다. 왜냐하면 홉스는 일단 계약이 행해졌으면 개인들은 더 이상 무엇이 옳은지 그른지 또는 무엇이 진실인지 거짓인지에 대한 재판관이 되지 못한다고 믿었기 때문이다. 게다가 홉스에게는 주권[통치권]은 영원하다. 그리고 스푸너에게는 문제는 다음과 같은 것이다. 즉 일단 당신이 정부를 가지면, 그것이 리바이어던처럼 행동하면서 마셜이 손더스 소송사건에서 하는 식으로 헌법상의 보호를 빼앗아 가버리는 것을 당신은 막을 수 없다는 것이다 ― 이것이 로크가 긴털족제비와 사자에 대한 재치있는 말을 만들어 낸 이유였다. 이 문제는 홉스도 생각했지만 적절하게 처리하지 못했다. 그러므로 아이러니한 것은 다음과 같은 사실에 있다. 즉 사회계약론을 비판할 때 스푸너는 로크가 만들어냈으며 홉스가 곰곰이 생각한 논거를 이용한다는 것이다. 정부의 기초를 사회계약에 둔다는 것에 반대한다고 명확하게 진술함에도 불구하고, 스푸너는 로크의 주장 중 다음과 같이 말하는 부분은 받아들인다. 즉 정부가 동의로 통치하지 않는다면, 국민이 그 정부를 바꾸려고 하는 것은 정당하다고 말하는 부분은 받아들인다. 손더스 소송사건에서 스푸너가 연방정부의 특징을 정확하게 기술했다면, 손더스 소송사건에서 마셜로 구현[인격화]된 미국 정부는 이제 더 이상 동의에 기초해 있지 않다. 사실 그는 이보다 더 멀리 나간다. 그는 어떤 정부도 동의에 기초할 수 없다고 주장한다. 왜냐하면 '당연히 불가능하기' 때문이다(1886, 104). 분명히 이것은 아나키스트의 입장이다. 왜냐하면 비록 아나키즘과 고전적 자유주의가 정치적 의무의 가능성에 대해 비슷한 회의懷疑로 시작할지라도, 자유주의자들은 현대의 정부들이 동의로 정당화되었다고 보는 경향이 있는 반면에 아나키스트들은 여전히 확신하지 못하기 때문이다. 레이처트가 그의 미국 아나키즘의 역사에서 지적하는 것처럼:

"국가, 말하자면 정부가 한 개인이 — 그가 자신의 합리적인 판단에 따라 행동할 때라도 — 내린 결정을 번복하거나 거부할 최종적인 권한을 갖는다면, 자유주의자는 개인의 권리와 권한이 사실상 양도할 수 없는 것이 아니라 더 높은 최고의 힘에 의해 매우 명확하게 제한된다는 것을 인정하지 않을 수 없다 … 자유주의와는 달리, 아나키즘을 그것이 개인의 자유 원리에의 헌신을 권력이나 공공질서의 요구에 순응시킨다는 이유로 비판할 수는 없다." (Reichert 1976, 3-4)

이와 비슷하게 아나키스트 루돌프 로커Rudolf Rocker는 두 이데올로기를 다음과 같이 대비한다:

"아나키즘이 자유주의와 공통적으로 가진 사상은 개인의 행복과 번영이 모든 사회문제에서 기준이 되어야 한다는 것이다. 그리고 자유주의 사상의 위대한 대표자들과 마찬가지로, 아나키즘 역시 정부의 기능을 최소한으로 제한한다는 사상을 갖고 있다. 아나키즘의 지지자들은 이러한 생각을 철저하게 따랐으며, 정치권력의 모든 제도가 사회생활에서 없어지기를 바라고 있다. 제퍼슨Jefferson이 자유주의의 기본 개념을 '가장 적게 통치하는 그런 정부가 가장 좋다'라는 말로 표현할 때, 아나키스트들은 소로우Thoreau와 함께 다음과 같이 말한다: '전혀 통치하지 않는 그런 정부가 가장 좋다.'"(Rocker 1989, 23)[9]

동의가 미국 헌법에서는 어떻게 나타날 수 있는가?《반역죄가 아

---

9 이 논문은 또한 약간 다른 제목《아나키즘과 아나코 신디칼리즘Anarchism and Anarcho-Syndicalism》을 갖고 엘츠배처Eltzbacher(1958)의 부록으로 출간되었다.

니다》제2부에서 스푸너는 다른 계통의 공격을 개시한다. '우리들 인민'을 언급하는 것으로 시작하기 때문에 그 문서는 동의의 필요성을 의미하며, 그렇지 않다면 미국 헌법 자체가 아무런 권위가 없을 것이라고 스푸너는 말한다. 게다가 그러한 합의는 그것을 실제로 찬성한 자들의 경우를 제외하면 분명히 아무런 관련성을 가질 수 없을 것이다. 따라서 스푸너는 누가 미국 헌법을 승인하기 시작했는가라고 묻는다. 여자들도 아니고 아이들도 아니고 흑인들도 아닌 것은 확실하다. 그리고 대부분의 주州들은 투표에 대해서 재산 자격을 제한했기 때문에, 대다수의 백인들에게도 참여할 기회가 주어지지 않았다. 마지막으로, 그 과정에 참여할 수 있었던 그 소수의 미국인들 중에서 상당수는 참여하기를 거부하였다(Spooner 1867b, 3-4). 미국 헌법의 축포에도 불구하고, 국민은 자신들의 삶과 행동을 속박하는 그 문서를 대부분 읽지 않았거나 이해하지 못했다. 어쨌든 오늘날 살아 있는 사람은 누구도 그것에 서명하지 않았다(Spooner 1882, 9). 그럼에도 불구하고 미국 국민은 그 문서를 읽고 이해한 것으로, 조지 워싱턴George Washington과 그 밖의 건국자들이 무엇을 의도했는지 알고 있는 것으로, 그리고 학자들조차 동의할 수 없는 헌법에 대해 지식이 있는 것으로 '추정되고presumed'있다(Spooner 1860, 225-226; Spooner 1870, 22; Spooner 1886, 9).

미국 헌법은 계약이라고 할 자격이 없다. 만일 그것이 계약이라면, 그것은 그것이 쓰였을 때 살았던 사람들에게만 구속력이 있을 것이라고 스푸너는 주장한다. 그렇지만 사실 그 당시에 살았던 사람들은 지금 모두 죽었다. 그러므로 미국 헌법도 역시 죽었다 — 그것에 할당된 시간은 만기가 되었다(Spooner 1870, 3).

"미국 헌법은 어떤 것인가? 그것은 기껏해야 90년도 더 된 예전에 작성된 문서일 뿐이다; 그것은 그 당시 소수의 사람들에게서만 동의를 받았다; 이들은 일반적으로 규정된 양의 재산을 지닌 소수의 백인 성인 남자들이었다; 아마도 20만 명도 되지 않았을 것이다; 또는 전체 인구의 1/20도 되지 않았을 것이다. 그 사람들은 오래 전에 죽었다."(Spooner 1882, 8)

미국 헌법의 간결함과 단순함이 종종 강점으로 간주되지만, 그러한 성질들 때문에 그 문서가 상이하게 해석된다. 스푸너는 이 장점을 빙 돌아서, 미국 헌법의 바로 그 유연성을 단점이 되게 한다. 왜냐하면 그것은 그 의미에 대한 불일치를 일으킬 수밖에 없기(일으키기) 때문이다. 한 운명이 미국 헌법의 권위의 결정에 달려 있다. 왜냐하면 스푸너는 계속해서 다음과 같이 주장하기 때문이다. 즉 미국 헌법은 계약이 아니며 또 결코 계약이 아니었기 때문에, 미국의 지도자들 역시 정당성이 없다는 것이다(Spooner 1870, 26).

미국 헌법이 재가될 당시에 산 사람들의 문제는 제쳐놓고, 스푸너는 살지 않았던 사람들의 문제로 향한다. 그 문서는 후속 세대의 미국인들에게는 확실히 구속력이 없다. 건국자들에 대해서 스푸너는 다음과 같이 언급한다: "그들은 아이들에게 그것을 의무가 되게 할 자연적인[당연한] 권한이나 권리가 없었다"(Spooner 1870, 3). 헌법 전문이 "우리들의 후손"에 대해 말하더라도, 건국자들은 후손에게 미국 헌법의 지시에 따라 살라고 강요할 의도가 없었다. 미국 헌법의 채택에 직접 관여한 사람들은 그 헌법에 따라 통치받는 것에 대한 그들의 동의가 유효하고 어쩌면 다른 사람들에게도 구속력이 있을 수 있는 기간ₐ time period을 나타내지 않았을 뿐만 아니라(Spooner 1876b, 4–5), 미국 헌법은 소수의 부유한 엘리트에게 지배권을 주어 "가난한 사람들, 약자들, 무지한 자들"을 노예로 만들었다(Spooner 1882, 9).

스푸너로서는 그가 여기서 극단적으로 밀고 가는 철학적 아나키즘이 문자 그래도 "반역죄가 아니다". 베네딕트 아놀드Benedict Arnold 같은 사람은 반역자로 보는 것이 정확하다고 스푸너는 주장한다. 왜냐하면 그는 미국의 친구가 아니었는데도 친구라고 주장했기 때문이다. 그러나 건국의 아버지들은 배반자로 기술될 수 없다. 그들은 영국 왕에게 그의 권위를 거부한다고 말하였다. 이와 마찬가지로 남부는 탈퇴하겠다고 공표하였다; 남부인들은 적이었지 반역자가 아니었다. 그리고 만일 사람들이 오늘날 정부에 대한 충성을 부정하더라도, 그들 역시 불충하지 않다(Spooner 1867b, 8).

1790년의 연방법은 교수형을 반역죄에 대한 형벌로 정했으며, "미국에 충성 의무가 있는" 사람들이 조국에 대항해 싸우면 반역죄를 짓는 것이라고 확정하였다. 그런데 이 연방법은 논점을 옳은 것으로 가정해 놓고 논한다고 스푸너는 주장한다. 왜냐하면 그 법은 충성이 어떻게 발생하는지를 말하지 못하기 때문이다(Spooner 1867b, 10–11). 물론, 이것이 미국 땅에서 태어났다는 우연한 일에서 나올 수는 없지 않은가? 미국 헌법은 완전히 국민의 동의에 의거한다고 주장하기 때문에, 국민이 직접 서명하지 않았다면 그들에게 충성 책임이 있는 것으로 볼 수 없다. 흥미롭게도 외국인들은 이런 종류의 계약을 함으로써 시민이 된다. 따라서 충성에 대한 정부의 이해는 미국 헌법하에서의 토착민의 곤경을 외국에서 태어난 시민의 그것보다 더 불확실하게 만든다(Shively 1971b, 4; Spooner 1867b, 11). 또한 그 문서의 권위는 그것이 서명되었다는 것에도 있지 않다. 아무도 미국 헌법에 서명하지 않았기 때문이다. 그것이 계약으로 간주되었다면, 미국 헌법의 사본들이 서명자들에게 주어져야 했을 것이다. 그렇지만 이런 일은 일어나지 않았다. 더욱이, 중요한 계약들이 공증되거나 아니면 중립자에 의해 그 밖의 방식으로 보증되는 식으로 미국 헌법의 서명(非非서명)을 증언하는 사람이 아무도 없었다. 그러므로 미국 헌법은 누구에게도 의무를 지우지 못한다(Spooner 1870, 18–19, 22; Spooner 1882, 8).

스푸너는 묻는다. 국가란 무엇이며 "미국"이란 무엇인가? 물론 이러한 명칭이 가리키는 것은 없다. 법률상의 실체에 소속되어 있는 사람들은 자신들이 소속원 또는 대표자라는 것을 증명하는 서류를 만들 수 있다. 그러나 국가에의 소속원증membership cards은 어디에 있는가? 미국으로 편입되었다는 표시는 무엇인가(Spooner 1870, 40-41)? 이에 대한 대답으로는, 여권이 이 목적을 달성한다고 주장할지도 모르겠다. 왜냐하면 그것은 어떤 개인을 한 나라의 구성원이라고 확인해주기 때문이다. 그러나 스푸너에게는, 이것으로 되지 않는다. 왜냐하면 그가 지적하는 것은 또다시 정당성이기 때문이다. 그리고 국가란 필연적으로 허위의 제도a counterfeit institution라고 그는 생각한다. 나라 같은 것은 없다고 스푸너는 주장한다. 왜냐하면 어느 특정한 지역에 사는 사람들이 한데 모여 하나의 별개 집단으로서의 자신들을 대표하는 권한을 군주, 대사, 그 밖의 지도자에게 부여한 계약이 결코 없었기 때문이다. 다른 정부 조직과 마찬가지로 국가는 정당성이 없다. 그것은 이름이며 신화이다. 그러나 그것은 결코 정치 조직체polities가 아니다(42).

스푸너는 또한 정부들을 역사의 관점에서 공격한다. 미국, 영국, 아일랜드, 프랑스의 지배계급의 권력은 부당한 토지약탈 덕분이다(Shively 1971c, 4). 특히 그는 앵글로색슨 족을 나머지 인류의 적으로 특징짓는다. 대신에 그는 아일랜드의 보통사람들을 편든다. 대영제국에 반대하면서 그는 그 정부가 "강도들과 폭군들의 연합체"라고 생각한다. 유럽의 지주들은 그들의 토지의 진짜 소유자가 아니라고 그는 주장한다. 그들의 조상들은 대부분 그들의 재산을 정당한 소유자들에게서 강제로 얻었다. 땅 도둑질이 오래 전에 일어났다는 이유만으로 범죄가 용서되는 것은 아니다(Spooner 1880, 4, 6, 8). 결국 그는 식민지를 차지하는 것에서 희생된 피해자들에게 배상할 것을 권한다:

"이 공모자들은 정부로서, 그들이 억압하고 약탈하거나 복종시킬 수 있는 모든 사람을 무차별적으로 — 영국에서, 아일랜드에서, 또 소위 '대영제국' 전체에 걸쳐 — 억압했고 강탈했고 노예로 만들었으며 이들과 전쟁하였다. 그러므로 처음의 토지강탈을 통해서뿐만 아니라 이런 식으로 해서도, 그들은 어쨌든 그들의 손에 고통을 겪은 모든 이에게 빚을 졌다. 그런데 해결의 날이 언제 오든 간에, 약 2억 5000만 명의 사람들이 당신들이 저지른 잘못에 대해 배상받을 자격이 있을 것이다."(Spooner 1880, 7)

간접민주주의 형태로는 사회계약이 실패한다. 왜냐하면 미국 의회가 "그들 자신의 의도대로" 법을 만들면, 그들은 당연히 자연정의를 위반하는 규칙들을 모으고 있는 것이기 때문이다. 스푸너는 묻는다. 왜 미국 의회 의원들은 "자의적인 지배의 권리"를 소유하는가?(Spooner 1882, 3) 그러한 권한은 결코 위임되지 않았다. 미국 의회에 이러한 능력을 — 자발적으로라도 — 주는 것은 미국 시민을 노예가 되게 하는 것이다. 왜냐하면 국민이 "자유에 대한 자연권"을 포기하거나(Spooner 1882, 4) 자신들에 대한 지배권을 다른 사람들에게 양도하는(Spooner 1886, 11) 것은 결코 정당하다고 인정할 수 없기

때문이다:

"나는 다른 사람에게 법 — 즉 그가 생각해낸 법 —을 만들어 나에게 그것에 복종하도록 강요할 권리를 위임할 수 없다. 그러한 계약은 나로서는 나의 자연적인 자유를 내놓는 계약이 될 것이다; 나 자신을 노예로 그에게 주거나 파는 계약이 될 것이다. 그러한 계약은 불합리하며 무효인 계약이므로 모든 법률적 도덕적 의무가 전혀 없을 것이다."(Spooner 1886, 103)

사회계약론이 정치적 의무를 정당화하지 못하기 때문에, 특히 그러한 계약의 하나인 미국 헌법은 정치적 의무를 정당화하지 못하기 때문에 스푸너는 투표의 의미를 숙고하게 된다. 데이빗 밀러David Miliier가 논평한 것처럼:

"스푸너는 이 문제와 관련된 행위들을 지적하며 계약론자들에게 도전하였다. 선거에서 투표하는 것은 중요할 수 없었다. 왜냐하면 투표자들의 동기는 많고 다양했으며, 사실상 결코 미국 헌법에 대한 지지를 주장하려는 한 가지 소망으로 이루어지지 않았기 때문이다; 세금 납부는 중요할 수 없었다. 왜냐하면 그것은 강제적이었기 때문이다; 등등."(Miller 1984, 37)

스푸너가 생각하기에, 투표 행위는 결코 한 개인이 정부에 동의했다는 증거가 아니다. 오히려 그는 투표를 잡일ₐ chore로 본다. 이 잡일 덕분에 개인은 "돈을 안 내면 무거운 형벌을 가하겠다고 위협하며 … 그에게 돈을 내라고 강요하는 정부"의 억압을 얼마간 줄일 지도 모른다. 사람들은 그들이 결코 동의하지 않은 정부와 함께 시작한다고 스푸너는 주장한다; 투표는 그들이 강탈자의 권력을 훼손하려 할 때 쓰는 작은 어설픈 장치에 불과하다(Spooner 1867b, 5-6). 투표한다고 해서 개인이 헌법을 지지한다고 맹세하는 것은 절대로 아니라고 스푸너는 《반역죄가 아니다》 제6부에서 쓴다. 한 사람을 선출하는 것은 단지 그 직책의 임기 동안 통치하는 것을 재가하는 것일 뿐이다(Spooner 1870, 6-7). 투표권이 민주주의를 만들어내지 않는다: "수년마다 한 번 새로운 지배자를 뽑는 것이 허용되지만, 그래도 여전히 인간은 노예이다"(Spooner 1870, 24).

스푸너의 미국 아나키스트 동료인 벤자민 터커Benjamin R. Tucker는 헌법에 대한 스푸너의 분석을 칭찬하였다. 《그로버 클리블랜드에게 보내는 편지》를 언급하면서 그는 다음과 같이 썼다:

"그 훌륭한 문서는 그에게 미국 헌법이 어떤 것인지 그리고 정말로 그것이 누구에게나 얼마나 구속력이 있는지를 말해줄 것이다."(Tucker 1926, 56)

스푸너의 주장은 마찬가지로 현대의 독자에게도 설득력이 있을 수 있다. 예를 들면, 헌법학자이자 스푸너 찬양자인 랜디 바넷Randy E. Barnett(2004, ix)은 그의 책《잃어버린 미국 헌법의 복원: 자유의 추정Restoring the Lost Constitution: The Presumption of Liberty》에서, 미국 헌법에 대한 "첫 번째 의심의 씨"가 마음 속에 심어진 것은 학부생 때 읽은 스푸너의《반역죄가 아니다》제6부 덕분이라고 말한다:

> "정당성에 대한 스푸너의 주장이 대법원의 관례와 결합되었을 때는, 심각하게 생각할 만한 것이 남아있지 않았다."(Barnett 2004, x)

스푸너는 또한 현대의 투표제도에 들어 있는 비밀주의secrecy도 비판하였다. 미국 정부를 정당화하기 위해 비공개투표에 의지하는 것의 오류는 그 비공개투표가 선출된 사람에게 선거민 전체를 섬길 의무를 지우지 않는 것이라고 그는 쓴다. 위임이 없다. 그런 것은 절대로 없다. 그에 뒤따르는 계약은 사실상 익명적이다. 한 개인의 선출의 정당성을 증명하는 것은 알려지지 않은 어떤 사람들이 그를 지지하는 투표를 했다는 것이기 때문이다. 정치인이 그 익명의 투표자들에게 맹세하는 것이 어떻게 정당할 수 있는가? 그로서는 단지 그들이 투표했다는 것밖에 알지 못하는데 말이다. 그렇게 해서 이루어지는 계약의 성질은 아주 정확하게 무엇인가? 그리고 대표자는 그러한 과정으로 어떻게 선거민 전체에게 헌신할 수 있는가? 비밀투표는 선거라기보다는 "공모共謀"와 유사하기 때문에 "진정한" 투표가 아니다. 그러므로 비밀투표는 선출된 사람에게 정당성을 부여하지 않는다(Spooner 1870, 32–33, Spooner 1882, 5–6, Spooner 1886, 10, 21).

여기서 스푸너는 어쩌면 주요한 미국 아나키스트들 중 또 한 사람인 조시아 워렌Josiah Warren이 투표의 의미에 대해 말한 의견을 세련되게 다듬고 있는지도 모른다. 조시아 워렌은 다음과 같이 썼다:

"블랙스톤Blackstone과 그 밖의 이론가들은 그들이 투표의 일치로 '하나의 일반의지'를 얻는다고 생각한다면 치명적으로 오해하는 것이다. 투표자들의 감정이나 견해와는 반대로 많은 영향이 투표에 영향을 미칠지도 모른다; 그리고 이 보다도, 어쩌면 스무 명 중 두 명은 어떤 조치를 이해하지 못하거나 올바르게 평가하지 못할 것이며, 또는 비록 찬성 투표를 하더라도 마찬가지로 그 조치의 결과를 예측하지 못할 것이다. 투표자들에게는 숨어 있는 무의식적인 다양한 것들이 무수히 있을지도 모른다. 이것들은 조치가 실행될 때까지는 표출될 수 없다. 그 조치가 실행될 때는, 아마도 투표자들 열 명 중 아홉 명이 다소 실망할 것이다. 왜냐하면 그 결과가 그들의 특별한 개인적인 기대와 일치하지 않기 때문이다." (Warren 1852, 24–25)

왜 사람들은 이길 것 같지 않은 후보자들에게 투표하는가? 많은 시민들은 패자에게 표를 던진다. 이것은 그들이 선거 승리자가 "헌법을 구실로" 폭정을 강요할 위험에 대해 우려한다는 것을 시사한다고 스푸너는 주장한다(Spooner 1870, 9). 그런 투표 중 어떤 것들은 항의투표protest votes이다 — 사람들이 이길 가능성이 없는 후보자를 선택하는 것이다. 사람들은 왜 떨어질 것이 분명한 후보자에게 투표하곤 했는가? 그들은 투표함으로써 정치체제에 대한 자신들의 지지를 나타내고 싶은 욕망이 있기 때문이 아니라, 그 정치체제에 불만이 있기 때문이라고 스푸너는 말한다(10).

스푸너는 재산권을 양도할 수 없는 권리로 이해하였다. 이것의 단한 가지 예외는 어떤 사람이 다른 사람에게 또는 다른 사람들의 소유물에 피해를 주었을 경우 이 다른 사람(또는 다른 사람들)에게 보상해 주기 위해 그의 재산을 몰수할 수 있다는 것이었다(Spooner 1886, 33). 따라서 정부가 자산 배분에 간섭하려는 어떠한 시도도 자연정의를 위반한다. 앞에서 언급한 것처럼, 미국 헌법에 계약 조항을 포함시킨 것은 — 스푸너의 관점에서는 — 건국자들이 계약할 자연권을 보존하려고 생각했다는 증거이다. 이 두 자연권은 분명히 서로 연결되어 있다. 왜냐하면 계약은 재산을 사고 팔거나 아니면 양도하는 방법이기 때문이다(54–55, 58–60).

스푸너는 사람들이 21세가 되기 전에 계약할 수 있어야 한다고 주장한다. 주州들이 역사적으로 그들을 이런 식으로 제한했기 때문이 아니라, 많은 사람들은 주들이 인위적으로 정한 성인 나이에 도달하기 전에 지적으로 결정할 수 있다고 그는 믿기 때문이다. 그는 결혼한 여성들에게 주법州法에 의해 계약할 수 있는 자격이 주어지지 않았다는 사실에 항의한다. 왜냐하면 이것 역시 소유와 계약의 자연권을 위반하기 때문이다. 헌법을 위반한다는 것은 말할 것도 없다. 헌법은 성별性別에 대해 중립적이기 때문에, 여기서 적용되어야 할 자연정의의 적절한 기준은 한 개인이 정신적으로 상황을 평가할 능력이 있는가 없는가이다(Spooner 1886, 61). 그럼에도 불구하고 개인들의 권리는 만일 그 권리가 사회에 바람직하지 않은 결과를 일으킨다면 제한해도 좋다. 예를 들면, 술을 마시면 폭력적이 되는 개인에게는 맥주 주기를 합법적으로 거부할 수 있다고 그는 넌지시 말한다(Spooner 1875, 34-35).

미국 정부는 정당성이 없기 때문에, 그 관리들의 활동은 권위가 없으며 국민은 그들에게 저항할 자격이 있다. 스푸너가 생각하기에, 불법정부의 행위를 감수한다면 헌법의 정신을 더럽히게 될 것이다. 수정조항 제2조*는 대중이 굳건히 맞설 필요를 예상하기 때문이다. 시민들에게 부도덕한 정부에 대항해 무기사용을 허용하는 것이 아니라면, 시민들에게 무기를 휴대할 권리를 주는 것이 어떤 의미가 있는가라고 그는 묻는다. 부패한 정부를 폭력 없이 이기는 것이 종종 가능할지도 모른다. 그러나 항상 그렇지는 않을 것이다. 수정조항 제2조는 이러한 현실을 인정한다. 위헌적인 법률에 대해서는 투

---

* "규율을 갖춘 민병대는 자유로운 주의 안보에 필요하므로, 무기를 소유하고 휴대할 수 있는 국민의 권리가 침해되어서는 아니된다."

표함에서만 반항해야 하며 그 동안에는 복종해야 한다고 주장하는 사람들은 정부에 사실상의 모든 권력을 양도한다. 그 결과 미국은 실제로 정부를 결코 제한하지 않았다(Spooner 1850, 27–29). 인간의 본성상, 선거에서 져 임기가 끝났다고 해서 권력을 포기한 정치인들은 거의 없다. 국민의 힘에 대한 두려움만이, 그리고 그들이 무기를 휴대할 권리가 미국 정치인들을 자진해서 물러나게 한다. 그러한 억지력이 없다면, 정치인들은 아마도 치부致富하고 선거민 전체를 노예로 만드는데 관심을 쏟을 것이다. 왜냐하면 그들이 드러내는 "탐욕과 야심의 유혹이 보통사람들의 단순한 미덕에 비하면 너무 크기 때문이다"(Spooner 1850, 30).

정치적 의무에 대한 스푸너의 글들은 미국 정부에, 아니 사실은 여태까지 존재한 어떤 정부에도 권위를 거의 주지 않는다. 스푸너는 제정된 많은 법에 국민이 동의했다는 것을 부인할 뿐만 아니라, 사회계약론과 미국 헌법의 권위 둘 다 거부한다. 그 대신 그는 자연법을 언급하면서 보다 더 제한된 정치적 의무를 정당화하려고 애쓴다. 물론 거기에는 계약을 맺고 재산을 소유할 자연권, 늘어나기만 하는 자신들의 힘에 어떤 한계도 인정하지 않는 정부에 저항할 권리가 포함되어 있다.

스푸너의 저작은 오늘날 많이 잊혀져 있다. 그러나 그의 저작은 많은 내용과 현대와의 적절한 연관성을 갖고 있기 때문에 그를 계속해서 읽을 가치가 여전히 있다는 것을 본 논문의 저자는 보여주려고 시도하였다.

본 논문의 예전 판은 브리티시 컬럼비아 주 밴쿠버에서 열린 북서부 태평양 정치학회 2003년 연차 총회에 제출했다. 저자는 예전의 초안에 대해 논평해 준 팀 제스크, 세 명의 익명 비평가 그리고 새리프 제미에게 감사를 드린다.

참고 문헌

라이샌더 스푸너의 저작을 잘 모르는 독자는 《The Lysander Spooner Reader》로 시작하는 것이 좋을 것이다. 이 책은 그의 글들을 사려 깊게 모은 것이다. 현재까지는 스푸너의 생애와 사상에 대한 책 길이book-length의 분석이 출간되지 않았다.

Alexander, A. John. 1950. 'The Ideas of Lysander Spooner.' The New England Quarterly 23:200−217.

Barker, Sir Ernest, ed. 1960. Social Contract: Essays by Locke, Hume, and Rousseau. London: Oxford University Press.

Barnett, Randy E. 2004. Restoring the Lost Constitution: The Presumption of Liberty. Princeton, NJ: Princeton University Press.

Call, Lewis. 1998. 'Locke and Anarchism: The Issue of Consent.' Anarchist Studies 6:3−19.

Conrad, Clay S. 1998. Jury Nullification: The Evolution of a Doctrine. Durham, NC: Carolina Academic Press.

Cordato, Roy, and Wayne Gable. 1984. 'Lysander Spooner, Natural Rights, and Public Choice.' American Behavioral Scientist 28:279—288.

Eltzbacher, Paul. 1958. Anarchism: Exponents of the Anarchist Philosophy, Ed. James J. Martin. Trans. Steven T. Byington. New York: Chip's Bookshop.

Goldsmith, M. M. 1966. Hobbes's Science of Politics. New York: Columbia University Press.

Hinnant, Charles H. 1977. Thomas Hobbes, Boston: Twayne.

Hobbes, Thomas. [1651] 1981. Leviathan. Ed. C. B. Macpherson.
Harmondsworth, Middlesex: Penguin

Hume, David. 1994. Political Essays. Ed. Knud Haakonssen. Cambridge, Cambridgeshire: Cambridge University Press.

Lemos, Ramon M. 1978. Hobbes and Locke: Power and Consent. Athens: The University of Georgia Press.

Locke, John. 1965. Two Treatises of Government. Ed. Peter Laslett. New York: Mentor.

Macpherson C. B. 1962. The Political Theory of Possessive Individualism. London: Oxford University Press.

Martin, James J. 1970. Men Against the State: The Expositors of Individualist Anarchism in America, 1827—1908. Colorado Springs: Ralph Myles.

McNeilly, F. S. 1968. The Anatomy o/ Leviathan. New York: St. Martin's.

Miller, David. 1984. Anarchism. London: J. M. Dent.

Morland, Dave, and Terry Hopton. 1999. 'Locke and Anarchism: A Reply to Call.' Anarchist Studies 7:51—67.

Ostrowski, James. 2001. 'The Rise and Fall of Jury Nullification.' Journal of Libertarian Studies 15:89—115.

Reichert, William O. 1976. Partisans of Freedom: A Study in American

Anarchism. Bowling Green, OH: Bowling Green University Popular Press.

Rocker, Rudolf. 1989. Anarcho—Syndicalism. London: Pluto.

Shively, Charles. 1971a. 'Introduction' to A Letter to Grover Cleveland, on His Fales Inaugural Address, the Usurpations and Crimes of Lawmakers and Judges, and the Consequent Poverty, Ignorance, and Servitude of the People. In The Collected Works of Lysander Spooner, by Lysander Spooner, ed. Charles Shively. Weston, MA: M & S Press.

Shively, Charles. 1971b. 'Introduction' to No Treason, No. II. The Constitution. In The Collected Works of Lysandert Spooner, by Lysander Spooner, ed. Charles Shively. Weston, MA: M & S Press.

Shively, Charles. 1971c. 'Introduction' to Revolution: The Only Remedy for the Oppressed Classes of Ireland, England, and Other Parts of the British Empire. No. 1. In The Collected Works of Lysander Spooner, by Lysander Spooner, ed. Charles Shively. Weston, MA: M & S Press.

Shively, Charles. 1971d. 'Introduction' to Thomas Drew vs. John M. Clark. In The Collected Works of Lysander Spooner, by Lysander Spooner, ed. Charles Shively. Weston, MA: M & S Press.

Shone, Steve J. 2004. 'Lysander Spooner, Jury Nullification, and Magna Carta.' Quinnipiac Law Review. 22:651—669.

Smith, George H. 1992. 'Introduction.' In The Lysander Spooner Reader, by Lysander Spooner. San Francisco: Fox & Wilkes.

Spooner, Lysander. 1850. A Defence for Fugitive Slaves, Against the Acts of Congress of February 12, 1793, and September 18, 1850. In Spooner 1971.

Spooner, Lysander. 1860. The Unconstitutionality of Slavery. In Spooner 1971.

Spooner, Lysander. 1867a. No Treason, No. 1. In Spooner 1971.

Spooner, Lysander. 1867b. No Treason, No. Ⅱ. The Constitution. In Spooner 1971.

Spooner, Lysander. 1869. Thomas Drew vs. John M. Clark. In Spooner 1971.

Spooner, Lysander. 1870. No Treason, No. Ⅵ. The Constitution of No Authority. In Spooner 1971.

Spooner, Lysander. 1875. Vices Are Not Crimes. In Spooner 1992.

Spooner, Lysander. 1880. Revolution: The Only Remedy for the Oppressed Classes of Ireland, England, and Other Parts of the British Empire. No. 1. In Spooner 1971.

Spooner, Lysander. 1882. A Letter to Thomas F. Bayard: Challenging His Right — And that of All the Other So — Called Senators and Representatives in Congress — To Exercise Any Legislative Power Whatever Over the People of the United States. In Spooner 1971.

Spooner, Lysander. 1886. A Letter to Grover Cleveland, on His False Inaugural Address, the Usurpations and Crimes of Lawmakers and Judges, and the Consequent Poverty, Ignorance, and Servitude of the People. In Spooner 1971.

Spooner, Lysander. 1971. The Collected Works of Lysander Spooner. Ed. Charles Shively. Weston, MA: M & S Press.

Spooner, Lysander. 1992. The Lysander Spooner Reader. San Francisco: Fox & Wilkes.

Tucker, Benjamin R. 1926. Individual Liberty: Selections From the Writings of Benjamin R. Tucker. Ed. C. L. S. New York: Vanguard.

Warren, Josiah. 1852. Equitable Commerce: A New Development of Principles as Substitutes for Laws and Governments, for the Harmonious Adjustment and Regulation of the Pecuniary, Intellectual, and Moral Intercourse of Mankind. Reprint. New York: Burt Franklin.

Weber, Max. 1970. From Max Weber: Essays in Sociology. Ed. H. H. Gerth and C. Wright Mills. London; Routledge & Kegan Paul.

Wolff, Robert Paul. 1976. In Defense of Anarchism. With a Reply to Jeffrey H. Reiman's In Defense of Political Philosophy. New York; Harper & Row.

우리에게서 앗아간 우리의 네스토르[*]

• • •

벤자민 터커
1887년 5월 28일 발행《자유Liberty》에서

내가 기억할 수 있는 지난 여러 해 동안 일요일을 제외하고 거의 아무 날이나 오전 9시에서 오후 3시 사이에 보스턴 애서니엄 도서관 Boston Athenaeum Library을 방문한 사람이라면, 올드 그래너리Old Granary 묘지 맞은편의 트리몬트 가Tremont Street가 내려다보이는 한 골방에서 한 노인의 웅크린 모습이 눈에 띄었을지도 모른다. 사실 거의 모든 사람의 눈에 띄었다. 이 노인은 역사, 법학, 정치학, 헌법에 관한 먼지투성이 책들이 잔뜩 쌓인 책상에 구부리고 앉아, 부지런히 연구하고 글 쓰는 일에 몰두하고 있었다. 그 노인이 우연히 머리를 잠

---

[*] Benjamin Tucker, "Our Nestor Taken From Us" in 《The Lysander Spooner》, 1–9.
네스토르Nestor: 고대 그리스의 시인 호메로스가 쓴 서사시 《일리아드》에 나오는 슬기로운 노장군으로 현명한 노인을 뜻한다.
벤자민 터커: 19세기 미국의 개인주의적 아나키즘의 주창자(1854–1939)로 정기 간행물 《자유》의 편집자이자 발행인이었다. 《자유》는 1881년 8월부터 1908년 4월까지 발행되었다.

시 들었다면, 그 방문자는 눈처럼 하얀 긴 머리와 수염을 한 얼굴을 보았을 것이다. 이 얼굴은 인간의 눈을 즐겁게 하는 아주 잘 생기고 인정 많고 친절하고 강인하며 위엄 있는 얼굴이었다. 그러나 그 모습이 아무리 인상적이었다 하더라도, 앞으로 올 세대들에게 사랑받을 크나큰 지적 능력, 성실함과 일편단심, 솔직하고 사랑하는 마음의 소유자를 보는 특권을 누렸다는 것을 알아차린 사람들은 거의 없었다. 손가락을 느릿느릿 움직일 때 깃펜에서 천천히 흘러나오는 문장마다 그릇된 사회의 근거 없는 구조를 삼켜버리는 엄청난 논리와 경멸적인 분노가 끊임없이 강력하게 휘몰아쳤을 것이라고 생각한 사람들은 더더욱 없었다. 그럼에도 불구하고 그는 더 이상 그 힘을 더하지 못할 것이다. 지난 달에는 눈에 익은 그의 모습이 평소의 그 장소에서 보이지 않았다. 그 도서관에 자주 드나드는 사람들은 그곳에서 그를 다시 보지 못할 것이다. 그가 죽었기 때문이다. 그의 이름은 라이샌더 스푸너였다. 이 이름은 앞으로 사람들 사이에서 잊혀지지 않을 것이다.

그는 5월 14일 토요일 오후 1시, 머틀 가 109번지에 있는 그의 작은 방에서 죽었다. 그의 방은 트렁크와 상자들로 가득 했다. 그 속에는 그가 50년 넘게 팸플릿 저자로 적극적으로 활동하며 투쟁할 때 모은 책들, 원고, 팸플릿으로 가득 차 있었다. 1년 이상 동안이나 그의 몸은 눈에 보이게 쇠약해져 갔으며, 목발을 짚지 않고서는 움직일 수 없었다. 이번 달 2일에는 극심한 열병에 걸렸는데, 그는 이

열병에서 회복하지 못하였다. 그는 모든 방식의 의술에 대해 거의 지독할 정도로 적대적이었으며 자신의 체질을 안다고 자신만만하였다. 그는 죽기 3일 전까지도 의사가 오는 것을 거부하였다. 언제나 그의 삶이 그러했듯이 그때에도 확고부동하게, 그는 자신의 증상을 설명하기를 거부했으며, 또는 조언이나 약을 받는 것을 거절하였다. 또한 그가 회복될 가능성이 없다고 확신한 사람들이 그에게 전에 써 놓은 원고들을 좀 정리해 줄 것을 부탁했지만 그는 이들의 간청에 귀를 기울이지 않았다. " 아! 일어나면 그것에 전념할거야"라고 약하지만 언제나 쾌활한 목소리로 그는 대답하곤 했다. 그는 점차 무의식 상태에 빠졌고, 이 상태가 약 24시간 계속되었다. 그 후 그는 몸부림 한 번 치지 않고 죽었다. 머지않아 이 영광스러운 80년 삶의 이야기가 당연히 자세하게 말해질 것이다. 지금은 시간도 지면도 자료도 부족하기 때문에 그의 삶의 몇몇 시기에 대해서만 간단히 훑어보겠다.

그의 삶은 1808년 1월 19일 매사추세츠 주 애솔에 있는 한 농장에서 시작되었다. 이 아버지의 농장에서 젊은 스푸너는 소년시절과 몇 년 간의 성인시절을 보냈다. 그 당시에 시골학교 교육이 제공한 지식을 갖추고서, 스물 다섯 살 때 그는 우스터로 갔다. 그는 그곳에 있는 호적등기소에서 서기직을 얻었다. 그 업무에서 수년 간의 경험은 그의 근면하면서도 조리 있게 일하는 천성과 결합해 그를 매우 신뢰할 만한 부동산 양도 증서 교부자 및 심사자로 만들었다. 그러나 그는 그 후에 그런 자격으로 활동할 기회가 거의 없었다. 서기직을 그만두고는, 우스터 법조계의 유명 인사인 존 데이비스John Davis의 사무실에서 법률 관계 서적을 읽기 시작했다. 나중에는 매사추세츠 주의 일류 변호사들 중 한 사람으로 간주되는 찰스 앨런Charles Allen의 사무실에서 공부하였다. 아마도 이 재능 있는 사람들은 거대한 지성이 그들의 눈 밑에서 성장하고 있었다고는 거의 상상도 못했을 것이다. 실제로, 한 젊은이의 미래에 대한 그들의 기대는 틀림없이 대단치 않았을 것이다. 그렇지만 그에게는 이미 성문법의 세부사항, 형식, 불합리함, 돌팔이 의사 수법[사기 행위]이 그가 털어내야 하는 거미줄에 불과한 것처럼 보였다. 그래야 그가 말하는 자연정의natural justice 원리의 근본적인 진실과 실체에 대해 철저한 견해를 얻을 수 있기 때문이었다. 이 젊은이의 정신은 궤변으로 변호하는 영역에서 고귀한 철학의 영역으로 날아오르기 시작했으며, 고객에게서 돈을 갈취하는 기술을 연마하지 않고 《기독교의 초자연적인 증거라고 말해지는 것에 대한 한 이신론자理神論者*의 답변A Deist's Reply to the Alleged Supernatural Evidences of Christianity》이라는 제목의 그의 첫 번째 팸플릿을 쓰는 데 헌신하였다. 이 팸플릿과 그 후에 곧 나온 또 하나의 팸플릿 《이신론자의 불멸, 그리고 자신의 믿음에 대한

---

* 이신론: 세계의 창조자인 신은 세상 일에 관여하거나 계시를 보이지 않으며, 세계는 독자적인 법칙에 따라 움직인다고 하는 이성적인 기독교 종교관.

인간의 책임론The Deist's Immortality, and an Essay on Man's Accountability for His Belief》은 그의 정신에서 가장 일찍 나타난 있는 그대로의 산물이다. 그러나 그것들은 분명한 정신적 독립의 증거로서 두드러진 독창적인 사고 성향을 나타낸다. 이것만으로도 그것들은 이제 가치가 있다. 미신을 공격하는 방법이 진화론과 과학의 진보로 인해 혁명적으로 바뀌었기 때문에, 1835년 이전에 쓰인 그 팸플릿들에서 사용된 논거들은 시대에 뒤떨어진 것처럼 보이며 그 중 일부는 불합리한 것 같다. 그러나 그 저자는 그것을 깨닫지 못하였다. 그는 살았던 방식 그대로 죽었다. 구식의 이신론자는 내세를 믿었으며, 최근 신과 불멸에 대한 사상을 망상이 되게 한 많은 양의 증거와 논리에 완전히 무지하였다. 지각 있는 사람들은 그런 것에 생각을 소모하는 것을 거의 모두 이의 없이 거부하는데도 말이다. 종교와 신학 영역에서 그의 적극적인 젊은 제자들은 성직자들의 세속적인 정략과 모든 종교제도에 대한 그의 신랄한 경멸을 공유하는 것 외에는 그와의 공통점이 거의 없었다.

성직자들과 교회에 대한 그의 태도를 나타내는 것으로는 다음의 일화가 흥미로울 뿐만 아니라 적절하다. 밀러주의의 열광the Millerite craze*이 절정에 달해 세계의 종말이 이제나저제나 기대되었을 때,

---

* 밀러주의자들Millerites은 미국의 기독교 종교인 윌리엄 밀러William Miller(1782-1849)의 추종자였다. 밀러는 처음에는 침례교파에 속하였지만, 1818년 재림파가 되었다. 세계의 종말이 1843년이라고 주장했으나 무사히 넘기자 자기의 오산을 시인하고, 다시 1848년을 예언했다. 그러나 역시 적중하지 않았다.

일부 신자들은 큰 재앙이 다가오고 있다는 생각에 모든 일을 그만 두었으며 농작물의 수확도 소홀히 하였다. 애솔에서는 좀 더 정통적인 교파들이 고소하는 바람에 몇몇 신자들이 부랑죄로 체포되었다. 기소자측은 변호사들이 마을에 얼씬거리지 못하게 해 그 희생자들을 짓밟을 준비를 하였다. 이 희생자들은 무저항주의자로 고문 변호사를 이용할 생각이 없었기 때문에, 이들 모두 법정에 끌려 나가지 않을 수 없었다. 스푸너 씨가 나타났다. 결정적인 순간에 그는 그 기소에 결함이 있다고 지적하였다. 그래서 그 수감자들은 석방되었다. 정통파는 이 결과에 크게 분노해, 그 목사들 중 한 사람이 스푸너 씨에게 말하였다:

"당신이 이런 식으로 행동해서 얻는 것이 무엇이요?"

아마도 그 목사가 알아차리지 못할 만큼 아주 살짝 비꼬는 어조로 스푸너 씨는 대답하였다: "기독교 종교를 확립하기 위해 내가 할 수 있는 모든 것을 하는 데서 얻어지는 만족입니다."

그러나 불의에 반항하는 그의 정신은 종교 자유와 관련해서만 나타나지 않았다. 변호사로서 그의 첫 번째 행위는 법에 도전해서 그것을 어기는 것이다. 그 당시에 매사추세츠 주의 법령은 대학교육을 받지 못한 사람들에게는 법조계에 들어가는 조건으로 3년 간의 추가 공부를 요구하였다. 이 조항을 무시하고 스푸너 씨는 우스터에 법률사무실을 열었다. 이 대담한 발걸음은 자신의 주장을 인쇄해 주의회의 의원들에게 돌림으로써 더욱 강화되었다. 마침내 그 역겨

운 법은 즉시 폐기되었다. 이렇게 해서 그는 개업할 권리의 정당성을 입증하였다. 그러나 변호사로서의 경력은 결코 대단한 것이 못되었다. 공부하는 동안에 나타난 그의 타고난 성향이 더욱더 강해졌다. 자신이 더 큰 일을 위해 태어났다는 것을 깨달으면서 그는 법을 제쳐 놓았다. 오하이오 주에 6년 간 머무르면서 그는 노아 스웨인Noah H. Swayne(이 사람은 나중에 미국 대법원의 판사가 되었다)과 함께 일하였는데, 이때 그는 주의 공공사업부가 선박이 지나갈 수 있는 하천인 모미 강Maumee River의 배수공사를 막으려고 했지만 실패하였다. 그 후 그는 동부로 돌아와 그의 인생에서 가장 중요한 움직임 중 하나가 된 일을 하였다.

지금보다 훨씬 더 심한 정도로 그 당시 나라가 겪은 해악 중 하나는 우편사업의 정부 독점과 이에 따른 엄청난 우편요금이었다. 이 괘씸한 자유 침해에 반대하며 스푸너 씨는 경제개혁에서 첫 번째 조치를 취하였다. 그는 그 해악을 경쟁으로 고칠 수 있다고 보았으며, 정부가 우편물 배달을 독점할 권리가 없다는 것을 사람들에게 납득시키려고 하였다. 그러나 그의 주장은 아무런 효과가 없었다. 그래서 그는 법조계에 들어가려고 할 때 법에 도전해 성공한 것을 기억하고는, 또 다시 법에 도전하려고 마음먹었다. 따라서 1844년에 그는 보스턴과 뉴욕 간의 사영私營 우편업을 시작하였으며 그것을 곧 필라델피아와 볼티모어로 확대했다. 요금은 이 지점들 간에는 어디든 편지 한 통에 5센트밖에 하지 않았다(이것은 그 당시 정부가 부과하고 있었던 것보다 훨씬 적은 금액이었다). 사업은 즉시 성공해 빠르게 확대되었다. 그러나 편지 하나를 배달할 때마다 그것은 별도의 개별 범죄가 되었기 때문에, 정부는 그를 무더기로 고발할 수 있었으며 몇 개월 후에는 그에게 법률 비용을 부담지워 그를 짓눌러버릴 수 있었다. 그의 목적은 대법원에서 하나의 판례를 얻는 것이었지만, 공무원들은 아주 약삭빠르게도 그에게 그렇게 하지 못하게 하였다. 그를 따랐던 다른 사람들과 마찬가지로 처리되었다. 그럼에도 불구하고 이 문제는 큰 파장을 일으켰다. 스푸너 씨는 국회의원들로부터 그의 제도의 우월성을 크게 인정받았기 때문에, 다음 해 일반 대중의 감정을 고려해 정부는 우편요금을 크게 인하하지 않을 수 없었다. 스푸너 씨가 대담한 행동을 함으로써 인류에게 막대한 이익을 주었다는 것은 누구도 부인할 수 없다. 그러므로 그는 "미국의 값싼 우편요금의 아버지"라는 칭호를 받을 자격이 확실히 있다. 그러나 이것은 그가 목표로 삼은 승리가 아니었다. 이것은 승리가 아니었으며, 얻어야 할 승리는 아직도 남아 있다. 스푸너 씨가 겨냥한 것은 독점이었다. 독점은 오늘날까지 지속되고 있고 전보다 더 확고하게 뿌리박았기 때문에, 수많은 해악을 불러일으키고 있다. 경쟁이 있다면, 그 해악들은 즉시 제거될 것이다. 사람들은 독점 폐지를 요구하는 것을 단념했다. 사람들의 불만을 달래기 위한 양보로서 계속된 요금인하가 이루어졌기 때문이다. 따라서 어느 한 일간신문이 며칠 전 — 물론 좋은 의도로 — 다음 번의 새 우표에는 스푸너 씨의 얼굴을 넣자고 제안했을 때, 사실상 그것은 스푸너 씨를 모욕하였다. 그가 죽는 날까지 주장한 것은 ― 그리고 경험 많은 대부분의 집배원들은 그에게 동의한다 ― 미국 전역에 편지를 1센트씩에 배달해도 이익이 남으며, 사람들이 그런 혜택을 누리지 못하는 이유는 단지 정부가 그 사업을 독점하기 때문이라는 것이었다. 그러므로 그의 사진이 그 자신과 (그가 파괴하려고 매우 열심히 노력한)독점을 공동으로 찬양하는 식으로 사용되고 있었다는 사실을 알게 된다면, 그는 무덤 속에서 탄식하였을 것이다.

스푸너 씨가 정치평론가로서 최고 명성을 얻은 것은 한 팸플릿 때문이다. 그렇지만 이 팸플릿은 그 대단한 능력에도 불구하고 결코 그의 가장 중요한 저작이 아니다. 《노예제도의 위헌성》은 즉시 그를 노예제도 폐지 갈등에서 유명한 인물로 만들었다. 수년 동안 그의 명성은 상당하였다. 개리슨과 그의 지지자들은 미국 헌법이 친親노예제도 문서이므로 짓밟아야 한다는 이론에 입각해 선동하고 있었다. 따라서 스푸너가 노예제도가 위헌이라는 것을 보여주는 놀라울 정도로 강력한 법률적 주장을 가지고 앞에 나서자, 당연히 많은 사람들의 관심을 불러일으켰다. 정치적인 방법으로 노예제도를 폐지하는 것에 찬성한 사람들은 ―이들 중에는 게릿 스미스Gerrit Smith[*]

* 미국의 사회개혁가이자 정치인(1797–1874). 1848년, 1856년, 1860년 대통령 후보자였다.

와 엘리저 라이트_{Elizur Wright}*가 있었다 — 이 주장을 강력하게 추천
하였다. 그리하여 그 책은 자유당의 교재가 되었다. 웬델 필립스는
그것에 대답하기 위해 최선을 다했지만, 논리학자 필립스와 스푸너
의 관계는 피그미와 거인의 관계나 같았다. 싸움이 고조에 달해 사
태가 격렬해지자 반反노예제도 투쟁은 또 하나의 쟁점으로 향하게
되었다. 따라서 승리의 영광을 차지하지 못했다. 문제가 단지 해석
의 문제에 불과했다는 것을 명심해야 한다. 미국 헌법의 권위 자체
는 논의되지 않았다. 그랬다면, 그것에 대한 스푸너의 반대는 개리
슨의 반대보다 훨씬 더 근본적이었을 것이다. 이 팸플릿 외에도 스
푸너 씨는 반反노예제도 갈등과 관련해 두 개의 팸플릿을 더 썼다
—《도망친 노예들을 위한 변호》와《자유입헌주의자들에게 보내는
건의문Address to the Free Constitutionalists.》

　스푸너 씨는 법을 집행하는 최상의 방법으로 배심제도 — 오늘날
의 배심제도가 아니라 마그나 카르타Magna Charta**에 의해 처음으로
보장된 것 — 의 충실한 옹호자였다. 이 주제에 대해서 그는《배심재
판Trial by Jury》이라는 제목의 철저한 법률 저작을 썼다. 그는 이 저작
에서 두 가지를 주장하였다. 하나는, 사실뿐만 아니라 법, 법의 정당

---

* 미국의 수학자이자 노예제도 폐지론자(1804–1885).
** 1215년 영국왕 존이 귀족들의 강압에 따라 승인한 대헌장. 본래는 귀족의 권리를 재확인한
봉건적인 문서였으나, 17세기에 이르러 왕권과 의회의 대립에서 왕의 전제專制에 대항하여 국민
의 권리를 옹호하기 위한 최대의 전거典據로 이용되었다.

성, 형벌의 정도를 판단하기 위해 시민들 전체에서 제비뽑기로 선정된 12명의 만장일치적인 평결이나 판결에 의하지 않는 한, 누구도 처벌해서는 안된다는 것이다. 또 하나는, 배심원들의 권리에 대한 재판관들의 점차적인 잠식이 이 배심원들을 사법기구에서 사실상 무가치하게 만들었다는 것이다. 이 책에서 주장한 많은 것들이 이미 일리노이 주와 몇몇 다른 주에서 시행되어 왔다. 이 책은 강제적인 과세의 권리를 부정하는 것으로 끝난다.

그가 쓴 모든 팸플릿 중에서 가장 많이 유포된 것은《혁명 Revolution》이라는 제목의 익명으로 나온 것이었다. 이 팸플릿에서 그는 아일랜드의 토지문제를 아주 박력 있는 문체로 다루면서, 그의 생각을 던레이븐Dunraven백작***에게 보내는 편지 형식으로 표현하였다. 그는 그 원고를 보스턴에 있는 한 유명한 아일랜드인에게 보냈다. 이 아일랜드인이 그 원고를 읽고 매우 기뻐하자 스푸너는 뉴욕에 있는 다른 아일랜드인들에게도 그것을 보여주었다. 그 결과 사본을 10만 부 인쇄하였다. 영국의 귀족사회에 속하는 모든 사람에게, 모든 하원의원에게, 영국의 자치령에서 조금이라도 유명한 모든 관리에게 각각 한 부씩 보냈다. 아일랜드에 보낸 소수의 사본을 제외하면, 나머지 사본들은 영국과 캐나다의 민주 중도파들에게 배포하였다. 이렇게 해서 그런 선전 활동을 계속하는 것이 아일랜드인들의

*** 아일랜드 귀족 칭호 중 하나.

의도였으며, 스푸너 씨는 이를 위해 일련의 팸플릿을 쓰겠다고 약속하였다. 그러나 어떤 일이 생겨 그 계획을 실행하지 못했다. 나는 그시리즈의 2호를 원고로 읽은 것을 기억하고 있다. 그러나 그것은 인쇄되지 않았다고 나는 생각한다.

그의 다른 저작들도 마찬가지로 미완성 상태로 있다. 논문 전체를 한 번에 출간할 재력이 없었기 때문에, 그는 자주 첫 번째 장을 따로 인쇄해 "제1부"라고 불렀다. 그런데 두 번째 장을 쓸 시간이나 인쇄할 돈을 얻기 전에, 어떤 새로운 주제가 그의 관심을 사로잡아 이전의 저작이 미완성 상태로 있곤 하였다.

그의 팸플릿 중 많은 것들은 신문이나 잡지에 처음 인쇄되었다. 다음의 세 팸플릿은 《급진파 평론Radical Review》에 처음 나왔다: 《우리의 재정가들: 그들의 무지, 강탈과 사기Our Financiers: Their Ignorance, Usurpations and Frauds》, 《가격법칙: 통화가 무한히 증가하는 필연성의 증명The Law of Prices: A Demonstration of the Necessity for an Indefinite Increase of Money》, 그리고 《가치 본위로서의 금과 은Gold and Silver as Standards of Value》. 12년 전에 뱁콕J. M. L. Babcock이 편집한 주간지 《신시대New Age》에 《달러란 무엇인가What is a Dollar?》와 미완성 연재물 《재정 사기꾼들Financial Impostors》이 나왔다. 그리고 나의 독자들은 기억하겠지만, 《자유》에는 의심할 바 없이 가장 위대한 그의 최근 저작 《그로버 클리블랜드에게 보내는 편지Letter to Grover Cleveland》, 《토마스 베이아드에게 보내는 편지Letter to Thomas F. Bayard》, 여성 참정권에 대한 그의 훌륭한 반대론(이것은 《신세대》에 발표한 것을 재인쇄한 것이다)이 나왔다. 또한 나는 이 기고란들에 있는 아주 재기才氣 넘치는 사설 중 많은 것이 라이샌더 스푸너가 쓴 것이라는 사실을 지금은 털어놓아도 될 것 같다. 그는 "O"라는 서명으로 작년에 인쇄된 사설들의 저자였으며 또한 초기 호수들 중에서는 다음 사설들의 저자였다: 《괴로운 문제들Distressing Problems》(No.7); 《기토*의 악의Guiteau's Malice》(No.10); 《기토의 극악무도한 악행 … 그리고 기토의 재치Guiteau's Devilish Depravity ... and Guiteau's Wit》(No.11); 《그레이 판사Justice Gray》와 《기토 감정인들 The Guiteau Experts》(No.12); 《앤도버 신학교Andover Theological Seminary》 (No.20); 《미신적인 여성들과의 싸움War upon Superstitious Women》과 《법의 형식The Forms of Law》(No.24); 《벤 버틀러의 신앙심Ben Butler's Piety》 (No.34); 《매사추세츠 주의 입법의 문제점The Troubles of Law-Making in Massachusetts》(No.40); 《중국인 고든의 죽음The Death of Chinese Gordon》 (No.59); 《엘리저 라이트Elizur Wright》(No.70). 이따금 그는 다른 사람들의 이름으로 나온 저작의 일부를 썼다. 예를 들면, 금주禁酒 문제에 대한 다이오 루이스Dio Lewis의 책에 수록되어 있는 《악덕은 범

---

* 찰스 줄리우스 기토Charles Julius Guiteau(1841–1882)는 미국의 20대 대통령 제임스 에이브램 가필드를 암살한 사람이다. 1881년 7월 2일 돈으로 공직을 사려다 좌절한 찰스 기토는 가필드 대통령이 모교 윌리엄스 대학을 방문한다는 소식을 듣고 윌리엄스 대학에서 가필드를 총으로 쐈고 기토는 그 자리에서 잡혔다. 체포되어 재판을 받은 기토는 사형이 선고되어 교수형에 처해졌으며, 가필드 대통령은 고통스럽게 80일을 버티다가 9월 19일 죽었다.

죄가 아니다》라는 제목의 주류 양조판매금지 반대론은 스푸너 씨의 저작이었다. 1865년 4월호《내셔널 쿼털리 리뷰National Quarterly Review》에 있는 조지 설George W. Searle의 논문《연방대법원장 태니Chief Justice Taney》의 일부도 그러했다. 그의 팸플릿 중 이 서두른 스케치에서 미처 언급하지 못한 것의 제목에 대한 나의 기억에 따르면, 내가 다음의 목록에 수많은 중요한 것들을 포함시키지 못했다는 것은 의심할 바 없다:《빈곤: 그 불법적인 원인과 합법적인 구제책Poverty: Its Illegal Causes and Legal Cure》;《웹스터 재판의 불법성Illegality of the Trial of J. W. Webster》;《은행업자들과 공채증서 소유자들에 대한 생각Considerations for Bankers and Bondholders》;《새로운 지폐제도A New System of Paper Currency》;《전세계의 부Universal Wealth》;《반역죄가 아니다: 권위 없는 헌법No Treason: The Constitution of No Authority》;《지적 재산권 법The Law of Intellectual Property》(스푸너 씨의 펜에서 나온 것 중 단 하나의 분명히 어리석은 저작이다);《자연법Natural Law》. 이것들 외에도 그는 아주 다양한 주제에 관한 원고들로 가득 찬 큰 가방들을 남겨 놓았다. 그의 친구들은 가능한 한 빨리 그 원고들을 출판할 생각이다.

여기서 스푸너 씨의 가르침을 다시 말한다면, 나는 헛수고할 것이다. 그가 자신을 뭐라고 불렀을지 모르지만 또는 그러기를 거부했을지도 모르지만, 그는 실제로 아나키스트였다. 그의 성향은 처음부터 아나키즘이었다. 그는 초기에는 정부의 몇몇 측면을 공격하는 쪽으로 일하였지만, 나중에는 그의 가장 강력한 총들을 정치원리

자체에 겨냥할 필요성을 깨달았다. 폭정을 철저히 파괴하는 것이 그의 삶의 가장 큰 목적이었다. 그는 이 신문이 중점적으로 가르치는 것 —자유만큼 중요한 것이 없다는 것, 그리고 지금 여기서는 통화를 발행하는 자유만큼 필요한 자유는 없다는 것 — 에 완전히 동의하였다. 그런데 그는 이런 주장들을 얼마나 잘 옹호하였는가! 그처럼 압도적인 힘을 갖고 글을 쓸 수 있는 사람은 우리 중에 한 명도 없다. 그의 가장 큰 강점은 예리하면서도 차이를 분간해 내는 분석력에 있었다. 그는 연역 논리의 대가였다. 그의 논리는 그가 늘 법률적 사고방식legal mind이라고 부른 것이었다. 이것은 그가 높이 평가한 단 하나의 정신질서였다. 이 위대한 인간의 특이한 약점 중 하나는 자기 이론을 믿는 새로운 사람들을 보게 되면 상당히 흐뭇해하면서도, 자신의 것과는 다른 과정을 통해 그 이론에 도달한 사람들과는 정신적인 공감대가 거의 없었다는 것이다. 그는 허버트 스펜서Herbert Spencer의 정치적 가르침과 그 자신의 것이 실질적으로 동일하다는 것을 전혀 인정하지 않았다. 이는 단지 스펜서가 완전히 다른 방법으로 그의 결론에 도달한다는 이유 때문이다. 그 철학자의 폭넓은 귀납은 스푸너에게 감명을 주지 못하였다. "그는 법률가가 아니에요"라고 그는 말하곤 했다. 훌륭한 모범이 되는 법률가들에 대해서는 그의 편애가 강했다. 세계의 갱생을 위해 그는 이들에게 크게 의지했다.

매우 낙관적인 기질을 지녔기 때문에 그는 결코 좌절하지 않았다.

언제나 그는 다음 번의 팸플릿이 법률가의 관심을 끌 것이며 또 이들을 통해 세상 사람들의 관심을 끌 것이라고 확신하였다. 재미있는 일은 사람들에 대한 그의 논평을 듣는 것이었다. 그는 존 스튜어트 밀John Stuart Mill이 아주 과대평가되었다고 생각하였다. 그는 어느 날 나에게 말하였다: "밀을 읽으면 나는 언제나 올리버 웬델 홈스Oliver Wendell Holmes*가 여치Katydid에게 한 말이 생각난다: '너는 당연한 것을 아주 엄숙하게 말하고 있다.'" 찰스 섬너Charles Sumner**에 대한 자신의 경멸을 그는 표현할 말을 찾을 수 없었다. 헨리 윌슨Henry Wilson***같은 기회주의자에 대해서는 스푸너가 그를 만났을 때 악수하는 것을 거부했다. 웬델 필립스는 생각하는 법을 모르는 고귀한 마음의 소유자였다. 예수 그리스도는 유대인의 왕이 되고 싶어한 야심을 품은 자로 갑자기 출세한 사람이었다. 그는 그런 목적을 염두에 두고 가두정치 연설로서 산상수훈the Sermon on the Mount을 설교하였다.

글을 끝마칠 때가 되었지만, 나는 내가 기억하는 것을 절반도 말하지 못하였다. 《자유》의 이번 호를 이 몹시 유쾌한 인물에 관한 가십gossip과 추억으로, 그의 뛰어난 정신력과 미덕에 대한 찬사로, 그

---

* 미국의 법률가(1841-1935).
** 미국의 정치인으로 매사추세츠 주 출신의 연방 상원의원(1811-1874).
*** 미국의 정치인(1812-1875). 연방 상원의원(1855-1873)을 지냈으며 율리시스 그랜트 대통령의 러닝 메이트로 제18대 부통령(1873-1875)에 당선되었다.

의 한계에 대한 비판으로 채우는 것이 편할 것이다. 그러나 나는 그렇게 해서는 안되며, 그렇게 할 필요가 없다. 그가 한 일이 내가 할 수 없을 만큼 그를 대변하지 않는가? 그가 시작한 대로 그 일을 계속하는 것이 우리의 일이며 우리 독자들의 일이다. 이번에는 우리가 무기와 생명을 던졌을 때, 우리가 그가 한 것처럼 훌륭하게 싸웠으며 그가 한 것처럼 끝까지 신념을 지켰다는 말을 우리가 듣지 못한다면, 그는 우리에게 칭찬으로 가득 찬 상을 주지 않을 것이다.

그러면 이 보잘것없는 찬사를 여기서 마치자, 다음 주 일요일 5월 29일 오후 2시 반 보스턴 987 워싱턴 가, 웰스 메모리얼 홀에서 열리는 특별 추모회에서는 고인이 된 철학자에게 경의를 표하는 가치 있는 이야기들이 말해질 것이다. 이 특별 추모회에는 시오도어 D. 웰드, 헨리 애플턴, J. M. L. 뱁콕, 토마스 드류, E. B. 매켄지가 참가할 것이다. 이렇게 해서 뱁콕 씨, 파커 필스베리, M. J. 새비지가 연설한 5월 17일 수요일(포레스트 힐스에서 매장한 날)의 장례식을 보충할 것이다.

— 벤자민 R. 터커

보스턴, 매사추세츠 주.

라이샌더 스푸너는 누구인가?

. . .

조지 H . 스미스*

1

예상할 수 있는 것이 무엇인지 모르면서 라이샌더 스푸너라는 묘한 이름을 지닌 사람에 대해 호기심을 갖는 사람이 어딘가에는, 언젠 가는 있을 것이다. 나는 그 독자가 부럽다. 내가 《반역죄가 아니다: 권위 없는 헌법No Treason: The Constitution of No Authority》을 우연히 만난 것 은 거의 25년 전이었다. 나는 내 눈을 거의 믿을 수 없었다. 여기에 는 급진적이지만 상식적이고, 전복적이지만 본질적으로 미국적인 사상이 있었다. 스푸너는 나를 자극하고 흥분시켰다. 이런 경험은 드물다. 진실로 독창적인 사상가들은 드물며, 여러분들이 그런 사

---

* George H. Smith, "Introduction" in 《The Lysander Spooner Reader》(San Francisco: Fox &Wilkes, 2010[1992]), vii−x xii. 조지 스미스는 미국의 저술가로 고전 자유주의 및 자유지상주 의 사상의 역사에 대해 많은 글을 썼다.

266

상가들을 발견할 수 있는 것은 한 번밖에 없기 때문이다.

아쉽게도, 나의 순진한 발견 시절은 끝났다. 독서를 너무 많이 한 탓이다. 나는 세상에 거의 알려지지 않은 자유지상주의libertarian 저술가들의 책을 읽었는데, 이들은 자유지상주의자들조차도 그 이름을 들어본 적이 없었을 만큼 세상에 알려지지 않았다. 앞으로도 많이 놀라게 될지는 모르겠지만, 여전히 많이 즐겁다. 라이샌더 스푸너를 다른 사람들에게 소개하는 이 일이 그 즐거움 중 하나이다.

라이샌더 스푸너(1808–1887)는 19(또는 다른)세기의 가장 위대한 자유지상주의 이론가들 중 한 사람이자 그 현대적인 운동의 창시자였다. 그는 뼛속까지 급진적인 사람으로서, 어느 정당 노선에도 발끝대기를 거부한 비순응주의자들nonconformists 중에서도 비순응주의자였다.

변호사로 훈련받았기 때문에, 스푸너는 종종 법률가처럼 글을 썼다. 그는 전례, 법령, 법적 근거를 인용하였다. 이처럼 법을 존중하는 스타일 때문에 그의 일부 저작은 무미건조하고 가까이 하기 어려운 겉모습으로 뒤덮여 있다. 그렇지만 그의 법률적 주장 속에는 문학적으로나 철학적으로 훌륭한 구절들이 여기저기 뭉쳐 있다.

스푸너는 평범한 법률가가 아니었다. 그는 미국 헌법이 자연법과 일치한다고 생각할 때는 미국 헌법을 인용하였다. 따라서 그는 국왕이나 국가의 특허장에 의해 설립된 은행들, 독점적인 우체국, 법정화폐법, 노예제도, 자유에 대한 그 밖의 범죄 등의 위헌성을 주장하였다. 그러나 최종적으로 스푸너는 미국 헌법이 "아무런 권위도 없다"고 비난하였다. 이 점에서 그는 그 당시의 많은 급진주의자들과 구별되었다. 그는 미국사에 깊이 뿌리박힌 급진적인 무정부 철학, 즉 개인주의적 아나키즘 — 유니스 슈스터가 부른 것처럼 토착적인 미국 아나키즘[1] — 과 (명목상으로가 아니라 실질적으로) 결혼하였다.

스푸너에게는 자연법과 그 필연적인 결과인 자연권이 자유롭고 정의로운 사회의 기초이다. 그는 무서워하지 않는 제퍼슨주의자 Jeffersonian로서 독립선언에 표현된 원리들이 손상되는 것을 거부하였다. 인간이 양도할 수 없는 권리를 부여받았다면, 정부를 포함해 누구도 그 권리를 침해해서는 안된다. 정부가 피통치자의 동의를 요구한다면, 정당한 정부는 자신이 관할하는 모든 사람의 명백한 동의를 얻어야 한다. 국민이 강탈에 저항할 권리와 전제적인 정부를 타도할 권리가 있다면, 이 권리를 미국 정부에 대고 행사해도 될 것이다.

이런 원리들 때문에 정부가 활동하기 어렵다면, 스푸너가 본 것처럼 그만큼 더 좋다. 정부는 자유, 평화, 번영, 사회질서를 지속적으

---

1 Eunice Minette Schuster, 《Native American Anarchism: A Study of Left-Wing American Individualism》(Smith College Studies in History, 1931년 10월 - 1932년 7월). 슈스터는 스푸너 사상에 대해서 훌륭한 요약을 제시하고 있다(143-52). 다음의 것이 더 낫다. James J. Martin, 《Men Against the State: The Expositors of Individualist Anarchism in America, 1827-1908》(Colorado Springs: Ralph Myles, 1970), 167-201. 이 책은 19세기 미국의 급진적인 개인주의에 대한 가장 훌륭한 설명이다.

로 위협하기 때문이다.

정부에 대한 경멸 못지않게 스푸너는 편리한 방법이라는 핑계로 자신들의 원리를 손상한 자유지상주의 동료들도 경멸하였다. 순수한 정의가 아름다운 것이다. 그래서 스푸너는 그것을 알면서도 더럽힌 자들에 대해 참을 수 없었다. 다른 사람들이 편리한 방법을 본 곳에서, 스푸너는 단지 비겁함이나 배신, 또는 실천 가능성으로 가장한 야심만을 보았다.

2

라이샌더 스푸너는 아홉 자녀 중 둘째로 1808년 매사추세츠 주 애솔Athol 근처의 한 농장에서 태어났다. 스푸너는 농장에서 9년 동안 일해 아버지에 대한 그의 재정 의무를 다 하였다. 그 후 스물 다섯 살이 되자 그는 법률가로서의 경력을 준비하기 위해 근처에 있는 우스터Worcester로 거처를 옮겼다.[2]

1835년 스푸너는 변호사로서 개업하였다. 이 때문에 그는 대학 학위가 없는 예비변호사들에게 5년 간의 수습을 요구한 매사추세츠 주 법을 위반하였다. 그의 첫 번째 정치 팸플릿《우스터 리퍼블리컨

[2] 스푸너의 자세한 생애에 대해서는 다음을 보라. Charles Shively, "Biography" in 《The Collected Works of Lysander Spooner》(Weston, Mass.: M & S Press, 1971), vol. Ⅰ, 15-62. 《악덕은 범죄가 아니다》를 제외하면, 이 소개의 글에서 언급하는 스푸너의 모든 저작은 《The Collected Works》에서 볼 수 있다.

Worcester Republican》에서 출판되었다)에서 스푸너는 수습기간 법에 이의를 제기하면서 정부를 경멸하였다. 정부에 대한 이러한 경멸은 그의 경력 전체를 특징지었다.

스푸너에 따르면, 5년 간의 수습기간 법은 "교육을 잘 받은 가난한 자들"을 법조계에서 배제하고 "비교적 여유 있는 풍요로운 상태에서 교육받은 자들"(이들 중 많은 이들은 "그 직업에 적합하지 않다")을 경쟁 효과에서 보호하는 결과를 낳았다. 스푸너는 계속해서 말한다:

"진실은 입법부와 법원들이 변호사들을 특권계급으로 만들었다는 것이다. 입법부와 법원들은 그렇게 해서 그들에게 — 가격을 유지하고 경쟁자들을 내쫓기 위한 것처럼 — 공동체의 권리에 대해서는 아니더라도 적어도 공동체의 이익에 대해서는 적대적인 조합을 만드는 편의를 제공했다."[3]

변호사가 되고 싶은 사람은 이 수단으로 생활비를 벌 권리를 다른 수단으로 벌 권리만큼이나 갖고 있다. 변호사의 능력은 "변호사인 그 자신과 그의 고객"에게만 관계가 있어야 한다. 정부는 능력을 법률로 제정할 수 없으며, 법률로 제정하려고 시도해서도 안된다.

자유시장의 법조계가 법조인들의 파벌을 깨뜨릴 것이며 아울러

---

3 "To the Members of the Legislature of Massachusetts," in 《Worceter Republican》 — 호외 (1835년 8월 26일). 원본 그대로의 복사판이 《The Collected Works》 제1권에 들어있다.

배임 행위로부터도 더 나은 보호를 제공할 것이라고 스푸너는 주장한다. 다른 경우와 마찬가지로 이 경우에도 스푸너는 그의 시대보다 앞서 있다:

"변호사업이 모든 사람에게 열려 있다면, 이 변호사들의 조합은 틀림없이 깨질 것이다 ─ 그들도 다른 사람들과 마찬가지로 그들 자신의 인격에 대해서만은 개별적으로 책임을 질 것이다 ─ 그들은 다른 사람들의 배임 행위를 못 본 체하거나 숨겨주고 싶은 마음을 갖지 않을 것이다. 한 변호사의 실무 처리 때문에 피해를 입었다고 생각하는 개인들은 변호사 협회에 불평을 늘어놓지 않고 대배심大陪審*이나 어떤 다른 법정 앞에서 그 불평을 늘어놓을 것이다. 그리고 … 때로는 지역사회가 일을 더 잘 처리해 줄 것이다."[4]

스푸너가 스물 일곱 살 때 쓴 이 의견은 대담한 자유시장 급진주의를 나타낸다. 그러나 스푸너의 자유지상주의는 한 덩어리였다; 그것은 경제적인 것이면서 정치적인 것이었다. 앞에서 인용한 바로 그 논문에서 스푸너는 변호사들이 국가와 미국 헌법에 맹세해야 한다는 요구에 대해 이의를 제기한다. 그의 의견은 예리한 만큼이나 매

---

* 대배심grand jury: 일반 시민이 재판에 참가해 기소 여부를 결정하는 배심제의 한 종류. 기소배심이라고도 한다.
4 Ibid.

력적이다.

"내가 나쁜 정부라고 생각할 수 있는 것에 대해서 반항할 권리는 국가의 다른 시민들의 권리인 만큼이나 나의 권리이다. 변호사들만 따로 골라 이들에게서 그러한 권리를 빼앗을 이유가 없다. 내가 선택한 방식으로 생계를 꾸리는 평범한 권리를 허용해 주는 조건으로, 나에게 헌법을 지지하는 선서를 요구하는 것은 단지 횡포일 뿐이다.[5]

매사추세츠 주 법은 변호사에게 만일 그가 "거짓말을 할 계획"을 알았다면 법원에 알려줄 것을 요구하였다. 다시, 스푸너는 문제의 핵심을 찌른다.

"나는 나와는 아무 상관 없는 사람들에 대해서 이런 식의 밀고자가 될 생각이 없다. 변호사가 법원에 가는 것은 그 때문이 아니다. 그가 법원에 가는 것은 그의 고객들의 권리와 이익을 지키기 위해서지 다른 것 때문이 아니다. 그리고 그는 그렇게 할 권리가 있다 …"[6]

법조계에 관한 법령 중에서 스푸너의 검열관 같은 주시注視를 피

---

5 Ibid.
6 Ibid.

한 것은 거의 없었다. 예를 들면 변호사들에게 법학도서관 협회에 50달러를 기부하라는 요구가 있었다. 스푸너는 격분하였다. 법학도서관을 이용할 필요가 있다면, 그는 그 돈을 기꺼이 낼 생각이었다 — 그러나 법학도서관을 이용하기에 너무 먼 곳에 사는 변호사라면 어떻게 되는가? 또는 책들을 직접 갖고 있는 변호사라면 어떻게 되는가? 스푸너는 그 협회에 가입하거나 그곳의 책을 이용하지 않았기 때문에, 그 조직은 "선교회나 성서협회"와 마찬가지로 그에게 50달러를 요구할 권리가 없었다.

1836년 스푸너는 토지 투기로 성공의 길을 찾기 위해 우스터를 떠나 오하이오 지방으로 갔다. 바로 이때 1837년의 공황으로 그는 모든 것을 잃었다. 스푸너는 경제적인 몰락을 정부의 은행업 및 통화 규제의 탓으로 돌렸다. 《지폐의 새로운 제도A New System of Paper Currency》와 그 밖의 팸플릿에서, 스푸너는 전혀 규제받지 않는 통화와 은행 제도가 어떻게 해서 자유시장과 잘 어울리는지를 아주 상세하게 증명하려고 했다.[7]

1844년에는 우편물 배달에 대한 정부의 독점에 관심을 돌렸다. 그는 아메리칸 우편회사the American Letter Mail Company를 세웠는데, 이것은 정부의 요금보다 훨씬 싸게 우편업무를 행하는 사기업이었다.

---

[7] 스푸너의 경제 관련 저술에 대해서는 다음을 보라. 《The Collected Works》, 제5권과 제6권. 정부 간섭의 효과에 대한 스푸너의 비판적인 논평은 훌륭하지만, 그의 건설적인 이론들(예를 들면, 자유시장 은행제도)은 전체적으로 불만족스럽다.

스푸너는《사영私營의 우편업을 금지하는 연방의회 법의 위헌성The Unconstitutionality of the Laws of Congress Prohibiting Private Mails》이라는 맹렬한 팸플릿에서 자신의 불법적인 행위를 방어하였다.

미국 헌법(제1조 제8절)은 "연방의회는 우체국과 우편물 수송도로를 세울 권한을 갖는다"고 선언한다. 그러나 스푸너에 따르면, 이것이 우편물 배달에 대한 정부의 독점권을 정당화하지 않는다. 실제로 정부기관들은 효율적인 서비스를 제공하는 것보다는 전형적으로 사복私腹을 채우는 것에 관심이 있다. 스푸너의 말을 인용하면:

"정부기관들이 업무에 관해서는 (그리고 우편물 전달은 단지 업무 문제일 뿐이다) 사기업을 쫓아갈 수 없다는 것은 일반적인 경험이 증명한다. 사기업은 언제나 가장 적극적인 물리적 능력과 가장 창의력이 있는 정신적 능력을 갖고 있다. 사기업은 그 속도를 끊임없이 높이고 있으며, 작업을 단순화해 비용을 줄이고 있다. 그러나 정부관리들은 따뜻한 둥지, 많은 봉급, 공직의 명예와 권력이 보장되어 있다(그들은 자신들이 대통령의 지지자인 한 이 모든 것을 확신한다). 그들은 일에 대한 활기 찬 충동을 거의 느끼지 않는다. 그들은 대체로 너무 자존심이 세고 고귀한 인물들이어서 상업적인 이익이 요구하는 속도로 움직일 수 없다. 그들이 공직에 오르는 것은 그 명예와 보수를 즐기기 위해서지, 이마에 땀 흘리며 생계를 꾸리기 위해서가 아니다. 그들은 자신들의 조건에 너무나도 잘 만족하고 있기 때문에, 그들은 익숙해진 부서업무 처리방식을 개선하려고 고민하지 않는다. 그들은 자신들이 아주 똑똑하다고 평가하기 때문에 또는 뛰어난 체하려고 애쓰기 때문에 다른 사람들의 제안을 받아들이지 않는다. 그들은 너무 겁이 많아 혁신하지 않는다. 그들은 너무 이기적이어서 자신들의 권한을 조금도 내놓지 않거나 권한의 남용을 개선하지 않는다. 그들은 이러한 권한의 남용을 사는 보람으로 여긴다. 그 결과는 지금 우리가 보는 것처럼 다음과 같다. 즉 성가시고 꼴사납고 비용이 많이 들며 늑장부리는 정부제도가 일단 세워지면, 그것을 변경하거나 실질적으로 개선하는 것은 거의 불가능하다. 업무를 개방해 경쟁자를 만들거나 자유경쟁을 시키는 것이 그 폐해를 없애는 유일한 방법이다."[8]

3

스푸너는 가족 전체가 "수년 간 열렬한 노예제도 폐지론자들"이었다고 언급한 바 있었다. 1845년에는 《노예제도의 위헌성The Unconstitutionality of Slavery》으로 싸움에 뛰어들었다. 정치활동을 하는 노예제도 폐지론자들은 이 글을 열광적으로 받아들였다. 이들은 윌리엄 로이드 개리슨William Lloyd Garrison*이나 그의 동맹자들과는 달

---

8 《The Unconstitutionality of the Laws of Congress Prohibiting Private Mails》(New York: Tribune Pub., 1844), 24. 다음에 재수록되어 있다. 《The Collected Works》, 제1권.
* 미국의 언론가이자 노예해방 운동가(1805-1879). 《저널 오브 더 타임스》등의 잡지와 각종 저널을 통해 언론에 의한 사회개혁에 정열을 쏟았다. 주간신문 《해방자The Liberator》를 발행하며 노예제도의 폐지를 끊임없이 주장하였다. 그의 열의와 용감성은 북부의 노예제 폐지 운동에 커다란 영향을 주었다.

리 노예제도를 반대하는 활동가들에게 투표에 참여하거나 행정관
직에 출마하라고 촉구하였다.

정치활동을 하는 노예제도 폐지론자들이 스푸너에 대해 보여준
존경심은 1849년 자유당Liberty Party[*]이 통과시킨 이 결의문에 나타
나 있다:

> "그런데 매사추세츠 주의 라이샌더 스푸너, 즉 정직한 마음과 예리하면
> 서도 심오한 지성을 지닌 그 사람이 노예제도의 합헌성을 반박하는 완전
> 히 결정적인 법률 논문을 발표하였다;
>
> 따라서 우리는 이 주와 다른 주들에 있는 자유의 친구들에게 앞으로
> 6개월 안에 각자의 카운티에 있는 변호사 각각에게 상기한 논문의 복사
> 본을 보낼 것을 열렬하게 권하기로 결의하였다.[9]

노예제도 폐지론에서 스푸너의 역할은 그 일촉즉발의 흥미진진
한 운동을 분열시킨 논쟁의 폭넓은 문맥에서 그를 볼 때만 이해될
수 있다.[10]

---

[*] 1840년에 창당되었으며, 노예제도 폐지를 주장하였다. 1848년 노예제도 확산을 반대하고 서
민 민주주의를 주장한 자유토지당Free Soil Party의 출현 이후 정치적으로 무의미한 존재가 되
었다.
9 다음에서 인용: Octavius Brooks Frothingham, 《Gerrit Smith: A Biography》(New York:
G. P. Putnam's Sons, 1878), 190.
10 스푸너와 노예제도 폐지론에 대한 논의에 관해서는 다음을 보라. Lewis Perry, 《Radical

노예제도 폐지론에서 주요 인물은 《해방자The Liberator》의 편집 발행인인 윌리엄 로이드 개리슨이었다. "노예"와 "노예제도"라는 말들이 그 문서에는 나오지 않는다 하더라도, 미국 헌법이 노예제도를 승인한다고 개리슨은 굳게 믿었다. 헌법 제정회의Constitutional Convention[**]에 대한 제임스 매디슨James Madison[***]의 기록이 처음으로 공표된 1840년에는 개리슨의 입장이 더욱 강화되었다.[11]

헌법 제정회의 때 일어난 많은 일들이 미국인들에게는 50년 동안 숨겨져 있었다. 따라서 대표자들은 죽었기 때문에 책임을 피할 수 있었다. 매디슨의 상세한 주석은 — 적절하게 바꾸면 그의 팔팔한 애국심을 이해할 수 있다 — 미국 헌법에서 노예제도의 위치에 대해 어떤 의심도 남겨 놓지 않았다. 노예제도는 멀리 있는 남부를 화합시키는 수단으로 승인되고 보호되었다. 이것은 특히 세 개의 조항에서 분명하였다: 의회의 대표자를 산정할 때 "그 밖의 인구[흑인 노예]는 3/5으로 계산해야 한다는 조항(제1조 제2절); 연방의회는

Abolitionism: Anarchy and the Government of God in Antislavery Thought》(Ithaca: Cornell University Press, 1973), 194−208; 그리고 Aileen S. Kraditor, 《Means and Ends in American Abolitionism》(New York: Pantheon Books, 1967), 190−95.

** 1787년 5월 25일부터 9월 17일까지 펜실베니아 필라델피아에서 개최된 회의. 이 회의에서 미국 헌법이 제정되었다.

*** 버지니아 주 대표로 헌법의 주요 저자이며 헌법의 아버지로 불린다(1751−1836). 1809년 토마스 제퍼슨의 뒤를 이어 제4대 대통령이 되었으며 중임하였다.

11 다음을 보라. William M. Wiecek, 《The Sources of Antislavery Constitutionalism in America, 1760−1848》(Ithaca: Cornell University Press, 1977), 239.

1808년까지 노예매매를 불법화할 수 없다는 조항(제1조 제9절); 그리고 도망친 노예들을 그들의 주인에게 돌려주라고 주州들에게 요구한 규정(제4조 제2절).

개리슨의 입장은 1854년에 분명하면서도 다채롭게 나타났다. 1854년은 노예제도 폐지론자들이 매사추세츠 주 프래밍햄 Framingham에 모여서, 도망친 노예 앤소니 번스Anthony Burns를 돌려보낸 것에 항의한 해였다. 개리슨은 연설할 때 미국 헌법의 사본 한 부를 치켜들며 그것을 "죽음과의 계약이자 최악의 합의"라고 비난하였다. 그러고 나서 개리슨은 "그러므로 잔인무도함과 타협한 모든 것은 사라져라"라고 선언하면서 그 사본을 불태웠다. 청중들 대부분은 아멘이라는 말로 응답하였다.[12]

개리슨이 노예제도 폐지론자들의 정치활동을 반대한 것은 미국 헌법에 대한 그의 견해 때문이었다. 그의 동료 웬델 필립스Wendell Phillips*는 《노예제도 폐지론자들은 미국 헌법하에서 투표에 참가하거나 관직을 맡을 수 있는가?》(1845)에서 이 입장을 옹호하였다.

주정부의 관리든 연방정부의 관리든 모든 관리에게는 "미국 헌법을 지지한다"는 선서를 요구한다고 필립스는 지적한다. 그리고 노예제도 폐지론자들은 양심상 그렇게 할 수 없다고 그는 주장한다.

---

12 다음을 보라. Louis Filler, 《The Crusade Against Slavery, 1830–1860》 (New York: Harper Torchbooks, 1963), 215–16.
* 미국의 사회개혁가(1811–1884). 노예제도 폐지 운동에 앞장섰으며 남북전쟁 후에는 금주 운

왜냐하면 미국 헌법은 친노예제도 문서이기 때문이다. 또한 노예제도 폐지론자들은 투표해서는 안된다. 왜냐하면 투표 행위는 대리인에게 권한을 위임하는 것이며, "대리인을 통해 하는 것은 그 자신이 하는 것이기" 때문이다. 필립스는 계속해서 말한다:

"물론 정직한 사람이라면 나쁜 행위라고 생각되는 짓을 다른 사람에게 할 권한을 부여하지 않을 것이며 또 그렇게 하라고 요구하지도 않을 것이다. 그러므로 모든 투표자는 투표하기 전에, 그 자신이 과연 정말로 헌법을 지지한다는 선서를 할 수 있는지 잘 생각해 보아야 한다."[13]

《노예제도의 위헌성》에서 스푸너는 미국 헌법에 대한 개리슨의 비판을 반박하면서 노예제도 폐지론자들의 정치활동에 문을 열려고 하였다. 스푸너가 이것을 시도한 최초의 인물도 아니었고 마지막 인물도 아니었다. 하지만 그의 시도는 가장 철저하면서 법률적으로도 근거가 있는 것이었다. 노예제도의 위헌성을 입증하는 것이 노예제도를 없애는 데 필요한 발걸음이라고 스푸너는 믿었다. 북부 전체가 노예제도 폐지론자가 된다 하더라도, "노예제도가 합헌이라고 인정하는 한 그들은 여전히 단 한 명의 노예의 쇠사슬에도 손

동, 사형제도 폐지 운동과 인디언, 여성, 노동자의 권리 옹호에 힘썼다.
13 Wendell Phillips, 《Can Abolitionists Vote or Take Office Under the United States Constitution?》 (New York: American Anti-Slavery Society, 1845), 10.

을 댈 수 없을 것이다." 남부의 변호사들은 미국 헌법에 대한 엄격하면서도 문자 그대로의 해석으로 유명하였다. 따라서 스푸너는 그들 자신의 근거지에서 그들을 만나 그들의 생각을 바꾸고 싶어했다. 그가 자신의 주장의 근거로 삼은 것은 윌리엄 블랙스톤 경Sir William Blackstone*과 그 밖의 관습법 권위자들이 상세히 설명한 법 해석의 원칙이었다.

스푸너에 따르면, 가장 기본적인 의미에서의 법은 자연법 — "어떤 환경에서도 인간의 공민권을 반드시 확립하고 결정하며, 명백히 보여주고 주관하는 자연적이고 보편적이며 불편부당不偏不黨하고 변경할 수 없는 원리" — 을 가리킨다. 모든 인간은 생명, 자유, 재산에 대해서 동등한 권리를 부여받았다. 이것은 "최고의 법"이다. 실제로 엄격하게 말하면, "자연법 이외에는 법이 있을 수 없다." 왜냐하면 인간의 법령이 자연정의natural justice가 규정하는 것들을 뒤집을 수 없기 때문이다. 정당한 정부는 동의 즉 사회계약에 기초를 두어야 하지만, 그 계약조차도 "정부에 사람들의 자연권을 파괴하거나 빼앗는 권한을 합법적으로 부여할 수 없다: 왜냐하면 자연권은 양도할 수 없는 권리로서, 단 한 사람의 개인에게 넘겨줄 수 없는 것과 마찬가지로 — 그저 개인들의 연합체에 불과한 — 정부에도 넘겨줄 수

---

* 영국의 법학자(1729–1790). 그의 책 《영국 법률에 대한 논평Commentaries on the Law of England》(1765)은 영국법 전체를 체계적으로 설명하였으며, 특히 미국에서 환영을 받아 연방헌법과 주헌법의 제정에 큰 영향을 주었다.

없기 때문이다." "정부의" 유일한 "정당하면서도 진정한 목적"은 자연권을 보호하는 것이다. 다수파의 수가 아무리 많더라도, 그들은 "어떤 개인이나 개인들의 자연권"을 침해하는 계약(헌법)에 동의해서는 안된다. 그러한 계약은 "불법이고 무효"이므로 "도덕적 구속력이 없다."[14]

미국 헌법이 뭐라고 말하든 간에, 자연법으로부터의 이러한 주장은 노예제도를 부도덕하고 부당한 것이 되게 한다. 그러나 스푸너는 자신의 헌법론의 근거를 이 전제에 두지 않는다. 미국 헌법을 해석할 때, 그는 "보통의 법률 해석 규칙"을 준수해야 한다고만 주장한다. 스푸너의 주장에서는 자연권이 추정의 근거, 즉 법률 해석을 이끄는 지침 역할을 한다. 가장 중요한 규칙은 미국 헌법에 있는 모든 말이 "'순전히' 자연권에 유리하게 해석되어야 한다"는 것이다. 그 반대에의 분명하면서도 설득력 있는 증거가 없는 한은 말이다. 우리가 헌법의 한 조항을 자연권에 반대하는 것으로(다시 말하면 노예제도를 지지하는 것으로) 해석할 수 있으려면, 뚜렷해야 하고 모호하지 않아야 하고, 다른 의미가 주어질 수 없는 것이어야 한다 …"[15]

미국 헌법의 노예제도 조항을 검토할 때, 스푸너는 자신의 기본적인 해석 규칙에 의지한다. 자연권의 명백한 침해는 명시적으로 진술

---

14 《The Unconstitutionality of Slavery》(Boston: Bela Marsh, 1860), 6-8. 다음에 재수록되어 있다. 《The Collected Works》 제4권.
15 Ibid.

되어야 하며 또 하나의 자유분방한 해석을 허용해서는 안된다. 예를 들면, 도망친 노예 조항은 "봉사나 노동을 하기 위해 소유된" 사람들을 가리킨다. 스푸너에 따르면, 이 조항을 문자 그대로 해석하면, 그것은 연한年限 계약 노동자들indentured servants을 가리키는 것이지 노예들을 가리키는 것이 아니다. 미국 헌법의 다른 노예제도 조항들도 마찬가지이다.

스푸너는 미국 헌법 입안자들의 의도라고 추측되는 것에 냉정하였다. 단 하나의 적절한 법률상의 핵심은 미국 헌법이 명시된 언어로 실제로 인정하는 것이지, 미국 헌법이 인정한다고 그 입안자들이 생각한 의도가 아니다. 미국 헌법은 결코 노예나 노예제도를 언급하지 않는다. 그러므로 엄격한 해석 규칙에 따라서 — 실제로 대부분의 남부인들이 따른 바로 그 규칙에 따라서 — 미국 헌법이 노예제도를 옹호하는 것으로 간주될 수 없다.

4

《노예제도의 위헌성》은 정치활동을 하는 노예제도 폐지론자들에게서 많은 찬사를 받았다. 이들은 — 윌리엄 로이드 개리슨이나 그의 지지자들과는 반대로 — 투표 참가와 선거 정치의 도덕성을 믿었다. 따라서 스푸너가 노예제도 폐지를 주장하는 자유당을 포함해 어떤 정당도 투표로 지지하거나 정당에 가입하는 것을 거부한 것은 아이러니하다.

친구 조지 브래드번_{George Bradburn}에게 보낸 편지에서, 스푸너는 "투표 참가론"을 주장한다고 해서 자신이 ― 노예제도를 반대하는 정당이라도 ― 어떤 정당을 지지하는 것은 아니라고 말하였다. 브래드번은 화가 났다. 《노예제도의 위헌성》을 쓴 그가 어떻게 해서 그런 생각을 가질 수 있단 말인가? 스푸너는 대답했다:

> "나는 '정치 기구'를 신뢰하지 않는다(그 목적에 따라서 그것이 좋은 일을 할 수도 있고 그렇지 않을 수도 있지만 말이다. 또는 그것이 합법적이고 합헌적이든 아니든 말이다) … 그것의 원리가 나쁘기 때문이다; 왜냐하면 헌법하에서는 입법부의 법령이 지시하는 대로 법이 당분간 다수파의 의지에 달려 있다는 것을 … 정치 기구는 인정하기 때문이다."[16]

스푸너는 미국 헌법과 이것이 세운 정부를 찬성할 수 없었다. 미국 헌법이 "일반적으로 이해하는 것보다 … 천배나 좋다" 하더라도, "그것의 진정한 성격을 아는 정직한 사람들이라면 찬성해서는 안될 만큼 미국 헌법은 아주 심각한 흠이 있다.[17] 웬델 필립스는 "스푸너 씨의 사상이 실제적인 정부주의를 반대하는 것_{no-governmentalism}"[18]

---

16 다음에서 인용: Perry, 《Radical Abolitionism》, 200.

17 Ibid.

18 Wendell Phillips, 《Review of Lysander Spooner's Essay on the Unconstitutionality of Slavery》 (Boston: Andrews and Prentice, 1847), 10.

이라고 비난했지만, 사실 그의 지적이 정확했다.

그러므로 스푸너는 개리슨주의자도 아니었고 정치활동을 하는 노예제도 폐지론자도 아니었다. 루이스 페리Lewis Perry가 말한 바와 같이, 스푸너는 "그 운동의 친밀한 파벌들 중 어느 것에도 속하지 않은 독자적인 노예제도 폐지론자였다."[19]

《도망친 노예들을 위한 변호》(1850)에서 스푸너는 하나의 논의를 제시하는데, 그는 나중에 이것을 그의 가장 유명한 저작 중 하나인 《배심재판론An Essay on the Trial By Jury》으로 확대시켰다. 도망친 노예들을 도와준 미국인들은 〈도망친 노예에 관한 법Fugitive Slave Laws〉에 따라 기소되었다. 스푸너는 이 법이 위헌이며 부당하다고 간주하였다. 그러므로 배심원단은 그 법에 따라 기소된 사람은 누구나 무죄가 되게 해야 한다.

"기소가 이루어지면, 그 기소를 심리하는 배심원단은 사실뿐만 아니라 법의 심판관이다. 그 법이 위헌이라고 생각하거나 그 법의 합헌성에 대해 의심할 만한 합당한 근거가 있다면, 그들은 피고인들이 그 법의 집행에 저항하는 것을 정당하다고 판결해야 한다."[20]

---

19 Perry, 《Radical Abolitionism》, 194. 윌리엄 위섹William Wiecek(《The Sources of Antislavery Constitutionalism》, 257)도 비슷한 의견을 말한다: "개인주의자들과 별난 사람들을 끌어들인 운동에조차 스푸너는 가담하지 않았다."

20 《A Defence for Fugitive Slaves》(Boston: Belta Marsh, 1850), 33. 다음에 재수록되어 있다. 《The Collected Works》, 제4권.

스푸너에 따르면, 재판관은 정부를 대표하는 반면에 배심원단은 국민을 대표한다. 그리고 배심원단을 통해 말하는 국민은 사실뿐만 아니라 법도 평가할 권리가 있다. 배심원단이 어떤 법이 부당하거나 위헌이라고 판결한다면, 배심원단은 피고에게 유죄 선고하는 것을 거부함으로써 그 법을 사실상 무효가 되게 해야 한다.

《배심재판론》에서 스푸너는 많은 역사적 자료를 제시하며 배심원단에 의한 무효화jury nullification에 대한 자신의 주장을 뒷받침한다. 그가 주장하는 것처럼, 초기 미국법은 스푸너의 견해와 일치하였는가? 저명한 법사학자 로렌스 프리드먼Lawrence M. Friedman은 다음과 같이 쓰고 있다:

"미국의 법 이론에서 배심원단의 권한은 엄청났으며 거의 통제받지 않았다. 배심원단이 형사 사건에서 법과 사실 모두의 재판관이라는 법의 원칙이 있었다. 이 사상은 철저한 정의에 대한 기억이 생생한 첫 번째 혁명 세대에서 특히 강하였다. 몇몇 주에서는 그 원칙이 오랫동안 지속되었다. 메릴랜드 주에서는 그 슬로건을 실제로 주 헌법에 끼워 넣었다. 그러나 그 규칙이 몇몇 재판관들과 그 밖의 권위자들로부터는 맹렬한 공격을 받았다 … 그것은 … 재판관들의 권한을 위협한다."[21]

---

21 Lawrence M. Friedman, 《A History of American Law》 (New York: Simon and Schuster, 1973), 251.

5

배심원단에 의한 무효화는 노예제도를 약화시키기 위한 스푸너의 유일한 전략이 아니었다. 그는 또한 무장한 노예제도 폐지론자들에게 남부에 잠입해 노예들을 해방시키고 반란을 조장할 것을 촉구하였다. 노예들은 자유를 얻은 다음에는 자신들의 전前 주인들의 재산에서 보상받아야 한다. 이런저런 사항들이 스푸너가 1858년 여름에 발행한 포스터《노예제도 폐지를 위한 계획A Plan for the Abolition of Slavery》에서 상세히 설명되어 있다. 이 포스터는 존 브라운John Brown* 에게 분명한 영향을 주었다. 비록 그의 습격이 실패로 끝났지만, 그는 버지니아 주 하퍼스 페리Harper's Ferry에서 스푸너의 계획을 실행하려고 하였다.[22]

브라운이 체포되어 교수형을 선고받았을 때, 스푸너는 버지니아 주의 주지사 헨리 와이즈Henry Wise를 납치해 그를 브라운과 교환하는 인질로 잡아둘 계획을 꾸몄다. 그러나 자금 부족 때문에 이 계획은 성공하지 못했다.[23]

---

* 미국의 노예제도 폐지론자(1800-1859). 미국의 노예제도를 철폐하기 위해서는 오로지 무장 봉기밖에 없다고 믿었다. 1859년 10월 1일 그는 21명의 동지와 함께 하퍼스 페리에 있는 연방군의 조병창을 습격했다. 공격은 실패로 끝났으며, 체포되어 재판장에서 사형을 언도받고 1859년 12월 2일 웨스트버지니아 주의 찰스타운에서 교수형에 처해졌다.

22 논의의 여지가 있는 이 쟁점에 관한 상세한 기술에 대해서는 다음을 보라. Perry,《Radical Abolitionism》, 204ff; 그리고 Charles Shively's Introduction to《A Plan for the Abolition of Slavery》in《The Collected Works》, 제5권.

23 페리와 쉬블리(ibid.)는 이 예상 밖의 계획을 논한다.

스푸너는 부당한 법에 강력하게 저항할 권리는 양도할 수 없다고 확고하게 믿었다. 국민 반란에 대한 끊임없는 두려움이 통치자들에게 폭정을 못하게 하는 유일한 것이다. 스푸너가 표현하는 것처럼:

"불의에 항거하는 국민의 권리와 물리적인 힘이 정말로 국민이 자신들의 자유를 위해 영원히 가질 수 있는 유일한 방위수단이다. 실제로 정부는 국민의 인내심만을 그 권력의 한계로 안다. 우리 정부도 이 규칙에서 예외가 아니다. 국민이 정부보다 더 세지 않다면, 우리의 하원의원들은 2년이 끝날 때 자신들의 권력을 결코 내려놓지 않을 것이다. 대통령과 상원의원도 마찬가지이다. 국민의 힘밖에 없다. 그리고 그 대표자들이 자신들의 권한을 심하게 벗어난 죄를 범할 경우 국민이 강력하게 저항할 것이라는 사실을 알아야, 이 대표자들이 국민에게서 강탈하거나 국민을 노예로 만들어 치부致富하며 자신들의 권력을 영속시키지 않을 것이다."[24]

정통 노예제도 폐지론과 스푸너의 의견 차이는 《반역죄가 아니다 No Treason》에서 가장 분명하게 나타나는데, 이것은 아마도 그의 가장 위대한 저작일 것이다. 거의 모든 노예제도 폐지론자들은 남북전쟁 때 북부를 지지하였다. 이것은 평화주의자라고 공언하는 개리

---

24 《A Defence for Fugitive Slaves》, 30.

슨도 마찬가지였다. 개리슨은 이전에 자유주들free states*이 연방에서 탈퇴할 것을 요구한 바 있었다. 그는 남북전쟁을 "자유인들과 필사적인 노예 과두정치 간의 투쟁"으로 보았는데, 그는 이렇게 썼다:

> "나는 [북부]정부에 공감하며 그들의 성공을 빈다. 왜냐하면 북부정부가 완전히 옳으며 또 순전히 자기방어와 자기보존을 위해 행동하고 있기 때문이다. 나의 평화원리를 조금도 손상하지 않으면서, 나는 이렇게 말할 수 있다."[25]

스푸너는 《반역죄가 아니다》에서 그런 보통의 믿음을 공격한다. 그는 그 글에서 미국 헌법과 이것의 도덕적 권위에 대해 주목할 만한 충격적인 분석을 시도한다(스푸너에 따르면, 미국 헌법은 도덕적 권위가 전혀 없었다). 그는 노예제도의 죄악과 연방 탈퇴의 권리를 분명하게 구분한다(이 연방 탈퇴의 권리는 미국독립혁명American Revolution**에서 구체화되었다).

"독립혁명 전체가 자신을 지배한 정부의 지지로부터 자기 마음대로 벗어

---

* 남북전쟁 전에 노예제도가 금지되었거나 폐지된 주들.
25 다음에서 인용. Peter Brock, 《Pacifism in the United States: From the Colonial Era to the First World War》 (Princeton: Princeton University Press, 1968), 698.
** 영국의 가혹한 식민 통치에 맞서 미국 13개 식민지가 협력하여 독립을 달성한 혁명(1776–1783).

날 수 있는 각자 모두의 권리를 내세우기 시작하게 했고 주장했으며 또 이론적으로 확립하였다. 그리고 이 원리는 그들 자신에게만 또는 그 시대에만 특유한 권리로서가 아니라, 또는 그때 존재한 정부에만 적용할 수 있는 것으로서가 아니라, 모든 시대에 또 모든 환경에 있는 모든 인간의 자연권으로 주장되었다."[26]

스푸너는 급진적인 노예제도 폐지론자들 중에서는 거의 혼자서 남부가 연방에서 탈퇴할 권리를 변호하였다. 그리고 나서 수정주의 역사가들을 예견한 것처럼, 그는 노예제도 때문에 전쟁이 행해졌다는 것을 부정한다. 오히려 그 전쟁이 일어나 것은 "순전히 금전상의 고려 때문이었다. 즉 노예소유자들을 북부의 제조업자들과 상인들(이들은 나중에 전쟁에 필요한 돈을 제공하였다)에게 산업적으로나 상업적으로 예속시키는 특권을 위해서였다."[27] 이 주제에 대한 스푸너의 폭넓은 논의는 확실히 남북전쟁 시대부터 가장 흥미진진한 논문 주제 중 하나이다.

---

26 《No Treason: NO. I》 (Boston: 저자 출판, 1867), 13. (다음에 재수록되어 있다. 《The Collected Works》, 제1권). 《반역죄가 아니다》는 3부(제1부, 제2부, 제6부)로 출간되었다. 스푸너는 세 개의 부를 추가해 공백을 메울 계획이었지만, 그는 그렇게 하지 못했다.
27 《No Treason: NO. VI》 (Boston: 저자 출판, 1870), 54. (다음에 재수록되어 있다. 《The Collected Works》, 제1권).

6

시민으로서의 자유에 대한 스푸너의 관심은《악덕은 범죄가 아니다》에서 명백하게 나타났다. 이 글은 처음에는 작자 불명으로 다이오 루이스Dio Lewis의 책《금지: 하나의 실패Prohibition: A Failure》(1875)에 들어 있는 하나의 장章으로 나왔다. 의사 루이스는 그 장의 저자를 "어떤 변호사 친구"라고 생각했으며, 스푸너에 대한 벤자민 터커Benjamin Tucker의 회상록(《자유》, 1887년 5월 28일)이 나오고서야 비로소 그 진정한 저자가 알려졌다.

이것이 아마도《라이샌더 스푸너의 저작 모음집The Collected Works of Lysander Spooner》에 포함되지 않은 유일한 주요 논문일 것이다.《악덕은 범죄가 아니다》가 최근에 부활한 것은 그것을 발굴한 칼 워트너Carl Watner와 100년도 더 지나서 그것을 최초로 출판한(TANSTAAFL, 1977) 재니스 얼렌Janice Allen 덕분이다. 이 호의적인 공동 수고가 없었다면, 스푸너의 가장 훌륭한 논문 중의 하나가 세상에 잘 알려지지 않은 책 속에 무한정 묻혀 버렸을지도 모른다.

《악덕은 범죄가 아니다》는 그것이 쓰였을 때만큼이나 지금도 신선하다. 왜냐하면 그 글은 마약 소비자들, 성적 관행을 따르지 않는 사람들sexual nonconformists, 자신들의 행복을 불법적인 방식으로 추구하는 그 밖의 사람들을 직접 언급하기 때문이다. 솔직히 말하면, 개인의 자유에 대한 대부분의 최근 논문들은 스푸너의 비타협적이며 당당한 변호보다 못하다.

스푸너에 따르면, 10세 이상의 정신적으로 유능한 모든 사람은 — 인종, 성, 종교나 개인적인 성향에 상관없이 — 평등하게 자연권을 소유하고 있으며, 이 자연권에는 행복을 추구할 권리도 포함되어 있다. 정부는 (우리가 독립선언을 진지하게 받아들인다고 가정한다면) 이 권리를 보호해야 한다. 그러나 정부가 또한 악덕을 처벌하려고 한다면, 이것은 불가능하다. 정부는 둘 중 하나는 할 수 있지만 둘 다 할 수는 없다. 정부가 자유와 노예제도 둘 다 보호할 수 없는 것처럼 말이다.

누구도 도덕적으로 완전하지 않다. 그러므로 만일 정부가 모든 악덕을 공평하게 처벌한다면, "모든 사람은 그의 악덕 때문에 감옥에 있을 것이다" 결국에는 "사람들을 안에 가두고 밖에서 문에 자물쇠를 채울 사람이 없을 것이다." 그러나 집단이 자신들의 자유는 요구하면서 다른 사람들의 악덕을 처벌하는 것은 "완전히 불합리하고 비논리적이며 횡포"라고 스푸너는 주장한다.

권리 침해는 스푸너가 악덕을 범죄와 분리시키는 분명한 선이다. 범죄는 권리를 침해하지만, 악덕은 그렇지 않다. 악덕도 자기파괴적이거나 공격적일지 모르지만, — 모든 평화적인 자발적 활동과 마찬가지로 — 악덕은 법과 정부의 영역 밖에 있어야 한다. 그러한 악덕에 들어가는 것은 "폭식, 만취, 매춘, 도박, 상금을 건 권투경기, 씹는 담배 씹기, 흡연, 코담배 맡기, 아편 피우기, 코르셋 입기, 게으름, 재산 낭비, 탐욕, 위선 등등"이다. 이런저런 악덕을 행하는 자들이 자발적으로 개선될 수 없다면, 그들이 "다른 사람들이 파멸이라고 부르는 것"에 이른다 하더라도, 그들은 "그렇게 하도록 내버려 두어야 한다."

스푸너 주장의 본질은 개인주의 전통에 깊이 뛰어들었다. 예를 들면, 스푸너보다 200년 전에 존 로크John Locke*는 통치자가 죄악을 박멸하려고 해서는 안된다고 주장하였다. 왜? 왜냐하면 죄악 그 자체가 "다른 사람들의 권리를 침해하지 않기 때문에, 그것은 사회의 공안公安도 깨뜨리지 않는다."

스푸너는 권리로 시작하지만 거기서 끝나지 않는다. 《악덕은 범죄가 아니다》에는 미덕과 악덕의 아주 정황적인 성질에 대한 통찰력 있는 관찰이 풍부하게 들어있다. 스푸너는 각 개인의 독특한 성격과 환경을 많이 존중한다. 그래서 그는 이런 종류의 저작들을 종종 망치는 건방진 설교를 신중하게 피한다. 사람들은 행복을 추구할 때 결정해야 하는데, 어떤 사람들은 다른 사람들보다 선택을 더 잘 할지도 모른다. 그러나 사람이 자유롭게 "알아보고, 조사하고, 추론하고, 실험해보고, 판단하고, 스스로 확인하지 않는 한" 미덕과 행복은 넘쳐흐를 수 없다. 강요된 미덕은 용어상 모순이다.

---

* 영국의 철학자이자 정치사상가(1632-1704).

7

남북전쟁은 62만 명의 생명을 잃게 했으며, 미국의 정치문화를 변하게 했다. 조지 틱너George Ticknor는 1869년의 글에서 "전쟁 전에 우리나라에서 일어난 것과 그 후에 일어난 것 또는 그 이후에 일어날 것 같은 것 사이에는 깊이 갈라진 커다란 틈이 있다"고 논평하였다. "내게는 내가 태어난 나라에 살고 있는 것 같은 생각이 들지 않는다."[28]

권리, 동의, 사회계약이라는 언어 — 라이샌더 스푸너의 용어 — 는 북부 지식인들 사이에서 이제 더 이상 인기가 없었다. 왜냐하면 그것은 배반과 분리의 언어였기 때문이다. "연방union"이라는 말(이것은 주권을 가진 주들의 동맹을 시사하였다)은 "국가nation"에 졌다. 그리고 "[복수의] 미국은The United States are"(이 are라는 동사는 누구보다도 제임스 매디슨이 좋아했다) "[단수의] 미국The United States is …"[29]이 되었다.

전쟁 후, 윌리엄 메리 대학William and Mary College에서 한 연사는 다음과 같이 선언하였다: "북부에 있는 우리 모두는 우리 … 정부에 우리가 상상하지 못한 힘이 있다는 것을 알았다." 유니테리언파*목사 헨리 벨로우스Henry Bellows는 더 멀리 나아갔다: "국가는 정말 신성

---

28 다음에서 인용. Morton Keller, 《Affairs of State: Public Life in Nineteenth Century America》 (Cambridge, Mass.: The Belknap Press, 1977), 2.

29 다음을 보라. James M. McPherson, 《Ordeal By Fire: The Civil War and Reconstruction》 (New York: Knopf, 1982), 488.

* 삼위일체론을 부정하고, 그리스도의 신성을 부정하며 하느님의 신성만을 인정하는 기독교 교파.

하다. 국민의 권리, 특권, 명예, 생명의 위대한 화신이기 때문이다."
역사가 존 모틀리John Motley에 따르면, "이 대변혁의 와중에는 개인
은 아무 것도 아니다." 그리고 월트 휘트먼Walt Whitman*의 말로 하면,
전쟁은 미국에게 "국가를 대수롭지 않게 여길 수 없다"[30]는 것을 가
르쳤다.

  라이샌더 스푸너는 더 이상 자기 나라 사람들과 생각 등이 일치
하지 않았다. 그는 정부의 힘이 놀라운 속도로 빨라지는 것을 지켜
보았다.[31] 스푸너는 여론의 흐름에 역행하고 있었지만, 그는 결코 포
기하지 않았다. 그의 친구이자 동료인 벤자민 터커는 그에게 적절한
조사弔詞를 바쳤다:

"그는 [1887년] 5월 14일 토요일 오후 한 시 머틀 가 109번지에 있는 그의
작은 방에서 죽었다. 그의 방은 트렁크와 상자들로 가득 했다. 그 속에는
그가 50년 넘게 팸플릿 저자로 적극적으로 활동하며 투쟁할 때 모은 책
들, 원고, 팸플릿으로 가득 차 있었다 … 머지않아 이 영광스러운 80년
삶의 이야기가 당연히 자세하게 말해질 것이다."[32]

---

* 미국의 시인(1819–1892). 혁신적인 작품들을 통해 미국의 민주주의 정신을 표현하였다.
30 다음에서 인용. Keller, 《Affairs of State》, 4.
31 다음을 보라. Stephen Skowronek, 《Building a New American State: The Expansion of
National Administrative Capacities, 1877–1920》 (Cambridge: Cambridge University Press,
1982).
32 Benjamin Tucker, 《Our Nestor Taken From Us》, 《Liberty》(1887년 5월 28일).

라이샌더 스푸너와 강도국가론

. . .

"과세에 동의하지 않는 사람들은 모두
노상강도로부터 자기 재산을 지킬 자연권이 있는 것과 마찬가지로
세금 징수원으로부터도 자기 재산을 지킬 자연권이 있다."
— 라이샌더 스푸너

Ⅰ. 19세기 미국의 마지막 자연권론자

19세기 미국에서 개인의 절대적인 자유와 권리를 가장 강력하게 주장한 자들은 1830년대부터 1890년대까지 활동한 개인주의적 아나키스트들이었다. 미국 최초의 개인주의적 아나키스트는 조시아 워렌Josiah Warren(1798–1874)이었다. 워렌은 영국 출신의 공상적 사회주의자 로버트 오언Robert Owen(1771–1858)을 1825년 신시내티에서 만나면서 그의 추종자가 되었는데, 오언의 실험공동체 《뉴하모니》의 실패를 직접 경험한 뒤 사회주의에서 아나키즘으로 전향하였다. 워렌은 "개인의 주권" 사상과 자기 노동의 산물에 대한 개인의 권리를 적극적으로 옹호하였다. 19세기 후반에는 벤자민 터커Benjamin Tucker(1854–1939)가 보스턴Boston(매사추세츠 주의 수도)에서 발행하고 편집한 잡지 《자유Liberty》를 중심으로 개인주의적 아나키스트들이

활발하게 활동하였다(이 《자유》를 무대로 삼아 활약한 개인주의적 아나키스트들이 "보스턴 아나키스트Boston Anarchist"로 불리게 된 것도 잡지가 1881년 8월부터 1892년 2월까지 보스턴에서 발행되었기 때문이다). 《자유》는 그 발행인란에 "자유는 질서의 딸이 아니라 그 어머니이다"라는 프랑스 아나키스트 피에르 조세프 프루동의 말을 넣음으로써 잡지의 입장을 분명히 하였다. 잡지는 종교, 여성과 아이의 권리, 지식 재산권, 자연권, 이자와 지대 등 다양한 쟁점들의 토론 무대였을 뿐만 아니라, 유럽 사상가들(프루동 외에도, 특히 영국의 철학자 허버트 스펜서와 독일의 철학자 막스 슈티르너)을 소개하는 창구 역할도 하였다. 당시 《자유》에 자주 기고한 사람들은 60여 명에 달하는데, 이 기고자들 중 중요한 한 인물이 바로 우리의 주인공 라이샌더 스푸너다. 스푸너는 1875년 경에 터커를 처음 만났다. 이들은 마흔 살이 넘는 나이 차이에도 불구하고 아주 가까운 동료가 되었다. 터커가 1877년 《급진파 평론The Radical Review》을 발행했을 때, 스푸너는 이 잡지에 세 개의 글을 발표하였다. 그러나 《급진파 평론》은 1878년에 4호를 내고는 발행을 중단하였다.

미국의 대통령들도 노예를 소유하던 시절, 1845년 스푸너는 《노예제도의 위헌성》을 썼다. 이 팸플릿에서 그는 미국의 연방대법원이 노예제도를 당장 금지하든가 아니면 연방의회가 이 제도를 불법화해야 한다고 주장하였다. 게다가 그는 노예들에게는 자신들의 생명과 자유를 지키기 위해 무기를 사용할 권리가 있다고도 주장하였다. 이 글은 특히 정치활동을 하는 노예제도 폐지론자들에게서 많은 찬사를 받았으며 당시 노예제도 폐지에 적극적이었던 자유당은 이 논문을 복사해 많은 사람들에게 보내자고 결의하였다. 1852년에는 그의 가장 중요한 저작 중 하나인 《배심재판론》을 발표하였다. 그는 영국의 마그나 카르타를 언급하면서, 배심원들이 법을 적용해서는 안되며 자신들의 양심에 따라서만 평결을 내려야 한다고 강조하였다. 인간의 양심이야말로 정의와 불의를 식별하고 인간 행동의 도덕적 가치를 느낄 수 있는 유일한 능력이기 때문이다. 1867년에는 《반역죄가 아니다》 제1부와 제2부을 발표했는데, 이것은 스푸너가 자신의 아나키즘 사상을 처음으로 드러낸 팸플릿이다. 1869년에 쓰고 1870년에 나온 제6부는 남북전쟁의 참화와 학살이 스푸너에게서 불러일으킨 분노와 혐오감으로 가득 차 있다. 스푸너가 비록 노예제도에 대해서는 확고한 반대자였지만, 그로서는 개인의 권리를 철저하게 무시하며 행해진 전쟁을 지지할 수 없었다.

미국 헌법이 정당한 헌법이라는 신화를 깨부순 뒤, 스푸너는 자유에 대한 개인의 기본적인 권리에 관해서 깊이 생각하였다. 심사숙고한 끝에 나온 결정체가 1875년의 《악덕은 범죄가 아니다》이다. 이 글에서 그는 철저한 개인주의 입장에서 개인의 행복추구권을 옹호하였다. 스푸너의 이러한 태도는 1882년의 팸플릿 《자연법》에서 절정에 이르렀다. 그리고 그는 이 논문에서 분명하게 나타낸 자연법 접근방식을 죽을 때까지 버리지 않았다.

스푸너가 취한 많은 입장에서 그 중심이 되는 것은 자연법 원리에의 헌신이다. 그에 따르면, 자연법natural law이란 시간과 장소를 초월해 언제 어디서나 적용되는 불변적인 법이다. 스푸너는 자연법이 세가지 성격을 갖고 있다고 말한다. 첫째, 인간이 자신의 신체와 재산에 대해 갖는 모든 권리에 관한 원리이다. 즉 나의 것이 무엇이고 너의 것이 무엇인지를 말해주는 정의의 과학이다. 둘째, 누구에게든 다른 사람의 권리를 침해하지 않으면서, 그가 할 수 있는 것이 무엇이고 해서는 안되는 것이 무엇인지를 말해 줄 수 있는 유일한 과학이다. 셋째, 인류가 서로 평화롭게 살 수 있는 조건이 어떤 것인지를 말해줄 수 있는 평화의 과학이다. 도덕적으로 받아들일 수 있는 평화의 조건은 두 가지 종류로 나눌 수 있다. 첫 번째 종류는 적극적인 조건들로서 정의가 각 개인에게 할 것을 요구하는 모든 것을 그가 다른 사람에게도 하는 것이다. 예를 들면, 각 개인은 다른 사람에게서 빚을 졌으면 그 빚을 갚아야 하고, 어떤 재산을 빌렸거나 훔쳤으면 그 주인에게 돌려주어야 한다. 또한 다른 사람의 신체나 재산에 피해를 주었다면, 그 피해에 대해서 배상해야 한다. 두 번째 종류는 소극적인 조건들로서 정의가 각 개인에게 하지 못하게 하는 것은 모두 그도 역시 다른 사람에게 해서는 안되는 것이다. 예를 들면 각 개인은 도둑질, 강도질, 방화, 살인 등을 해서는 안된다. 이런 조건들이 만족되면 사람들은 서로 평화롭게 살 수 있다.

스푸너가 말하는 정의는 사회 상황에 따라 만들어진 인위적인 종류의 정의가 아니라 자연정의_{natural justice}이다. 자연정의란 중력의 법칙, 빛의 법칙, 열의 법칙과도 같은 자연법칙으로서 시대와 장소를 불문하고 언제 어디서나 똑같이 적용되는 원리이다. 그것은 수학과 비슷한 불변적인 원리이다. 그 공리_{公理}가 고정되어 있기 때문이다. 그 형태 역시 복잡하지 않아 누구나 거의 직관적인 인식을 통해 쉽게 알 수 있다. 자연정의는 무엇이 정당한 행위이고 무엇이 부당한 행위인지. 무엇이 범죄 행위가 아니고 무엇이 범죄 행위인지를 말해주며 모든 사람에 대해서 공평하게 적용되기 때문에, 모든 사람을 보호해주는 원리이다. 아주 오랜 옛날부터 사람들이 도덕이나 정직에 대해 말한 것을 보면, 자연정의는 분명히 확실하게 존재한다. 자연정의가 없다면, 인류의 모든 도덕 담론은 아무 의미가 없는 것이 된다. "단지 바보들의 횡설수설에 불과하다"(이 책 19쪽).

그리고 스푸너는 신이나 자연이 모든 인간에게 자연권_{natural right}을 주었다고 믿는다. 이 자연권은 평생 동안 그에게 있는 타고난 개인적인 권리이다. 이 권리는 짓밟힐 수는 있어도 빼앗기거나 없어질 수 없으며 또한 다른 사람에게 팔거나 넘겨줄 수 없다. 신이나 자연이 개인으로서의 인간에게 그 자신을 위해 즉 그 자신의 행복을 위해 사용하라고 준 선물이기 때문이다. 개인은 자신의 삶을 자유롭게 영위하고 자신의 재산을 자유롭게 관리할 권리가 있다. 따라서 자연권은 개인의 주권이다. 이때 개인은 다른 사람도 역시 갖고 있는 자연권을 존중한다는 제약만은 받아들여야 한다. 말하자면 각 개인의 자연권은 다른 개인의 자연권과 동등해야 하고 조화를 이루어야 한다(이 점에서 스푸너의 견해는 영국의 철학자 허버트 스펜서의 "동등자유의 법칙the law of equal freedom"과 아주 유사하다). 이런 요구를 만족시키면서 각 개인이 가질 수 있는 자연권은 자신의 생명을 보존할 권리, 자신의 신체 능력이나 정신 능력을 자유롭게 행사해 자신의 복리를 대비할 권리, 재화와 서비스의 획득이나 교환을 위해 자유롭게 계약할 권리 등이다.

스푸너의 이러한 자연권론은 정부 또는 공적인 권력이 이른바 악덕vices을 강제로 억압하는 것을 비판하는 것으로 이어진다. 악덕은 개인이 자신의 신체나 재산을 해치는 행위로서 자신의 행복을 추구하다 저지르는 잘못이다. 반면에 범죄crimes는 악의를 품고서 다른 사람의 신체나 재산을 해치는 행위이다. 스푸너가 악덕과 범죄를 구분한 이유는, 정부가 어떤 악덕을 범죄라고 선언하고 그것을 범죄로서 처벌하는 것을 막기 위해서였다. 악덕과 범죄가 법으로 명확하게 구분되지 않는다면 개인의 자유, 개인의 재산 같은 것은 있을 수 없다. 그리고 행복을 추구할 자연권이 침해당할 수 있다. 스푸너에 따르면, 각 개인은 어떻게 하면 행복을 얻고 어떻게 하면 고통을 피하는지를 자기 나름의 방식으로 배워야 한다. 각 개인은 어떤 행위가 전체적으로 볼 때 자신의 행복에 도움이 되는지, 어떤 행위가 전체적으로 볼 때 자신을 불행하게 하는지를 알아야 한다. 그렇지만 어떤 행위가 행복에 도움이 되는 미덕인지 어떤 행위가 불행하게 만드는 악덕인지를 결정하기는 매우 어렵다. 미덕이 어디에서 끝나고 악덕이 어디에서 시작하는지를 판단하는 것은 대부분의 경우 불가능하다. 그렇기 때문에 이 문제에 대한 판단은 각자에게 맡겨야 한다. 다른 사람이 대신해서 결정할 수 없다. 자신의 행복에 도움이 되는 것이 무엇인지에 대한 판단을 남에게 맡기는 것은 행복을 추구할 자신의 권리를 다른 사람에게 주어버리는 것이다. 이것은 인간으로서의 권리 중에서 가장 고귀한 것을 잃어버리는 것이다. 스푸너는 말한다: "인간으로서의 개인의 모든 권리 중에서 가장 고귀한 것은 … 그가 보기에 무엇이 미덕이고, 그가 보기에 무엇이 악덕인지를 … 묻고 탐구하고 따져보고 실험해보고 판단하고 스스로 확인하는 그의 권리이다"(이 책 37~38쪽). 이 때 정부가 할 수 있는 최선의 일은 각 개인이 자신의 권리를 평화적으로 누리도록 보호하는 것이다. 정부의 간섭 즉 입법 행위는 자명할 정도로 불필요하고, 그릇되고, 불합리하고 극악하다. 입법 행위는 자연법의 기능에 어긋나거나 개인의 삶에 부당하게 간섭하는 것 외에는 다른 목적이 있을 수 없기 때문이다.

1886년 벤자민 터커를 시작으로 해서 스티브 바잉턴, 제임스 워커, 빅터 야로스, 존 비벌리 로빈슨 같은 개인주의적 아나키스트들이 자연권 개념을 버리고 막스 슈티르너의 이기주의적 아나키즘 Egoist Anarchism을 지지하였을 때도, 스푸너는 여전히 자연권 입장을 고수하였다. 이런 의미에서 라이샌더 스푸너는 19세기 미국의 마지막 자연권론자이다.

II. 국가(정부)는 강도들과 살인자들의 연합체다

스푸너의 자연권 옹호론은 노예제도를 비판하기에 충분할 뿐만 아니라 국가의 불법적이며 범죄적인 성격을 폭로하기에도 충분하였다. 그는 법과 이성의 일반적인 원칙에 입각해서 먼저 미국 헌법의 권위를 문제 삼는 것으로 시작하였다. 미국 헌법은 계약의 성격을 띠고 있으며, 이 계약은 법률적 유효성을 지녔다고 사람들은 일반적으로 인정하였다. 그러나 스푸너의 생각은 달랐다. 그에 따르면, 어떤 계약이 효력을 갖기 위해서는 계약 당사자들 사이에서 자발적인 합의가 이루어지거나, 이들에게서 정식으로 위임받은 대리인들의 동의가 필요하다. 그리고 계약은 문서로 작성되어야 하며, 계약 당사자들의 서명이 반드시 있어야 한다. 스푸너는 말한다: "쓰여진 문서는 법적으로나 이성적으로 판단해 보면 서명이 있어야 할 뿐만 아니라, 또한 그 문서가 그것을 만든 당사자에게 구속력이 있기 전에 그 문서로 혜택 받는 당사자에게(또는 그를 대신하는 누군가에게) 전달되지 않으면 안된다. 문서가 전달되지 않으면, 서명은 무효이다. 그리고 당사자는 쓰여진 문서에 서명한 다음 그것을 전달하기를 마음대로 거부해도 좋다. 그가 쓰여진 문서에 서명하는 것을 마음대로 거부할 수 있는 것처럼, 그것을 전달하는 것도 마음대로 거부할 수 있다. 헌법은 누구도 서명하지 않았을 뿐만 아니라, 그것은 누군가에 의해 누구에게도 또는 그 누구의 대리인이나 변호사에게도 전달되지 않았다. 그러므로 그것은 서명이 없거나 전달되지 않은 다른 문서와 마찬가지로 계약으로서의 효력이 있을 수 없다"(이 책 143~144쪽).

이어서 스푸너는 과연 누가 미국 헌법을 승인했는가를 묻는다. 미국 헌법의 전문前文은 "우리들 연합주의 인민"을 언급하는 것으로 시작하기 때문에, "인민"의 동의가 필요하다는 것이 선언에는 함축되어 있다. 헌법의 권위 역시 이 "인민"의 동의에 기초해 있다. 만약 미국 헌법이 국민의 동의를 받지 못했다면, 아무런 효력이 없다. 그런데 미국 헌법에 실제로 동의한 사람들의 수는 처음에는 아주 적었다. 흑인은 물론이고, 여자들과 아이들에게도 헌법에 동의할지 묻지 않았다. 게다가 당시에는 거의 모든 주에 재산 자격이 있었다. 이 조건 때문에 백인 남자 성인들 중 절반 이상이 선거권이 없었다. 그렇다면 헌법의 채택은 국민 전체의 행위가 아니었다. 미국 헌법은 소수의 특권층에서 유래한 것이기 때문에, 미국 헌법 자체가 권위가 없다.

그리고 만일 미국 헌법이 계약이라면, 그 헌법은 그것이 쓰였을 때 살았던 사람들에게만 구속력이 있을 것이다. 헌법에 대해서 함께 논의하지 않은 "그들의 후손"에게는 구속력이 없다. 그 당시 계약에 참여한 사람들은 근본적으로 "그들의 후손"에게 그들이 만든 헌법을 강요할 권리가 없다. 게다가 그들은 지금 모두 죽었다. 따라서 미국 헌법은 계약으로서의 시효가 지났다.

　사람들은 투표하고 세금을 내는 것이 헌법에 암묵적으로 동의하는 것이라고 말한다. 스푸너에 따르면, 투표는 비밀리에 즉 비밀투표로 이루어지기 때문에 투표에 참여하는 개개인이 헌법에 찬성하는지 아닌지를 알기 어렵다. 따라서 투표행위가 사람들이 자발적으로 헌법을 지지한다는 증거라고 볼 수 없다. 또한 세금을 낸다고 해서 이것이 헌법에 동의한다는 증거라고도 말할 수 없다. 세금 납부는 의무 즉 강제로 이루어지는 것이기 때문에, 이것 역시 헌법을 자발적으로 지지한다는 증거가 못 된다. 특히 스푸너는 다른 사회이론가들이 거의 다루지 않은 이 과세 문제에 집중한다. 미국 헌법의 이론에 따르면, 모든 세금은 자발적으로 낸다. 그러나 실제로는 그렇지 않다. 국가(정부)는 마치 노상강도처럼 개인에게 돈을 내놓든가 아니면 목숨을 내놓으라고 말하는 것 같다. 국가는 강도처럼 거리에서 또는 수풀 속에 숨어 우리를 기다리거나 총을 들이대고 지갑을 빼앗지는 않지만, 강도보다 훨씬 더 비열한 방식으로 강탈한다. 노상강도는 적어도 자신이 저지르는 범죄에 대해서는 스스로 책임진다. 그는 우리에게서 빼앗아가는 돈을 우리를 위해 쓸 것이라고 말하지도 않으며, 자신이 우리의 보호자라고 자처하지도 않는다. 그런데 "자신들을 '정부'라고 부르는 저 강도들과 살인자들의 소행은 혼자 노상강도짓 하는 자의 소행과는 정반대이다 … 노상강도와는 달리 그들은 개인으로는 알려져 있지 않다. 그래서 결국 그들은 자신들의 행위에 대한 책임을 직접 지지 않는다"(이 책 135쪽). 스푸너에게는 국가(정부)란 무형적인 존재, 즉 추상적인 개념에 지나지 않는다. 정부 자체는 보이지 않고 자신들을 "정부"라고 부르는 특정한 개인들이 누구인지 모르기 때문에, 납세자는 자신이 누구에게 세금을 내는지 모른다. 이런 "얼굴 없는" 누군가와 계약하고 그런 존재에 동의할 수 있는가? 따라서 "정부"의 보호를 얻을 목적으로 자발적으로 세금을 내지 않는 한, 세금 납부도 헌법을 지지한다는 증거가 되지 못한다. 그렇다면 헌법은 누구에게도 구속력이 없을 뿐만 아니라 누구도 헌법을 지지해야 할 의무가 없다.

그런데도 이 헌법에 의해 세워진 정부는 헌법을 내세워 국민의 재산, 자유, 생명을 임의로 처분할 권리나 권한이 있다고 주장한다. 더구나 이 헌법을 관리하는 사람들, 이른바 정치인들은 자신들이 정부의 권력을 사용하는 방식에 대해 전혀 책임지지 않는다. 그들은 절대적인 지배권, 즉 "문책 받지 않는" 입법권을 갖고 있다. 우리가 정치인을 선출한다고 해도 사정은 마찬가지이다. 그들의 권력은 임기 동안에는 절대적이기 때문이다. 그들이 갖는 "절대적이면서 책임지지 않는 지배권은 재산권[소유권]이며, 재산권은 절대적이면서 책임지지 않는 지배권이다. 이 둘은 똑같은 것이다. 한쪽은 반드시 다른 쪽을 수반한다. 어느 쪽도 다른 쪽이 없이는 존재할 수 없다. 그러므로 의회가 저 절대적이며 책임지지 않는 입법권을 가지고 있고 헌법이 — 이것에 대한 그들의 해석에 따르면 — 이 입법권을 그들에게 준다면, 이럴 수 있는 것은 오로지 그들이 우리를 소유물로 생각하기 때문이다. 만일 그들이 우리를 소유물로 생각한다면, 그들은 우리의 주인이며 그들의 의지가 우리의 법이다"(이 책 150~151쪽).

스푸너는 또한 현재 정치인들을 선출하는 한 가지 방식으로 널리 사용되고 있는 비밀투표 제도도 문제삼는다. 비밀투표로 선출된 정치인들은 누가 자신을 뽑아주었는지 모르기 때문에, 그들은 누구의 대리인도 아니다. 우리 자신 역시 그들의 행위에 책임지지 않기 때문에, 그들은 우리의 대리인이 아니다. 그들이 행사하는 권한은 그들 자신의 개인적인 권한일 뿐이다. 그렇다면 헌법의 권위에 따라 행동한다고 주장하는 사람들은 모두 실제로는 어떤 정당한 권위 없이 행동하고 있는 것이다. 결국 "비밀투표는 비밀정부를 만든다. 그렇지만 비밀정부는 강도들과 살인자들의 비밀무리이다 … (중략) … 비밀정부는 암살자들의 정부나 다름없다. 비밀정부하에서는 그들이 자기를 칠 때까지 자신의 폭군들이 누구인지 모른다. … (중략) … 이것이 바로 우리가 갖고 있는 정부이다. 그리고 그것이 우리가 가질 수 있는 유일한 정부이다"(이 책 158~159쪽).

스푸너가 미국 헌법을 분석하며 말하고자 한 것은 다음과 같은 것이다: 미국뿐만 아니라 지상의 모든 국가는 옛날이나 지금이나 악당들의 연합체에 지나지 않는다. 국가란 사람들을 지배하고 약탈하기 위해 만들어진 것이며, 국가의 입법 행위는 그 소수의 악당들이 다른 모든 사람들에 대해 절대적인 지배권을 차지하는 방식이다. 소위 "법"이라는 것을 만들어 자신들의 범죄 조직을 유지하고 자신들의 부정不正을 감춘다. "법과 이성의 일반적인 원리에 따르면, 그들은 단지 강탈자일 뿐이다. 모든 사람은 그들을 그렇게 취급할 권리뿐만 아니라 도덕적인 의무도 있다"(이 책 153쪽).

국가는 강도다

초판 1쇄 인쇄 2015년 3월 8일
초판 1쇄 발행 2015년 3월 18일

지은이 라이샌더 스푸너
옮긴이 이상률

펴낸곳 이책
펴낸이 이종률
주소 (139-785) 서울시 노원구 동일로207길 18, 103-706(중계동,중계그린아파트)
전화 02-957-3717
팩스 02-957-3718
전자우편 echaek@gmail.com
출판등록 2013년 2월 18일 제25100-2014-000069호

인쇄·제본 (주)상지사피앤비
종이 (주)에스에이치페이퍼

ISBN 979-11-86295-01-4 03300